国家社科基金项目"中国式财政分权的区域经济效应与完善地方税体系研究"（批准号：14BJY159）

国家社科基金丛书
GUOJIA SHEKE JIJIN CONGSHU

中国财政分权的区域经济效应研究

A Study on the Regional Economic Effects of
Fiscal Decentralization in China

刘建民　等著

人民出版社

序

我国财政体制的分权改革以 1994 年的分税制为分水岭,是中央政府基于对公共财政建立的判断而采取由上而下方式推动的结果。财政分权改变了地方政府的行为,使地方的积极性更符合社会主义市场经济的要求,主要促进了地方政府的经济分权,即政府向企业、劳动者、家庭的分权。总体而言,我国的财政分权改革促进了市场机制的发育,激活了经济发展的动力。作为财政体制的根本制度安排,财政分权不仅涉及政府间财政关系的科学性与合理性,而且对政府经济行为产生深远影响。从提升国家治理能力、合理规范和正确引导政府行为的大局考虑,建立科学合理的财政分权结构是深化推进财税体制改革的关键。但从中国目前改革的实际来看,财政分权改革仍是改革的重头戏与难点,是财政理论界与实务界关注的焦点。因此,重新审视财政分权对区域经济发展的影响效应,研究如何通过优化财政分权来解决区域经济发展中遇到的实际问题,提高区域经济发展水平与质量、促进区域均衡发展,对于实现我国区域经济高质量发展具有重要意义。

在财政分权变化的背景下,地方政府行为策略发生了系列的变化,并传导和体现于区域经济的多个层面。以湖南财政经济学院刘建民教授为负责人的课题组承担了 2014 年国家社科基金项目"中国式财政分权的区域经济效应与完善地方税体系研究"(批准号:14BJY159)。课题组在《中国软科学》《经济学动态》《财政研究》《税务研究》等刊物发表论文 10 余篇,提交阶段性决策咨询报告 1 份。课题研究具体包括财政分权作用于区域经济的作用机制研究、财政分权的现实考察、财政分权影响区域财政收入、区域金融效率、市场一体化以及区域经济发展质量的效应研究,"营改增"财政分权的经济影响以及我国地方税体系建设的政策建议,紧密结合我国财政分权改革的实践与需要,从理论与实证两个方面,揭示与探索了我国财政分权的区域经济效应与今后改革优化的思路、路径与取向。本专著是在课题最终研究成果基础上的深化和延展。

专著以财政分权对区域经济的影响效应为视角,构建一个完整的"制度—行为—绩效"分析框架,广泛运用数理模型刻画与空间计量方法,对财政分权影响区域经济发展的机制与效应提供了合理解释以及经验证据,提炼出指导我国下一步财政分权改革的政策含义,并进行了方案设计。首先,打开了从财政分权到经济行为结果之间的传导路径,在研究体系上保证了分析逻辑的严谨性,不仅从理论上给出了一个合理解释,而且在实证上提供了具有说服力的证据。与已有研究相比较,该研究不仅丰富了财政分权研究的维度,对财政分权影响地方政府行为与区域经济发展的原因与结果进行了全面的展示,而且为精准把握当前区域经济发展中的制度设计提供了思路与方向。其次,重视实证分析,运用空间计量方法深入揭示财政分权效应的非线性与空间差异,结论更为丰富。该研究全面纳入空间因素,运用空间计量方法,重点关注财政分权影响区域经济的空间溢出与非线性影响,详细揭示财政分权对区域财政收支、区域金融效率、市场一体化以及区域环境质量等影响的空间特征、动态演变特征和区域异质特征,大大丰富了财政分权研究的成果。在数据选择上,绝大部分分析未局限于省级层面,而具体细化到了地市级,确保了分析结果的精细化以及研究结论的可靠性。最后,突出实践应用价值,紧扣当前困扰区域经济发展的现实问题展开研究。该研究以问题为导向,重点选择并围绕区域财力格局、区域经济增长、区域经济发展质量、市场一体化等方面,系统解释并揭示财政分权所带来的经济影响。还紧密结合当前最新的改革动态，基于全面"营改增"准自然实验数据，揭示了全面"营改增"前后的经济变化，全面评估了此项重大财政分权改革的效果，为探寻财税改革的突破口提供了重要依据，大大提升了成果的应用价值。

党的十九大报告指出，我国经济已由高速增长阶段转向高质量发展阶段，我国经济高质量发展的主要驱动力来源于产业结构的转型升级，而产业结构的转型升级离不开有效市场和有为政府作用的发挥。财政分权对区域财政收入、区域产业发展、区域金融效率、区域可持续发展、市场一体化等区域经济高质量发展的影响效应为准确理解和客观评价我国财政分权改革的效果、探索下一步的改革路径提供了多维度的经验证据，对于优化财政分权制度安排，促进财税政策作用方向、作用点和作用力度选择的科学化具有重要的现实意义。财税改革的不断推进要求我们不能停止研究的步伐，今后还应以更广阔的视角考察财政分权改革给区域经济带来的影响，更全面地揭示财政分权改革对不同区域的影响差异，为促进经济高质量发展提供财政制度支持，希望刘建民教授团队在今后的研究工作中取得更大的突破。

作为他的导师，我欣然受邀作序，本著作值得财税理论研究者和实践工作者学习。

王瑞中

2020 年 9 月 10 日于长沙

目　　录

导　　论

一、研究背景与意义

改革开放以来,中国经济的迅速崛起,取得了举世瞩目的成就。近四十年来经济总量保持年平均9.6%的高速增长,创造了经济发展的中国奇迹,在世界范围内引起广泛的关注,中国的经济总量已经超越日本,成为仅次于美国的第二大经济体。中国的高速发展离不开工业化推动。目前,中国的人口中有一半以上居住在城市,除了工业化进程的拉动,学术界普遍认为,经济增长的内在源泉,更深层次的决定因素是一个国家的制度安排[①]。Easterly(2001)对比了世界多个国家经济增长的经验,认为制度安排为经济高速增长提供强大的激励[②]。中国特有的政府治理结构调动了各地方政府发展当地经济的积极性[③],从而展开"为经济增长而竞争"的模式,造成这种形式的主要原因就是中国特色的财政分权体制。财政分权使得地方政府拥有较强的经济决策权,地方政府有大力发展经济、推动经济增长的基

---

① 周黎安:《中国地方官员的晋升锦标赛模式研究》,《经济研究》2007年第7期。

② Easterly W. , *The elusive quest for growth: economists' adventures and misadventures in the tropics*, MIT press, 2001.

③ 付永、曾菊新:《地方政府治理结构与区域经济发展》,《经济体制改革》2005年第2期。

本条件①。同时,以 GDP 为主的绩效考核机制使得地方政府形成自上而下的标尺竞争,为了能在晋升锦标赛中获胜②,地方政府有足够的激励去发展当地经济,从而在优惠政策、投资环境、产业发展政策以及财政支出等方面展开多种模式的竞争③。财政分权的体制在我国经济发展过程中留下了深刻的烙印,既有积极的一面,也伴随经济发展产生了一些消极影响,这种影响效应的两面性,在区域经济层面体现得更为明显。

在财税体制改革的进程中,制度安排的每一次变化与调整,都会明显地引发地方政府行为的变化,区域经济的空间差异特征日趋明显,区域财政收支呈现出一定规律的动态演变。图 0-1 和图 0-2 具体列示了 2000—2019 年间我国东、中、西部地区财政收入总量(均值)的区域分布情况;从我国东、中、西部地区各省财政收入均值的柱状图可以看到,东部省份财政收入均值一直大于中部和西部地区,且随着时间的推移,东部省份财政收入均值与中西部省份财政收入均值的差距日益拉大,尤其是在 2008 年全球金融危机之后,这个差距的增长速度明显加快,而中部省份财政收入均值和西部省份财政收入均值的差距也逐渐增大,但差值远小于前者。中西部省份财政收入同样在 2008 年之后进入大幅增长期,但增长幅度远小于东部省份。此外在东中西部省份财政收入总量的图 0-2 中,从总量角度看,东部地区财政收入总量远超中西部省份总和还要多,且增长速度也超过了中西部地区。可见我国东中西部地区省份财政收入的差距日益扩大,无论平均水平还是总量方面,东部地区财政收入的规模都远超中西部省份。这既是我国区域财政收入差距不断拉大的现实,也是我国区域经济发展水平不平衡的重要体现。图 0-3 反映了 2000—2018

① 张晏、龚六堂:《分税制改革、财政分权与中国经济增长》,《经济学(季刊)》2005 年第 4 期。

② 周黎安:《中国地方官员的晋升锦标赛模式研究》,《经济研究》2007 年第 7 期。

③ 梁若冰:《财政分权下的晋升激励、部门利益与土地违法》,《经济学(季刊)》2009 年第 10 期。

年间全国财政支出规模的演变趋势,从全国范围看,财政支出占 GDP 的比重逐步增加,尤其在 2007—2009 年和 2014—2015 年两个时间段增长速度快速提升,从 2000 年到 2018 年我国财政支出占 GDP 的比重已经由 15.84% 逐步增加到了 25% 以上,近年又轻微回落到 24% 以上。与此同时,地方财政支出占 GDP 的比重和全国数据下的结果呈现出一致性,中央财政支出所占比例呈微弱下降趋势。在中央与地方财政体制基本不变的情况下,地方财政支出责任不断增加,而在财政收入分成不变的情况下,财政支出规模的增加意味着地方财政压力的增加。综合考虑来看,区域财政收入存在较大差异情况下,普遍增加的财政压力对各地方财政影响的异质性就突显出来。

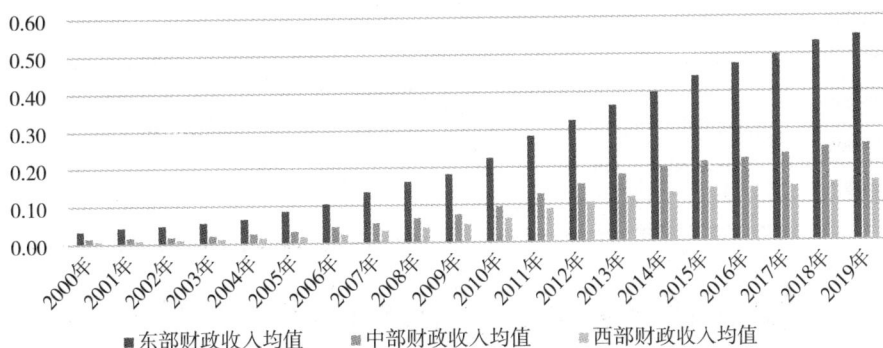

图 0-1　2000—2019 年东、中、西部地区财政收入均值分布图(单位:万亿元)

为了直观反映区域财政支出规模差异的具体演化,我们采用非参数的高斯正态 Kernel 密度(核密度)分布函数估算了中国省区财政支出规模空间差异的核密度函数。本研究选取 2000 年、2007 年、2014 年和 2019 年的财政支出规模差异核密度函数作为典型样本进行对比分析,具体如图 0-4 所示(其中横轴表示全国省区财政支出规模,纵轴表示相对应的 Kernel 密度值)。

由图 0-4 可见,2000 年时各省财政支出规模相对较为集中分布于较小的规模数值范围内,核密度值较大,而 2004 年和 2007 年的分省财政支出规模核密度值在逐渐减小,而财政支出的规模分布范围却更宽,意味着各省份财政支

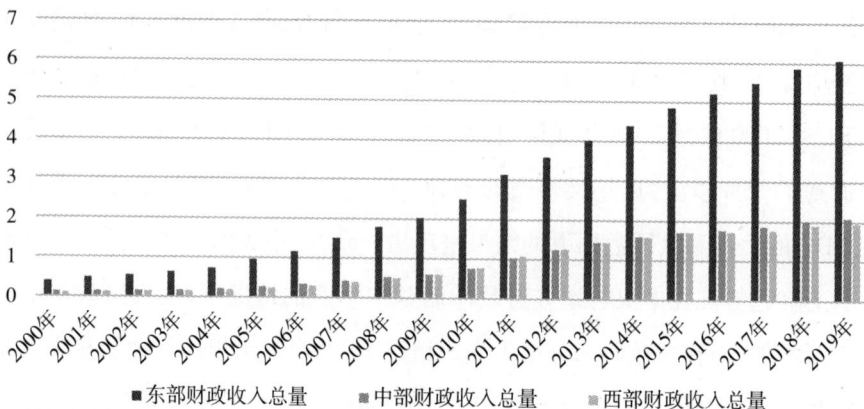

图 0-2 2000—2019 年东、中、西部地区财政收入总量分布图（单位：万亿元）

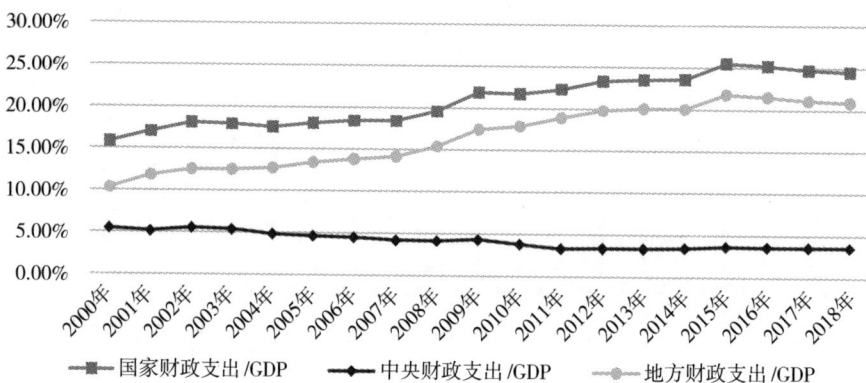

图 0-3 2000—2018 年间全国财政支出规模走势图（%）

数据来源：根据历年《中国统计年鉴》的统计数据整理计算得出。

出规模的差异在逐步增加，而到了 2014 年和 2019 年各省财政支出的规模差距逐步增大，因此在我国财政分权制度的变化与调整过程中，我国区域财政收支规模分布呈现出由"单极化"转变为"多极化"的发展态势，并且随着时间的推移，"多极化"发展态势的差异性不断扩大。

在财政分权背景下，地方政府行为策略发生了一系列的变化，一方面由于地方政府主导官员考核机制的变化，另一方面由于地方政府面临的财政压力迫使地方政府行为策略发生了变化，然后集中体现在区域经济发展的

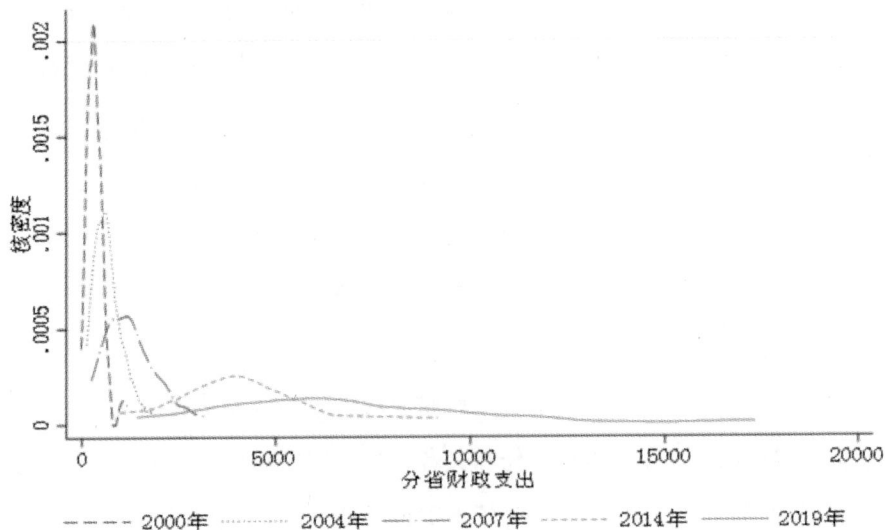

图 0-4 典型年份分省财政支出规模核密度分布图

注:图中横轴代表各省区财政支出规模,纵轴代表概率密度,曲线为各年份的地区财政支出规模分布
情况。

多个层面①。财政分权影响地方政府的产业策略抉择,改变当地的产业结
构②。产业结构是劳动力、资本、技术、信息等生产要素组合共同作用产生的
有序状态和系统工程,其调整与演变的实质是这些生产要素在不同产业部门
之间流动、积累和重新配置,最终实现产业生产效率的提高③。由于财政分权
直接决定着地方政府间的利益分配,利益导向成为地方产业政策选择的重要
考虑因素,其调控思路、政策设计以及实施方式将直接影响到产业结构的调整
效果,从而在产业发展过程中扮演着日益重要的角色④。一方面,依靠财政制

① 陈抗、Arye L.Hillman、顾清扬:《财政集权与地方政府行为变化——从援助之手到攫取
之手》,《经济学(季刊)》2002 年第 1 期。

② 崔志坤、李菁菁:《财政分权、政府竞争与产业结构升级》,《财政研究》2015 年第 12 期。

③ 付凌晖:《我国产业结构高级化与经济增长关系的实证研究》,《统计研究》2010 年第
8 期。

④ 张少军、刘志彪:《我国分权治理下产业升级与区域协调发展研究——地方政府的激励
不相容与选择偏好的模型分析》,《财经研究》2010 年第 12 期。

005

度安排与政策工具对产业结构调整发挥着"区位定向诱导"作用,促进各种资源要素在产业间与地区间的配置、流动和扩散,同时伴随着一定的溢出效应,无疑对推动地方经济发展模式转变以及产业结构的升级产生了积极影响;但另一方面,不同的财政分权制度安排会影响地方政府财政资源充裕程度,引发地方政府干预的冲动,过多或不当的地方政府干预也会导致出现企业创新主体地位的丧失、区域产业布局同构化和恶性竞争愈发严重①、产业转型速度与进程在区域间的差距日益扩大等问题。

在我国财政分权改革进程中,当地政府对地方经济发展拥有更多的决策权,同时也面临着更多的事权责任和义务,对于经济发展比较落后的地区,为了提高当地的生产总值,同时也为了增加财政收入、缓解财政压力,当地政府会试图发展高产值但同时也具有高污染特点的产业来促进当地的经济总量增长②。分税制改革以后,增值税和所得税成为地方政府主要税种,因此,地方政府会选择大力发展对税收贡献比较大的企业,这些企业以重化工企业居多,其污染排放通常都较为严重,如钢铁、化工、建材等③。由于消费税对地方政府税收贡献作用不大,因而地方政府缺乏对新兴产业培育的激励,这样极不利于产业结构的调整升级,很容易导致产业结构的刚性。

经典的财政分权理论认为,财政分权使得地方政府有提高在公共物品上财政支出的激励,因为在"用脚投票"的机制下,公众能够更好地表达对公共福利的偏好,从而达到帕累托最优,因此,完善的基础设施能够更好地吸引各种生产要素流入(Tiebout C.M.,1956④)。然而,由于我国国情的特殊性,这种

---

① 孙英杰、林春:《财政分权、政府干预行为与地区不良贷款——基于省级面板数据实证分析》,《财经理论与实践》2018 年第 4 期。

② 张克中、王娟、崔小勇:《财政分权与环境污染:碳排放的视角》,《中国工业经济》2011 年第 10 期。

③ 席鹏辉、梁若冰、谢贞发:《税收分成调整、财政压力与工业污染》,《世界经济》2017 年第 10 期。

④ Tiebout C.M., *A Pure Theory of Local Expenditures*, in *Journal of Economy*, 1956.

帕累托最优状态在我国难以实现,1994 年分税制改革以来,中央及地方政府财权上移事权下放的局面,导致基层政府面临着较重的支出责任和拮据的财政收入,财力与事权相背离的直接结果就是地方政府很难把有限的财权投入到有效刺激经济增长以外的其他公共设施上①。面对财权与事权的不对称性,地方政府一方面寻求预算以外的各种财政收入,另一方面缩减开支,减少财政支出,特别是对经济总量促进作用较低的公共支出,逐渐从"援助之手"变为"攫取之手"②。环境保护和污染治理是典型的全国性公共福利项目,但目前我国一直是由地方政府来承担环境保护的责任,环境保护支出存在着中央和地方政府责任不明确的问题③,因此,地方政府很难主动增加该方面的财政支出,加之主导地方政府政策和行为的地方官员出于晋升考虑,尤其是当官员晋升的标尺是以经济建设成果为导向的时候④,财政分权体制则会加剧官员晋升机制带来的不良后果,最终导致环境污染的加剧⑤。

党的十八届三中全会提出加强国家治理现代化建设,并且强调财政是国家治理的基础和重要支柱,突出强调了国家财政体制改革对于加强国家治理现代化建设的重要意义。在党的十九大报告中强调加快完善社会主义市场经济体制,加快建立现代财政制度,建立权责清晰、财力协调、区域均衡的中央和地方财政关系,深化税收制度改革,健全地方税体系,进一步突出了调整中央与地方财政关系的重要性。党的十九届四中全会强调坚持和完善中国特色社会主义制度、推进国家治理体系和治理能力现代化,其中在"两个积极性体制

---

① 贾俊雪、郭庆旺、宁静:《财政分权、政府治理结构与县级财政解困》,《管理世界》2011 年第 1 期。

② 陈抗、Arye L.Hillman、顾清扬:《财政集权与地方政府行为变化——从援助之手到攫取之手》,《经济学(季刊)》2002 年第 1 期。

③ 邵帅、李欣、曹建华、杨莉莉:《中国雾霾污染治理的经济政策选择——基于空间溢出效应的视角》,《经济研究》2016 年第 9 期。

④ 韩超、刘鑫颖、王海:《规制官员激励与行为偏好——独立性缺失下环境规制失效新解》,《管理世界》2016 年第 2 期。

⑤ 黎文靖、郑曼妮:《空气污染的治理机制及其作用效果——来自地级市的经验数据》,《中国工业经济》2016 年第 4 期。

机制"中着重强调各级政府事权、支出责任和财力相适应制度的建设。在2019年12月26日召开的全国财政工作会议上,进一步强调继续深化财税体制改革,加快完善系统完备、法治健全、权责清晰、公平普惠、科学规范、运行有效的现代财政制度,将提升地区间财力均等化水平、着力推进财税体制改革和强化财政管理监督等作为2020年财政工作重点。可见,自1994年分税制改革后,财政分权改革一直是财税改革的核心内容,区域经济的协调发展一直是我们关注的焦点,考察财政分权对区域经济发展的影响,其重要性不言而喻。财政分权作为财政体制的根本制度安排,不仅涉及政府间财政关系的科学性与合理性,而且对政府经济行为产生深远影响。从提升国家治理能力、合理规范和正确引导政府行为的大局考虑,建立科学合理的财政分权结构是深化推进财税体制改革的内核。从中国目前改革的实际来看,财政分权改革仍是财税改革的重头戏与硬骨头,是理论界与实务界关注的焦点。

因此,重新审视我国财政分权对区域经济发展的影响效应,研究如何通过优化财政分权来解决区域经济发展中遇到的实际问题,提高区域经济发展水平与质量、促进区域均衡发展,既是对我国财政分权下财政体制改革的思考,亦是对我国国家治理现代化语境下财政改革助力经济发展的探索,同时对于我国实现经济高质量发展,以及区域经济协调发展具有重要的现实意义和战略意义。本研究将观察视野置于中国财政分权的区域经济效应层面,通过分析财政分权作用于区域经济发展的机理,实证检验财政分权对区域经济发展的具体影响,为中国财政分权改革的深入推进提供有力证据以及决策参考。

本研究的理论意义:

(1)试图构建一个完整的"制度—行为—绩效"分析框架。财政分权作为基本的财政制度安排,对地方政府行为的影响不容忽视,地方政府行为选择的逻辑,在很大程度上取决于其所面临的制度环境。本研究从财政分权入手,通过全面考察分权制度影响地方政府行为的效应,客观评价地方政府的经济绩效,沿着"制度—行为—绩效"分析逻辑,从理论上为合理解释地方政府行为提供依据,为客观揭示财政分权的经济影响提供合理分析框架。

(2)试图打开从财政分权向地方政府经济行为与结果传导的"黑箱"。准确把握财政分权作用于区域经济的机制机理,不仅是寻找财政分权优化改革突破口的基本前提,而且是正确引导区域经济健康有序发展的重要基础。本研究从多个角度出发,通过理论机制与作用机理的刻画,反映财政分权安排及其调整变化影响区域经济发展的传导机理,揭示现有区域经济发展空间特征下的制度约束,清晰财政分权改革影响地方政府经济行为与经济绩效的传导路径,为构建与经济发展要求相适应的财政分权框架提供理论指导。

(3)突出体现财政分权经济影响分析的空间视角。由于我国财政分权对区域发展的影响存在区域差异性,并且呈现空间异质性,因此研究财政分权对区域经济发展的影响机制需要考虑到空间性。本研究始终立足于空间的维度,运用空间计量方法系统考察财政分权对区域经济发展的影响,不仅丰富了财政分权研究的成果,而且将有利于推动空间财政理论的建立和发展,并大大促进经济地理学、空间经济学以及财政学等学科的交叉融合发展。

(4)系统性考察财政分权制度对我国区域经济发展的影响。分别从地方财政收入、区域产业发展、区域金融效率、区域经济发展质量、市场一体化、"营改增"改革等角度阐释财政分权的区域效应,形成一个视角全面、整体性强的研究体系,丰富了本领域的研究内容。

本研究的现实意义:

(1)本研究全面审视了中国财政分权改革对区域经济发展带来的影响,系统考察了财政分权对区域财政收入格局、区域产业发展、区域金融效率、区域经济发展质量、市场一体化等的经济效应,为透彻理解和客观评价我国财政分权改革的效果、探索下一步的改革路径提供了多维度的经验证据。

(2)本研究不仅从历史的维度对财政分权的调整变化所产生的经济影响作出了评估,而且紧密结合当前最新的改革动态,将全面"营改增"作为财政分权改革的一次准自然实验,揭示了全面"营改增"前后的经济变化,全面评估了此项重大财政分权改革的效果,为探寻地方财税改革的突破口提供了基本思路,并设计了地方财税体制改革实施方案,直接满足了下一步推进财税体制改革的重大现实需要。

(3)本研究运用空间数据分析技术,将财政收支分权与反映区域经济发展的各项指标结合起来,直观显示了地理区位和地区间的空间交互作用对财政资源、产业要素、金融效率、环境质量、市场结构的影响。这一研究突破了传统经济学分析缺乏个体交互作用分析和空间维度分析的局限,可以更准确地理解和把握财政分权体制与区域经济这个"局域俱乐部"两者之间的内在联系,为规范地方政府竞争行为,打破区域分割、加强跨区域合作、实行"富邻"的财政分权体制提供了参考依据,对于优化财政分权制度安排,促进财税政策作用点、作用方向和作用力度选择的科学化具有重要的现实意义。

二、研究思路与主要内容

本研究遵循"理论研究—实证研究—对策研究"的基本分析逻辑,以财政分权对区域经济发展的影响效应为视角,构建一个完整的"制度—行为—绩效"分析框架,一方面对财政分权影响区域经济发展的机制与效应提供合理解释,另一方面凝练出指导我国下一步财政分权改革的政策内涵。本研究在系统梳理财政分权理论的演变发展以及趋势的基础上,首先,运用数理模型刻画了财政分权作用于经济增长、产业结构、环境质量的机理与传导路径,为本研究奠定理论基础;其次,在对我国财政分权的现实进行实践考察的基础上,为了厘清我国财政分权制度安排所产生的实际影响效果,本研究全面引入空间要素,运用空间分析方法,就财政分权对区域财政收入、区域产业发展、区域金融效率、区域经济发展质量、市场一体化以及区域减贫的影响效应展开了系统的实证分析,从中获取可靠的经验证据;再次,以我国全面"营改增"作为财政分权改革的典型案例,以湖南省为样本,全面评估了本轮准自然实验下财政分权改革带来的实际影响;最后,根据前面分析的结论,以进一步优化我国财政分权制度安排为目标,提出下一步地方财税体制改革的方案选择。

全书共分为十章,开头为导论部分,第一章至第十章的主要内容如下:

第一章为"财政分权作用于区域经济发展的理论考察"。

本章作为全书的理论基础,首先全面梳理了财政分权理论发展演变的历程与逻辑,并跟踪已有财政分权研究的热点与前沿,从财政分权与地方政府竞争、财政分权与制度创新、财政分权与官员腐败以及财政分权与环境质量供给等四个方面对已有文献进行了综述与评价,全面展示了财政分权研究的最新发展动态与趋势。其次,运用数理模型与工具重点剖析了财政分权作用于区域经济发展的机制,从经济增长、产业结构以及经济发展质量三个层面揭示了财政分权影响区域经济发展的传导路径。一是关于财政分权作用于经济增长的机制分析。以内生经济增长模型为基础,同时借鉴结构主义经济发展研究思路,构建一个基于资源配置和制度环境角度的财政分权理论模型,以此探讨了财政分权对区域经济增长的影响方向、过程与程度。二是关于财政分权作用于产业结构升级的机制分析。在各自利益最大化的约束下,构建了包含中央政府、地方政府和厂商三个行为主体的博弈模型,揭示地方政府在中央政府给定的财政分权比例和税率条件下对自身努力程度和产业结构升级所对应的财政资源分配比例所作出的选择,进一步揭示厂商如何根据地方政府释放出的产业政策讯息作出最优产量决策,以此刻画出财政分权对产业结构升级的影响机理。三是关于财政分权作用于经济质量的机制分析。环境污染是衡量经济发展质量的核心因素,通过考察财政分权对环境污染的影响,梳理出财政分权作用于经济质量的基本机制。在这里,一方面,我们以 Holmstrom & Milgrom(1991)的多任务委托代理模型为基础,通过建立包含中央政府和地方政府两个主体的博弈模型,来揭示财政分权通过影响政府行为进而影响环境污染的内在机制;另一方面,借鉴 Lopez & Mitra(2000)的研究,建立分权体制下地方政府与排污企业的博弈模型,反映各主体在效用最大化目标下的行为策略选择。

第二章为"中国财政分权安排的实践考察"。

本章以改革开放以来中国财税体制改革的三个阶段为线索,勾勒出中国财政分权演变的主要路径与基本逻辑。在历史考察的基础上,基于财政支出分权和收入分权两个角度,从多个角度多个层面对我国财政分权进行了测度,反映我国财政分权现状。在财政支出分权方面,无论是省级层面的财政分权还是地市级层面的财政分权,均呈现出分权程度的上升。市级地方政府财政支出分权的核密度图表明,2003 年到 2015 年,财政支出分权的主峰往右平移,表明中国市级地方政府财政支出分权水平有所提高。在财政收入分权方面,省级层面的财政分权变化并不明显,市级地方政府财政收入分权的核密度图显示,2003 年到 2015 年,财政收入分权的主峰平移幅度不大,但峰值逐渐减小,波峰变得平缓,表明中国市级地方政府财政收入分权水平的集中程度有所下降。分析发现,我国财政支出分权与收入分权调整与变化的步伐并不完全一致。

第三章为"现行财政分权对区域财政收入的影响效应研究"。

2012 年我国开始实施"营改增"改革,分税制是我国财政分权的重要形式,伴随"营改增"改革的是财权上收,地方逐渐失去营业税这一主体税种,这意味着我国财政收入分权在"营改增"后不断弱化。当前,作为地方财政收入主要来源的货物与劳务税、所得税都属于中央与地方共享税种,地方财政收入对中央税收返还的依赖性较强,地方政府在财权上的决策受到中央的影响更为明显。本章首先分析了现行财政分权体制下的地方财政收入格局,采用 K-means 法(又称快速聚类法)将全国各省划分成高收入区域和低收入区域两个区域,然后由面到点,从支出分权和收入分权两个维度,采用系统 GMM 模型和差分 GMM 模型,对财政支出分权如何影响区域地方财政收入进行了实证分析。实证分析的结果表明,财政支出分权能够促进区域地方财政收入的增长,且有利于区域地方财政收入保持一定的增长速度,高收入区域财政分权带来的收入促进效应要强于低收入地区,可以理解为高收入地区财政分权更能够激励地方税源的发展,从而获得更高的财政收入,同时区域地方财政收入越高,财政分权带来的收入促进效应越高,反之则越低,产业结构升级水平越高,经济结构和产业结构发展相对成熟,地方财政收入要实现高速增长则更为困难。

第四章为"中国财政分权对区域产业发展的影响效应研究"。

本章基于产业结构的空间异质性、财政分权的本地效应与空间外部性,运用 2000—2014 年间我国 31 个省域的面板数据,将反映地区相似性的邻接权重矩阵、地理权重矩阵、经济权重矩阵和混合权重矩阵引入空间杜宾模型,利用综合了空间滞后模型(SLM)和空间误差模型(SEM)的空间杜宾模型(SDM),分别考察了财政收入分权和支出分权对产业结构升级的空间效应以及由此引致的策略性竞争效应,实证检验了财政分权在产业结构升级方面的空间溢出效应,即财政分权体制下区域产业发展与竞争、区域产业转型与集聚的关系。研究表明,一是我国产业结构升级存在明显的空间异质性和策略性竞争特征,地区之间尤其是相邻地区之间的产业发展并不是互相独立的,而是存在明显的空间溢出效应,即本地区的产业结构升级也会受到相邻地区产业发展及其他经济社会因素的显著影响;二是以财政分权体制为主的制度因素对产业结构升级的影响不容忽视,对资源配置与技术创新的产业布局具有决定性的区位导向作用;三是财政收入分权和支出分权对产业结构升级的影响呈现出非对称的空间溢出效应,财政收入分权对本地区产业结构升级的影响并不显著,而财政支出分权对本地区产业结构升级具有积极影响;财政收入分权和财政支出分权的提高均对邻近地区的产业结构升级具有消极影响,但财政支出分权的抑制效应更为显著。

第五章为"中国财政分权对区域金融效率的影响效应研究"。

本章基于 2003—2012 年我国 281 个城市的面板数据,采用考虑非期望产出的非径向、非角度超效率 SBM(Slack Based Measure,基于松弛变量计算效率的方法)模型,对区域金融效率进行了测度,并将反映地区相似性的地理距离权重矩阵及经济地理混合权重矩阵引入空间杜宾模型,利用综合了空间滞后模型和空间误差模型的空间杜宾模型,分别考察了省以下财政支出分权和财政收入分权对地区金融效率空间效应以及由此引致的策略性金融竞争,并基于直接影响和间接溢出两个角度对其影响路径进行了科学识别。研究结论显示:我国区域金融效率在地理分布上具有明显的"时间惯性"和"空间依赖"特征,空间效应在金融发展和创新过程中客观存在并日趋明显;以财政分权体制为主的制度因素对金融效率的影响不容忽视,对金融资源配置与金融创新的区域布局具有决定性的导向作用,地方政府间的策略性竞争行为显著影响到金融资源的流动性和金融创新行为的发生,地方政府的财政支出扩张和财政收入缺口成为各地区竞相争夺金融资源的主要动力;财政支出分权和财政收入分权对区域金融效率的影响效果具有非均衡性特征,一方面,财政支出分权与收入分权对本地区金融效率影响具有非对称性,财政支出分权与财政收入分权均对本地区金融效率的提高起到正面促进效果,但这种正面促进效果在很大程度上还取决于支出分权和收入分权之间的对称性,另一方面,财政支出分权与财政收入分权对邻近地区金融效率影响具有非一致性,较之于财政支出分权,收入分权对邻近辖区金融效率的抑制效应更为明显。

第六章为"中国财政分权对区域经济发展质量的影响效应研究:基于环境质量的分析"。

本章借助环境质量的测度与分析来体现财政分权对区域经济发展质量的影响。本章基于2003—2015年中国31个省(市)的数据,运用工业废水、工业废气和工业烟(尘)排放构建的环境污染综合指数,并利用面板分位数回归模型,分析了财政分权、地方政府竞争对环境污染的影响效应,实证结果表明:一是我国环境污染存在时间惯性和正向的空间溢出特征,前期遗留污染对当期环境质量具有明显的影响,邻近区域环境污染越严重,对本地环境污染的促进作用越明显,我国的环境污染存在"局域俱乐部"现象。二是财政分权对环境污染的影响效应具有显著的区域差异。对东部地区和中部地区,财政分权对环境污染的直接影响作用不大,但是对西部地区,财政分权对环境污染具有明显的"竞次"效应,且随着财政分权度的提升,环境质量将进一步恶化,但相邻地区政府的财政政策不会直接加剧本地的环境污染状况。三是地方政府存在着为吸引外商直接投资而降低本地环境质量标准的情况,地方政府竞争对本地的环境污染具有显著的加剧作用,邻近地区的外资使用情况没有加剧本地的环境污染,目前我国地方政府竞争更多地体现在引进外资的竞争上,并没有形成"与邻为壑"的外资使用格局。财政分权与外商直接投资的交叉项的估计系数为负,即分权体制下地方政府的外商投资竞争行为,并没有进一步加深财政分权对环境质量的负面影响。四是第二产业比重越高,对当地环境污染的影响效应越大,第二产业是污染排放的主要来源,人均 GDP 与环境污染程度之间呈现出库兹涅茨倒"U"型曲线。

第七章为"中国财政分权对市场一体化发展的影响效应研究"。

本章主要考察地方财税竞争对市场分割与市场一体化发展的空间影响效应,首先,通过价格指数法测算了各个省份 2000—2014 年与其他省份之间的市场分割指数和市场一体化指数,市场分割指数与市场一体化程度之间呈反向关系。同时运用地理信息系统(GIS)的可视化方法,采用自然断点法(Natural Breaks Jenks)对数据进行划分,绘制出我国市场一体化的空间分布格局,显示我国市场一体化程度呈现出空间的非均衡分布格局,在此基础上选择修正的引力模型确定中国市场一体化空间溢出关系,显示出我国市场一体化呈现出复杂的、多线程的空间溢出结构。其次,基于地方政府非税收入角色位置,采用 CONCOR 方法对空间网络板块关联关系进行刻画,进一步运用格点插值和三维立体曲面图模拟财政分权下税收竞争、财政支出竞争与国内市场一体化水平的关系,表明地方政府竞争会带来市场分割的"逆市场"和"市场一体化"的"顺市场"的双重力量。加入监督机制和多方博弈等政府竞争,在一定程度上提高了区域间的理性合作,区域间政府财税竞争与市场分割程度会呈现出空间差异性特征。采用空间滞后半参数面板模型研究发现,地区间税收竞争会阻碍我国市场一体化的发展,近似服从"W"形分布情况;地区间财政支出竞争加剧了国内市场分割和阻碍我国市场一体化的进程。最后,基于以上实证分析,提出通过规范财税策略行为和建立统一、规范有序的税收管理秩序,逐步取消税收返还,让税收竞争正向影响我国的市场一体化,促进地方市场配置资源作用的充分发挥,形成城市带、城市圈以及城市集群等区域性市场体系。

第八章为"中国财政分权对区域减贫的经济影响效应"。

本章首先基于我国2000—2015年的相关数据,采用极化指数对我国区域财政收入分权的地区差距进行分解;其次,建立空间面板分位数计量模型实证检验财政分权对贫困减少的直接影响效应和通过经济增长相互作用对贫困减少产生间接影响效应。研究结果发现:一是总体地区差距呈现出下降态势,这说明我国财政收入分权的聚合程度在不断增强。组间差距缩小与组内聚合程度增强是我国财政收入分权的空间极化程度下降的主要来源。二是农村贫困和城镇贫困存在空间依赖作用,且农村贫困的空间相关系数略高于城镇贫困的空间相关系数;财政收入分权对农村贫困减少和城镇贫困减少产生了显著的负向作用,财政支出分权对农村贫困减少和城镇贫困减少产生了显著的正向作用,经济发展水平对农村贫困减少和城镇贫困减少具有显著的正向作用;财政收入分权集群对农村贫困减少产生了显著的负向作用,财政支出分权集群对城镇贫困减少产生了显著的负向作用,经济集聚对农村贫困减少和城镇贫困减少产生了显著的负向作用。

第九章为"'营改增'准自然实验下中国财政分权改革的影响研究"。

本章以湖南省为样本,全面分析了"营改增"改革的行业减税效应、综合减税效应及"营改增"改革对微观经济发展的影响,详细刻画与揭示了改革以来湖南的财力格局及其变化趋势,主要包括财政收入规模变化、地方税收结构变化、财政自给能力变化和经济税源结构变化等。分析结果表明,地方财政收入增速明显减缓,区域不平衡突显;"营改增"改革导致分税制在短期内不断向分成制退化,也意味着财政收入分权的弱化,改革带来的综合减税效应触动了地方财力格局在多个方面的变化;根据综合减税效应可推断"营改增"的减税效应不是临时性的,区域地方财政收入还会保持中低速增长的新常态,这给地方财政带来了空前的压力,反映了"营改增"后财政收入分权弱化导致了地方财力格局的调整。根据分析结论,总结了"营改增"后湖南财政运行中面临的主要问题,围绕增值税央地分享过渡政策带来的地方主体税种缺失、产业税收结构失衡、行业税负畸轻畸重、地方税征管风险等影响,客观评价了现有地方财税体制对"营改增"的不适应性以及面临的挑战与风险。

第十章为"优化财政分权改革目标下地方财税体制建设的策略选择"。

全面"营改增"之后地方财政收入增长呈"断崖式"下降,目前施行的增值税收入五五分成过渡方案,很大程度上属于简单的税收分成制,导致地方主体税种缺失和共享税占比过高,我国中西部欠发达地区面临增值税收入由地方向中央纵向转移、税收横向转出加剧等问题。本章基于前面理论与实证分析的主要结论,重点立足于全面"营改增"以后中国财政分权改革的实际需要,提出进一步深化地方财税体制改革的策略选择。分析结论提出,在过渡期地方税基本状况下,地方财税体制改革可采用"分步走"的办法:中短期内要化解财政收入分权弱化对地方财政的冲击,适度加强中央政府事权与支出责任,减少并规范中央与地方共同财政事权,改善目前简单地"一刀切"式的分成制度,缓解地方财政运行的巨大压力。地方政府增收最大的可能性就在于充分挖掘传统意义上"地方九税"(个人所得税、土地增值税、资源税、城建税、契税、城镇土地使用税、房产税、耕地占用税和印花税),应积极克服"营改增"引发的地方税源流失和"以票控税"手段缺失将导致征收其他地方税的困境,采取各种措施挖掘上述地方税的增收潜力。此外促使产业结构优化升级,优化行业税源结构,调整房地产业税负结构,充分发挥房地产业的税源优势,发挥企业在经济税源增长中的主体作用;从中长期来看,地方分享增值税收入的分配原则应由目前的生产地原则向消费地原则转变，目标是最大限度地保持增值税税收中性，同时在增值税收入分配中适当引入横向财力平衡机制。重构后的地方税体系，应该选择房地产税、个人所得税、企业所得税作为地方主要税种，将未来开征的社会保障税、改革后的资源税以及耕地占用税、城市维护建设税、契税、土地增值税、车船税、烟叶税、印花税等作为地方辅助税种，同时建立一个房地产开发、保有、使用等各个环节的政府信息传递机制，健全房地产信息数据库。建议通过设立与两级政府的财权、事权或支出责任密切结合、统一标准化的公式，促成中央和地方财力配置的稳定性，使中央和地方的财政自给率更加合理化。明确划分省以下财政事权与支出责任，结合中央与地方的收入划分办法，地方应完善省与市县收入划分办法，合理划分省市县收入，调动各级政府积极性①。注重税务机关单向对纳税人实施管理与监督，建立票账结合、增值课税管理制度，加快建立与大数据、云计算和物联网等现代信息技术相适应的税收征管体系，使税收征管从凭经验管理向依靠大数据分析转变，进一步发挥信息化、大数据优势。

三、创新之处与不足

本研究的创新点主要体现在以下方面：

（1）在研究思路上，本研究以制度安排为逻辑起点，探讨我国财政分权制度安排的理论逻辑，从制度环境入手揭示政府行为的内在逻辑。本研究构建了"制度—行为—绩效"分析框架与范式，透过经济现象挖掘出财政分权制度安排如何具体影响政府行为绩效的一个完整路径，打开从财政分权向地方政府经济行为与结果传导的"黑箱"。通过理论分析与实证检验的有机融合，深入分析了财政分权对区域经济发展的作用机制和影响效应，既从理论上给出

---

① 郭庆旺：《构建社会公平的税收制度》，《经济研究》2013 年第 3 期。

了一个合理解释,也从实证上提供了具有说服力的证据,不仅在研究体系上保证了分析逻辑的严谨性,而且确保了分析结论的可靠性。

(2)在研究内容上,紧扣当前困扰区域经济发展的现实问题为着力点,以问题为导向,重点选择并围绕区域财力格局、区域经济增长、区域产业结构、区域金融效率、区域经济发展质量、市场一体化等方面,系统解释并揭示财政分权所带来的经济影响。与已有研究相比较,本研究不仅丰富了财政分权研究的维度,对财政分权影响地方政府行为与区域经济发展的原因与结果进行了全面的揭示,而且为精准把握当前区域经济发展中的制度症结提供了思路与方向。此外,本研究还紧密结合当前最新的改革动态,基于全面"营改增"准自然实验数据,揭示了全面"营改增"前后的经济变化,全面评估了此项重大财政分权改革的效果,为探寻地方财税改革的突破口提供了重要依据。

(3)在研究方法上,本研究全面纳入空间因素,运用空间计量方法系统考察财政分权对区域经济发展的影响。已有研究通常会忽略空间概念,对政府间的策略互动所带来的影响视而不见,并将分析建立在线性基础之上。与已有研究不同,本研究重点关注财政分权影响区域经济的空间溢出与非线性的影响,详细揭示财政分权对区域财政收支、区域产业发展、区域金融效率、区域环境质量、区域市场结构等影响的空间特征、动态演变特征和区域异质特征,大大丰富了财政分权研究的成果。在数据选择上,绝大部分章节具体细化到了地市一级,确保了分析结果的精细化以及研究结论的可靠性。

本研究仍然存在一定的不足,主要体现在:

(1)财政分权既涉及收入分权又涉及支出分权,区域经济发展涉及的内容十分广泛。尽管本研究为了保证研究体系和内容的完整性与系统性,在主要章节中同时考虑了财政收入分权与支出分权的影响,但仍有些地方主要考虑的是收入分权,例如,重点考察了财政分权对地方财政收入格局的影响,但对财政分权影响地方支出格局未做深入分析;在"营改增"的影响效应研究中,考虑到本轮改革的重点是收入分权改革,所以也只将重点放在收入分权上。此外，虽然区域产业发展、区域金融效率以及区域经济发展质量、区域市场结构等方面能较好地体现区域经济发展的具体状况，但还不能涵括区域经济发展的所有方面，还可以考虑其他因素，这将是下一步研究应该拓展的内容。

（2）本研究在数据样本的选择上，大部分章节基于精细刻画的目的，在分析中利用了地级市层面的数据，但并未能做到全书的统一性，有个别地方使用了省级层面的数据。此外，在"营改增"部分的分析中，受改革时间较短的影响，考虑到数据的可获性，本研究仅以湖南省为样本展开了分析。随着"营改增"政策实施的不断持续，数据样本将不断丰富，从全国层面、从更广阔的视角考察本轮分权改革给区域经济带来的影响，并揭示改革对不同区域的影响差异，将是本领域研究的一个发展方向，也是我们下一步深化研究的重点。

第一章　财政分权作用于区域
经济发展的理论考察

一、财政分权理论及其发展演变

政府间财政分权的研究一直以来都是经济学界关注的重点,分权制也成为当前世界各国财政管理体制的主要选择,有关理论不仅在西方发达国家得到普遍重视,处于经济转轨期的发展中国家也将分权作为调整政府职能和激发经济活力的重要手段。所谓财政分权,是指将税收权利和支出责任在央地政府和地方各级政府间进行划分,使地方政府拥有因地制宜的财政自主管理权限。分权的核心在于税权的分配以及支出责任的配置,各个国家央地的税权与支出责任划分不同,地方政府自主性以及行为逻辑与模式也就存在差异。20 世纪 50 年代蒂布特发表了论文《地方公共支出的纯理论》,之后涌现出大量关于讨论由分层级政府提供公共产品合理性的文章,标志着财政分权理论的兴起。

(一)传统财政分权理论

传统财政分权理论以论证"为什么要给地方政府分权"为逻辑起点,研究公共部门职能如何在不同级次的政府间进行分配以及相应财政工具如何选择的问题。根据新古典经济学的分析框架,一个国家并不需要多层级的政府,因为中央政府能够全面了解所有经济个体的偏好以及每个地区的资源要素和经济增长情况,并根据公共品区域供给差异性实现最优供给,从而不需要讨论有关财政分权的问题。但是各个国家都真实存在地方政府,而且其在最大化公共品的社会效益过程中发挥了巨大作用。基于理想化框架与地方财政真实存在的逻辑冲突,传统财政分权理论应运而生。

1. 蒂布特"用脚投票"

蒂布特(1956)[1]通过对地方支出及公共物品理论假设,建立了地方性公共物品的最优供给模型。Tiebout 模型核心假设是居民能够充分了解各地区公共物品和税负的组合信息,且在地区间能够自由迁移。模型表明社会成员的流动性,会影响地方政府公共产品的提供,造成地方政府间的竞争,对于居民个人来说,哪个地方提供的公共产品适合自己,那么就会"用脚投票"选择去能最大限度满足自己需求的地区居住。正是由于居民的选择偏好,各个地方政府为了迎合民意,就会提供适合本地居民消费偏好的公共产品,从而实现帕累托效率,最终实现不同区域间的税收水平趋于合理化。

蒂布特的理论贡献在于提出了通过居民的充分流动,具有相同偏好的居民会聚集在同一个地方,不同区域间居民的公共产品偏好是不同的,这也与奥茨"分权定理"的理论相契合。但居民对公共品偏好度的测量,以及影响居民流动性因素的复杂性,都是该理论所面临的难题。

2. 斯蒂格勒"最佳分权模式"

斯蒂格勒(1957)[2]从资源配置的有效性和财富分配的公平性出发,提出

---

[1]　Tiebout C.M., A pure theory of local expenditures, *Journal of political economy*, 1956, 64(5): pp.416–424.

[2]　Stigler G.J., *The Tenable Range of Functions of Local Government*, Washington, Joint Economic Committee, 1957, pp.213–219.

了处理中央和地方政府间财政的最佳分权模式。首先,他提出将中央和地方政府在地方性公共品的供给效率方面进行了比较分析,得出地方政府更加贴近辖区内居民,也更容易了解当地居民对公共物品的需求,因此应允许地方政府拥有相对独立的财权以提供更好的公共服务。其次,居民有权自由选择自己想要的公共物品的种类和数量,而所有公共物品全部由中央政府统一供给无法满足这一要求,最好的做法是将这些公共物品交由各个地方政府自己提供,中央政府负责协调各个地方政府之间的利益关系,有效解决分配不公问题。

3. 马斯格雷夫"财政职能划分"

马斯格雷夫(1959)[①]分析了财政配置、分配和稳定三大职能,得出地方财政的存在是合理和必要的,并将财政的各个职能在中央和地方政府两级政府间进行了划分。他认为,中央政府应主动承担宏观经济稳定和收入再分配职能,因为地方政府没有足够的财力施行宏观经济政策来保障国家安全,另外要素与经济资源的跨区域流动也严重束缚了地方政府履行收入再分配职能;而相比中央政府,地方政府在了解辖区居民偏好等方面则有着明显的信息优势,从而应承担资源配置职能,因为有效的资源配置需要根据各地区的不同偏好而有所差别,差异化的供给更有利于提高经济效率和改进社会福利水平。

4. 奥茨"分权定理"

奥茨(1972)[②]吸收 Tiebout 模型的特点,采用福利经济学的分析方法,以流动性资本为研究对象,比较了中央和地方政府在公共物品供给方面的经济效率,并提出了相应的帕累托改进方法,最终得出"通过将公共品的成本

[①]　Musgrave R.A.,*The Theory of Public Finance*,New York:McGraw Hill Book Company,1959, pp.181–182.

[②]　Oates W.E.,*Fiscal Federalism*,New York:Harcourt brace Jovanovich,1972,pp.72–122.

和收益内部化,规模最小的地方辖区能够更好承担供给公共品职能"的结论。正如分权定理所说:在地方公共品不存在辖区间外溢的情况下,让地方政府根据各自辖区内的偏好信息提供公共品总会比中央政府按照特定且统一的标准供给,更能够实现帕累托效率。定理强调分散化供给公共品的比较优势,如果单位产量公共品的供给成本对央地政府均相同,地方政府供给则要有效率得多。

分权定理的成立基于两个重要的假设条件,即不同地区间居民偏好的差异和中央政府等份供给公共品。前者的合理性主要基于蒂布特提出的居民流动性,如果地方政府不能满足当地居民的偏好,居民便会迁移,这样聚集在同一地区的居民偏好是相同的且不同地区间居民偏好有差异;奥茨(1999)关于后者的解释是:由于现实中的信息不对称,中央政府无法完全了解各地方辖区居民的偏好,难以进行差异化供给。同时,地方政府对于中央政府公共政策的公平性要求,也限制了中央政府对某地方政府提供相对规模更大的公共品和公共服务。

传统财政分权理论主要研究资源配置问题,同时论证地方政府存在的合理性和必要性,其核心观点为:地方政府具有了解辖区居民偏好的信息优势,能够通过"用手投票"和"用脚投票"的方式导致地方政府间的竞争,而正是由于竞争最终实现了公共品的有效配置。

(二) 第二代财政分权理论

第二代财政分权理论是传统财政联邦制理论的扩展,它把激励相容原理和机制设计学说引入分权框架,更加关注政府间的政治关系对财政分权的重要性。其涉及的主要观点有:它拒绝了传统财政分权理论中的"仁慈型政府"假定,与职业经理人相似,有着自身利益诉求的政府官员若缺乏相应约束就会有寻租行为。因此,政府和经济主体之间应存在这样一种关系,即高效率的市场来自好的政府结构,国家在构造政府治理结构时要考虑到相应的激励机制,提供一种维护市场效率的支持性政治系统。正因如此,第二代财政分权理论又称为市场维护型的财政联邦主义。

1. 布坎南"公共选择视角"

布坎南(1980)[1]公共选择视角重新界定了政府公共部门的性质以及分权的必要性。他认为,传统财政分权理论假设政府的职责是通过政策手段纠正市场失灵并尽一切可能实现社会福利最大化,但缺乏对政府官员因素的考虑。现实中公共部门追求的是自身预算最大化而不是社会福利最大化。因而政府在制定公共政策过程中,并不存在根据公共利益进行选择,如果不对政府行为进行限制,它就会通过不断获取制度外或预算外的收入来扩大规模,从而无法实现社会福利。但不存在比政府更高的约束力量来限制政府行为。因此最好的办法就是在政府内部进行分权。

2. 钱颖一"激励相容与机制设计"

Qian and Weingast(1997)[2]等借鉴了企业理论提出中央政府与地方政府、地方政府和政府官员相互之间都存在着委托代理关系,需要建立一个有效的政府结构,来实现官员与地方居民福利之间的激励相容。他们认为,单纯就财政分权对地方政府发展经济的激励有限,政府官员与职业经理人相似,追求自身利益最大化,如果缺乏相应的约束就存在"机会主义行为倾向",所以要构造一个维护市场效率的支持型政府结构来促进实现社会福利最大化。在此基础上,分权就能够形成"市场维护型的财政联邦制",在此制度下,各级政府应明确各自的权力和责任,地方政府负责本区域的发展,并通过有助于维护市场

---

① 　James Buchannan, Geoffrey Brennan, *The Power to Tax : Analytical Foundations of a Fiscal Constitution*, New York : Cambridge University Press, 1980.

② 　Qian Ying Yi, Barry R.Weingast, *Federalism as a Commitment to Preserving Market Incentives*, Journal of Economic Perspectives, 1997, pp.83-92.

的政府间财政竞争促使地方政府的预算约束硬化。

第二代分权理论还涉及政府政治纵向结构对财政分权的效果影响,和不完全、不对称信息在财政分权理论中的重要地位。Seabright(1996)[1]认为集权可使中央政府从政策协调机制中获益,但是在决策过程中,要求中央必须能了解地方政府信息以便作出完美决策,同时伴随着地方政府责任心的削弱,中央需要在基础设施建设、社保医疗等方面付出更多的成本;分权则是激励地方政府为辖区居民利益考虑的重要手段,因为地方政府既是不完全信息的掌握者,又是信息的使用者,但是在自我负责、利己主义的驱动下,地方政府又会出现过度投资、市场分割保护等现象。因此对于分权和集权之间的选择,关键在于衡量两者所带来的社会福利大小。即使地方之间的偏好没有差别,有关社会福利大小的衡量也是有价值的、必要的。

第二代财政分权理论主要研究激励机制设计问题,同时强调央地政府间非对称信息的重要性,其核心观点为:政府并不是仁慈的救世主,需要设计一套使地方政府行为与辖区居民福利相容的激励机制,通过激励机制导致地方政府间的竞争,从而改进社会福利水平。

(三) 财政分权理论的最新发展

随着分权实践广度和深度的拓展,建立分权体系已成为世界各国财政体制改革的大趋势,相关理论研究也不再局限于财政领域本身,而是进一步延伸至财政分权对其他经济现象和社会问题的影响。

1. 财政分权与地方政府竞争

现今有关财政分权与地方竞争的研究可分为两个方面,一方面认为财政分权能够引导地方政府提高公共品的有效供给水平并开展良性竞争,进而优

---

① Seabright P., *Accountability and decentralization in government:an incomplete contracts model*, European Economic Review,1996,pp.61-89.

化财政支出规模和结构,改善区域间的收入不平等。Justman & Thisse
(2000)①认为,多样化基础设施服务水平竞争能减少财政支出竞争造成的资
源浪费,从而能减少财政支出。续竞秦(2009)②发现,财政分权和地方政府竞
争并没有给地方财政的农业支出带来负面影响,而且在东部地区还有积极的
促进作用。Kyriacou(2016)③从23个OECD国家的样本中得到经验证据,财
政分权、区域收入不平等程度和政府质量三者是同时决定的,财政分权体制和
提高政府质量的措施会有效缩减区域不平等差距;另一方面,财政分权过程如
果没有配套的地方政府竞争监管机制和协调合作机制,会引起"以邻为壑"式
的恶性竞争,造成地方政府扭曲资源配置,出现公共品供给的选择性偏差问
题。聂颖(2011)④根据国家财政性教育经费占GDP比例对样本分组进行检
验发现,比例达到4%的地区地方政府竞争促进了教育支出,未达到4%的地
区竞争抑制了教育支出。如前所述,财政分权能够使地区间开展良性(恶性)
竞争,导致对经济运行产生正向(负向)影响效应。实际上这种影响效应与分
权体制和地方政府竞争模式有着密切联系,而改革现行制度和规范竞争行为
以最大程度契合经济运行状态,是未来经济发展研究的一个重要命题。

2. 财政分权与制度创新

奥茨(1998)⑤指出,现实生活中存在信息不完全和信息不对称的现象,多

---

①　Moshe Justman,Jacques-Francois Thisse,*The economic impact of subsidized industrial R&D in Israel*,International Tax and Public Finance,2000(5).

②　续竞秦:《中国的财政分权与地方政府公共支出——以财政农业支出为例》,《农村经济》2009年第12期。

③　Kyriacou,A.P.,Regional inequalities,fiscal decentralization and government quality:empirical evidence from simultaneous equations,*Regional Studies*,2016(54),pp.1-13.

④　聂颖:《财政分权、地方政府竞争和教育财政支出关系研究》,《地方财政研究》2011年第11期。

⑤　Oates,Wallace E.,*The Economies of Fiscal Federalism and Local Finance*,Northampton,MA:Edward.Elgar,1998.

层级政府管理能够允许人们更多地进行政策实验与制度创新,而这在受到各种政治性障碍制约且每次政策更新都需要花费较长时间的中央层面无法做到。首先,地方政府相对于中央政府来说是一个数量更大的政策创新试验场,政策实验创新主体数量的增加使得更易于产生创新性的公共政策。同时,不同地方政府进行的制度创新会产生多样化的政策信息,地方政府之间的相互学习会使政策创新产生收益外溢效应向周边扩散,并促进公共政策中的技术进步。实际上,许多国家都会把在地方层面进行的政策实验作为公共政策在国家层面全面推行的一个重要前奏,在财政分权下,地方政府成功创新推行的政策项目常常会作为模板和参照。通过目前文献的梳理发现,有关财政分权与制度创新的理论还尚未成熟,难以支撑经验数据研究。地方政府在采用一项新政策时,也可能由于存在被相邻政府模仿、搭便车的外部性,从而使得地方政府制度创新的动力减弱。因此单纯地说分权能够引起制度创新或者抑制制度创新还为时尚早。当然,中央政府可通过对能够带来较大外部收益的制度创新给予补偿,使地方政府有能力而又有意愿去进行制度创新,提高地方主动供给制度积极性,确保其创新的动力。

3. 财政分权与官员腐败

财政分权与地方官员腐败是近年来受财政学人关注的一个重要议题。学者们以政治经济学为分析框架,就财政分权是否能成为一种抑制腐败的制度安排进行大量研究。Che(2002)[1]发现,财政分权加剧了地方政府对本地区域资源的掠夺行为,促使地方政府在公共决策中寻求自身利益最大化。Treisman(2005)[2]用二元指标变量表示一个国家的分权程

---

① Che J., Rent Seeking and Government Ownership of Firms: An Application to China's Township Village Enterprise, *Journal of Comparative Economics*, 2002(4), pp.787-811.

② Treisman D., Hongbin and Cai, Does Competition for Capital Discipline Governments Decentralization, Globalization and Public Policy, *American Economic Review*, 2005, pp.817-838.

度,通过研究发现财政分权程度与国家的腐败率有很强的正相关关系。梁若冰(2009)①通过对中国 30 个省级面板数据建模发现,地方政府的财政分权程度越高,其土地违法行为就越严重。当然,也有相反的看法,Raymond Fisman 和 Roberta Gatti(2002)②采用州级面板数据证实了联邦转移支付造成的软预算约束可能存在腐败问题的说法。他们发现更多的上级转移支付会出现更高的滥用公职罪定罪率,只有将部分税权同时下放给地方政府,支出分权才会减少地方腐败现象。李敬涛(2016)③检验财政分权、信息公开对官员腐败行为的影响时发现,官员腐败行为直接受到微观制度环境的影响,财政分权与信息公开两个政府层面的制度环境因素均对抑制官员腐败发挥了积极作用。上述财政分权与腐败现象有着深刻的制度供给方面的原因。无论是西方国家"对下负责"的联邦制,还是我国"对上负责"的中国式分权,均存在一个至关重要的因素——有效监督地方政府行为。那么,如何在保持财政分权激励作用的同时,构建有效监督机制来减弱腐败带来的负面影响是未来一个重要的研究方向。

4. 财政分权与环境质量供给

　　环境质量具有很强的公共外部性,需要层级相对较高的政府进行地区间协调,因此从财政分权的视角研究环境公共品供给成为近年来讨论分权问题的一个全新领域。List and Gerking(2000)④利用里根时期的州级氮氧化物和硫化物排放数据,发现无论是环境治理支出还是环境质量均未发现明显变化,

---

①　梁若冰:《财政分权下的晋升激励、部门利益与土地违法》,《经济学(季刊)》2009 年第 10 期。

②　Raymond Fisman,Roberta Gatti,Decentralization and Corruption:Evidence from U.S.Federal Transfer Programs,*Public Choice*,2002,pp.25-35.

③　李敬涛:《财政分权、信息公开与官员腐败——基于宏微观制度环境的双重考察》,《会计与经济研究》2016 年第 3 期。

④　List J.A.,Gerking S.,Regulatory federalism and environmental protection in the United States,*Journal of Regional Science*,2000,pp.453-471.

Millimet(2003)①对上述结论进行了检验,里根执政时期的分权并没有使美国州政府降低环境质量标准,反而使州政府之间在环境方面产生了"竞争到顶"而非"竞争到底"的现象。从对我国环境污染情况的研究来看,大多数学者认为分权会恶化环境状况。张克中等(2011)②从碳排放的视角出发,认为财政分权对减少碳排放会产生负向影响,促使地方政府加快第二、第三产业,使得碳排放增加。郭志仪等(2013)③从政治晋升角度研究财政分权对环境污染的影响发现,财政分权度越高,地方政府获得的收入会越多,同时工业三废排放量也就越大。但是,曲亮等(2015)④认为二氧化碳减排效率与财政分权之间具有倒 U 型的关系,在一定范围内提高财政分权程度有利于提高二氧化碳减排效率。从目前研究现状发现,大量相关实证研究着重对财政分权是否会影响环境质量进行了检验,而忽略了财政分权体制对环境污染的传导机制。此外,以一种或几种污染物来衡量区域环境污染情况,可能存在以偏概全,需要构建一个衡量区域环境污染的综合指标。

二、财政分权作用于区域经济增长的机制分析

财政分权主要通过支出分权和收入分权两种途径来影响经济增长,根据刘金涛等(2006)⑤的分析,具体表现为财政支出分权的资源配置机制和财政

---

① Millimet D.,Assessing the empirical impact of environmental federalism,*Journal of Regional Science*,2003,pp.711-733.

② 张克中、王娟、崔小勇:《财政分权与环境污染:碳排放的视角》,《中国工业经济》2011 年第 10 期。

③ 郭志仪、郑周胜:《财政分权、晋升激励与环境污染:基于 1997~2010 年省级面板数据分析》,《西南民族大学学报(人文社会科学版)》2013 年第 3 期。

④ 曲亮、蔡宏波等:《财政分权与中国区域碳减排效率实证研究》,《经济地理》2015 年第 5 期。

⑤ 刘金涛、杨军等:《财政分权对经济增长的作用机制:理论探讨与实证分析》,《大连理工大学学报(社会科学版)》2006 年第 1 期。

收入分权的制度环境机制。

　　财政分权通过资源配置机制直接影响经济增长,主要形式是优化央地财政支出结构从而作用于经济增长。由于中央财政和地方财政在不同的公共支出项目上具有不同的经济效率,对于全国性的公共品来说,诸如国防、外交、司法等,其受益范围覆盖全国,如由地方政府提供会出现严重的负外部性,最终导致这类公共品的低效率供给,甚至根本无法提供,因此需由中央政府提供;对于地方性的公共品来说,其受益范围通常为地方本身,中央政府无法全面了解各地方居民对公共品的真实偏好,统一供给的结果必然有些规模过大或过小,造成经济效率的损失,因而应由地方政府供给。此即为财政分权通过公共部门支出结构的优化影响资源配置,直接作用于经济增长。

　　财政分权通过制度环境机制间接影响经济增长,主要形式为基于激励视角,通过改变经济主体的制度环境来诱发各级次政府间竞争,从而作用于经济增长。由于在分权背景下地方政府拥有了一定的收入自主权,其必须按照预期的收入规划其支出方向与结构,因而地方政府就有以增加财政收入为目标来发展本地经济的动力,这种激励会在政府间形成以税收竞争为主要特征的竞争机制。具体看来包括两种形式:一是施行不同起征点及纳税期限、差别化税率及税目、是否开征税种;二是以财政返还形式将企业所缴税款部分甚至全部进行回退,或为满足政策条件的企业提供税收优惠;此即为财政分权通过激励地方竞争影响经济主体的制度环境,间接作用于经济增长。

　　通过上述财政分权对区域经济增长作用机制的理论阐述,尝试以内生经济增长模型为基础,同时借鉴结构主义经济发展研究思路,构建一个从资源配置和制度环境角度的理论分析模型,以此探讨财政分权对区域经济增长的影响机制。

(一)资源配置机制

　　经济社会产出,按照来源通常分为公共产出和非公共产出,公共产出一般来自政府,非公共产出则来自企业和个人。由于任何形式的政府都是中央和地方两个层面构成,社会资源在央地政府的分配多寡(即支出分权程度),会影响不同层级政府的产出,进而影响公共整体产出,产生经济增长效应。

首先提出两个基本假设:

假设 1,整个经济社会简化为两个部门,即公共部门和非公共部门,所有的产出和投入均系两个部门

假设 2,由于只考虑直接影响,暂定非公共部门产出对于公共部门间的资源分配程度不太敏感

由假设 1 可知,经济社会产出 Y 为公共产出 Y_G 与非公共产出 Y_P 之和,公共产出来自于中央政府产出 Y_C 和地方公共政府产出 Y_L。

$$Y = Y_P + Y_G = Y_P + Y_C + Y_L \tag{1.1}$$

依据内生经济增长理论,产出量由劳动、资本投入和技术决定,因而有:

$$Y_P = P(K_P, L_P; A_P) \tag{1.2}$$

$$Y_C = G_C(K_C, L_C; A_C) \tag{1.3}$$

$$Y_L = G_L(K_L, L_L; A_L) \tag{1.4}$$

以 DC_L 和 DC_K 表示劳动、资本在公共部门的投入程度,分别有:

$$DC_L = \frac{K_L}{K_G} = \frac{K_L}{(K_C + K_L)} \tag{1.5}$$

$$DC_K = \frac{K_C}{K_G} = \frac{K_C}{(K_C + K_L)} \tag{1.6}$$

则可将财政分权 DC 表示为 DC_L 和 DC_K 的函数,即有:

$$DC = f(DC_K, DC_L) \tag{1.7}$$

加入时间变量 t 以描述随时间趋势投入产出的变化。

其变动就是公共部门内部资本投入和劳动力投入数量的对比随时间的变化。

同时能得到财政支出分权随时间趋势变动的三种情况:

当 $DC_{(t+1)} > DC_t$ 时,表明财政支出分权程度变大;

当 $DC_{(t+1)} = DC_t$ 时,表明财政支出分权程度没有改变;

当 $DC_{(t+1)} < DC_t$ 时,表明财政支出分权程度变小。

由假设 1 可令, $K_G = K_C + K_L$

则中央政府和地方政府的生产函数可以重新表述为

$$Y_C = G_C(K_G(1 - DC), L_G(1 - DC); A_C) \tag{1.8}$$

$$Y_L = G_L(K_G \times DC, L_G \times DC; A_L) \tag{1.9}$$

公共总体产出 Y_G 受到四个因素影响:公共部门的要素投入劳动力 L_G 、资本 K_G 、技术 $A_G = S(A_C, A_L)$,财政支出分权 DC。其函数形式为:

$$Y_G = G(K_G, L_G, A_G; DC) \tag{1.10}$$

进一步,财政支出分权通过资源配置直接影响社会总体经济增长的作用机制就能够用数理语言表述成:

财政支出分权 DC 如何影响社会总体产出 Y 的变动,即判断 $\partial Y / \partial DC$ 的值。

由假设 2 可知,非公共部门对于财政支出分权 DC 的偏导数为零,即 $\partial Y / \partial DC = 0$ 。

如此,财政支出分权 DC 对公共产出 Y_G 的影响效应也就是对社会总产出 Y 的影响效应,因而只需要研究 $\partial Y_G / \partial DC$ 即可。

当 $\partial Y_G / \partial DC > 0$ 时,财政支出分权程度与公共产出正相关,同时得到 $\partial Y_G / \partial DC > 0$,即支出分权与总体产出正相关,财政支出分权促进经济增长;

当 $\partial Y_G / \partial DC = 0$ 时,财政支出分权程度与公共产出不相关,同时得到 $\partial Y_G / \partial DC = 0$,即支出分权与总体产出不相关,财政支出分权不影响经济增长;

当 $\partial Y_G / \partial DC < 0$ 时,财政支出分权程度与公共产出负相关,同时得到 $\partial Y_G / \partial DC < 0$,即支出分权与总体产出负相关,财政支出分权抑制经济增长。

(二)　制度环境机制

一个经济社会中,财政收入分权会影响公共部门的收入分配格局,改变政府竞争行为,影响非公共部门发展的制度环境。制度环境的变化主要来自于税收竞争,它会迫使非公共部门改变生产结构,影响非公共部门产出,进而作用于社会总体产出,产生经济增长效应。

同样提出两个基本假设:

假设1,整个经济社会简化为两个部门,即公共部门和非公共部门,所有的产出和投入均系两个部门

假设2,由于只考虑间接影响,暂定公共部门产出对于内部间的资源分配程度不太敏感

由假设1可得,经济社会t期的总产出是中央公共部门t期产出、地方公共部门t期产出和非公共部门t期产出的三者之和。即有:

$$Y_t = Y_{pt} + Y_{Ct} + Y_{Lt} \tag{1.11}$$

同时,经济社会在t+1期的总产出:

$$Y_{t+1} = Y_{p(t+1)} + Y_{C(t+1)} + Y_{L(t+1)} \tag{1.12}$$

由于非公共部门生产受到制度环境的影响,在内生生产函数的一般形式中,除了劳动L、资本K的要素投入和技术A之外,还需加入制度环境因素H,因而非公共部门在t期和t+1期的生产函数为:

$$Y_{Pt} = P(K_{Pt}, L_{Pt}; A_{Pt}; H_t) \tag{1.13}$$

$$Y_{P(t+1)} = P(K_{P(t+1)}, L_{P(t+1)}; A_{P(t+1)}; H_{(t+1)}) \tag{1.14}$$

当然,制度环境因素H不只是财政收入分权DC而已,还有其他分权外的因素,将它们统一定义为X,则制度环境因素函数在t期和t+1期的形式为:

$$H_t = H(DC_t, X_t) \tag{1.15}$$

$$H_{t+1} = H(DC_{(t+1)}, X_{(t+1)}) \tag{1.16}$$

那么,非公共部门生产函数形式能够写成:

$$Y_P = P(K_P, L_P; A_P; H(DC, X)) \tag{1.17}$$

进一步,财政收入分权通过制度环境间接影响社会总体经济增长的作用机制就能够用数理语言表述成:

财政收入分权 DC 如何影响社会总体产出 Y 的变动,即判断 $\partial Y/\partial DC$ 的值。

由假设 2 可知,公共部门对于财政收入分权 DC 的偏导数为零,即 $\partial Y/\partial DC = 0$。

如此,财政收入分权 DC 对非公共产出的影响效应也就是对社会总产出 Y 的影响效应,因而只需要研究 $\dfrac{\partial Y_P}{\partial DC} = \dfrac{\partial Y_P}{\partial H} \times \dfrac{\partial H}{\partial DC}$ 即可。具体而言,财政收入分权间接作用经济增长机制的效果一方面是制度环境 H 对非公共部门的影响,即 $\dfrac{\partial Y_P}{\partial H}$;另一方面是财政收入分权对制度环境的影响,即 $\dfrac{\partial H}{\partial DC}$。

根据,$\dfrac{\partial Y_P}{\partial DC} = \dfrac{\partial Y_P}{\partial H} \times \dfrac{\partial H}{\partial DC}$ 的符号,可得出结论:

当 $\partial Y/\partial DC > 0$ 时,即 $\dfrac{\partial Y_P}{\partial H} \times \dfrac{\partial H}{\partial DC} > 0$,财政收入分权与非公共产出正相关,同时得到 $\partial Y/\partial DC > 0$,即财政收入分权与总体产出正相关,财政收入分权会促进经济增长。

当 $\partial Y/\partial DC = 0$ 时,即 $\dfrac{\partial Y_P}{\partial H} \times \dfrac{\partial H}{\partial DC} = 0$,财政收入分权与非公共产出不相关,同时得到 $\partial Y/\partial DC = 0$,即财政收入分权与总体产出不相关,财政收入分权不会影响经济增长;

当 $\partial Y/\partial DC < 0$ 时,即 $\dfrac{\partial Y_P}{\partial H} \times \dfrac{\partial H}{\partial DC} < 0$,财政收入分权与非公共产出负相关,同时得到 $\partial Y/\partial DC < 0$,即财政收入分权与总体产出负相关,财政收入分权会抑制经济增长。

(三) 综合作用机制

综合上述财政分权影响经济增长的直接资源配置机制和间接制度环境机制,能够得出财政分权作用于经济增长的机制分析,即综合作用机制。

社会总产出 Y 为公共产出 Y_C 和非公共产出 Y_P 之和。公共产出 Y_C 又分为中央公共产出 Y_C 和地方公共产出 Y_L。则能够得到:

$$Y_t = Y_{pt} + Y_{Ct} + Y_{Lt} = Y_{pt} + Y_{Gt} \tag{1.18}$$

总产出随时间趋势变化可写成：

$$\frac{\partial Y}{\partial t} = \frac{\partial Y_P}{\partial t} + \frac{\partial Y_C}{\partial t} + \frac{\partial Y_L}{\partial t} = \frac{\partial Y_P}{\partial t} + \frac{\partial Y_G}{\partial t} \tag{1.19}$$

非公共部门的内生生产函数一般形式为：

$$Y_{pt} = P(K_{pt}, L_{pt}; A_{pt}; H_t) = P(K_{pt}, L_{pt}; A_{pt}; H(DC_t)) \tag{1.20}$$

公共部门的内生生产函数一般形式为：

$$Y_{Gt} = Y_{Ct} + Y_{Lt} = G(K_{Gt}, L_{Gt}; A_{Gt}; DC_t) \tag{1.21}$$

将两个部门的内生生产函数分别对时间 t 求复合偏导，可以得到：

$$\frac{\partial Y_P}{\partial t} = \frac{\partial P_K}{\partial K} \times \frac{\partial K}{\partial t} + \frac{\partial P_L}{\partial L} \times \frac{\partial L}{\partial t} + \frac{\partial P_A}{\partial A} \times \frac{\partial A}{\partial t} + \frac{\partial P_H}{\partial H} \times \frac{\partial H}{\partial DC} \times \frac{\partial DC}{\partial t} \tag{1.22}$$

$$\frac{\partial Y_G}{\partial t} = \frac{\partial G_K}{\partial K} \times \frac{\partial K}{\partial t} + \frac{\partial G_L}{\partial L} \times \frac{\partial L}{\partial t} + \frac{\partial G_A}{\partial A} \times \frac{\partial A}{\partial t} + \frac{\partial G_{DC}}{\partial DC} \times \frac{\partial DC}{\partial t} \tag{1.23}$$

进一步，财政分权对经济增长的综合作用机制就能够用数理语言表述成：

$$\partial Y / \partial DC = \frac{\partial P_H}{\partial H} \times \frac{\partial H}{\partial DC} \times \frac{\partial DC}{\partial t} + \frac{\partial G_{DC}}{\partial DC} \times \frac{\partial DC}{\partial t} = \text{DCL} \tag{1.24}$$

当 $DC > 0$ 时，财政分权与总体产出正相关，财政分权促进经济增长；
当 $DC = 0$ 时，财政分权与总体产出不相关，财政分权不影响经济增长；
当 $DC < 0$ 时，财政分权与总体产出负相关，财政分权抑制经济增长。

三、财政分权作用于产业结构升级的机制分析

财政分权是影响产业结构升级的重要制度因素之一，因为财政分权在一定程度上会影响地方政府财政资源充裕程度及地方政府行为，进而对稀缺资源的流动及产业结构的区域布局带来影响，一方面以财政分权为核心的制度因素有助于诱发地区之间的技术扩散、创新溢出与竞争效应，在增加产业结构升级正外部性效应的同时促进区域间产业均衡发展；另一方面财政分权制度

下的地方政府干预过多或不当会导致企业创新主体地位的丧失,从而不利于产业结构升级水平的不断提升。[①]

基于中国产业政策实现机制,本章建立如下博弈模型来分析财政分权体制下地方政府行为对产业结构升级的影响机制。假设经济系统中包含中央政府、地方政府和厂商三个行为主体。中央政府作为经济社会规划者,本身并不参与决策,主要外生决定财政分权比例 λ 和税率 t 。假设有两个地区的 i 和 j ,各自的产出水平分别为 Q_i 和 Q_j ,税收水平分别为 $T_i = tQ_i$ 和 $T_j = tQ_j$,则全国总税收收入为 T ,其中:

$$T = T_i + T_j = t(Q_i + Q_j) \tag{1.25}$$

由式(1.25)可知,在不考虑地区外部性、腐败、地区保护等其他因素的条件下,两个地区的地方政府可获得的财政资源为 $\lambda t(Q_i + Q_j)$,则中央政府可获得的财政资源为 $(1 - \lambda)t(Q_i + Q_j)$ 。

由于财政资源的稀缺性和有限性,作为理性经济人的地方政府在执行产业结构升级政策的同时也追求自身利益最大化。在当前以 GDP 为核心的官员晋升激励下,地方政府主要通过追求经济增长来获得政治晋升,因此地方政府将在政治利益和经济利益之间进行权衡。假设地方政府将一部分财政资源投入到地方经济增长中,将剩余部分投入到推动并执行产业结构升级政策中。

假定地方政府 i 产业结构升级支出比例为 ξ_i ,即相对应的财政资源为 $\xi_i \lambda tQ_i$,则经济建设支出相对应的财政资源为 $(1 - \xi_i)\lambda tQ_i$;同理,地方政府 j 分配到产业结构升级和经济建设的财政资源分别为 $\xi_j \lambda tQ_j$ 和 $(1 - \xi_j)\lambda tQ_j$ 。由于产业结构升级反映的是资本、劳动力、技术等资源要素在不同行业间流动和分配,若投入到升级指数较高行业的资源分配比例越大,要素生产率、边际工资、利润水平的提高将吸引更多资本、劳动力、技术等资源要素进入相关行业,从而进一步有利于产业结构升级进程的推进。

[①] 胡小梅:《财税政策对产业结构升级的影响机制与效应研究》,中国财政经济出版社2019 年版,第 32 页。

由于经济增长指标的短期易观测性,假定中央政府将 GDP 作为唯一的政治考核指标,从而引发地方政府间为了追求经济效益展开激烈的"政治晋升锦标赛",规则设定为:若地区 i 的产出大于地区 j 的产出,则地区 i 的地方政府官员将获得提拔,其获得的效用为 1,反之由于不晋升,地区 j 的效用为 0。

在财政分权体制下,地方政府与中央政府之间、地方政府之间、地方政府与厂商之间的博弈顺序为:首先,地方政府基于中央政府给定的财政分权比例 λ 和税率 t,对厂商行为作出预判,进而选择自身努力程度 θ(地区 i 和 j 的努力程度分别为 θ_i 和 θ_j)和产业结构升级所对应的财政资源分配比例 ξ(地区 i 和 j 投入到产业结构升级的资源比例分别为 ξ_i 和 ξ_j)。其次,厂商观测并接收到地方政府释放出的产业发展导向相关的政策讯息,从而作出最优产量决策。假定地方政府 i 自身努力成本函数为:

$$C(\theta_i) = \frac{1}{2}\theta_i{}^2 \tag{1.26}$$

则地方政府 i 的效用函数可表示为:

$$U_i = P_r(Q_i \geq Q_j) \cdot I - \frac{1}{2}\theta_i{}^2 + \frac{\xi_i \lambda t Q_i}{\rho} \tag{1.27}$$

式(1.27)中,I 为示性函数,$\rho \geq 0$ 且为常数,表征产业结构升级所带来的收益被观测到的难易程度,ρ 越大,难度越大,则 $\dfrac{\xi_i \lambda t Q_i}{\rho}$ 表征产业结构升级给地区 i 所带来的收益。

假定每个地区的厂商均处于完全竞争市场,因此价格保持恒定不变,本章将其标准化为 1。则厂商 i 的生产成本函数为:

$$C_i(Q_i, \theta_i, \xi_i) = \frac{1}{2}Q_i{}^2 - \theta_i Q_i - (1 - \xi_i)\lambda t Q_i \tag{1.28}$$

式(1.28)中,$(1 - \xi_i)\lambda t Q_i$ 表征地方政府 i 为经济建设而分配的财政资源,由于地方经济建设支出有利于厂商降低成本,故而将其纳入厂商生产成本函数中予以减除。因此,厂商的利润函数为:

$$\pi_i = (1-t)Q_i - \frac{1}{2}Q_i{}^2 + \theta_i Q_i + (1-\xi_i)\lambda t Q_i \tag{1.29}$$

那么，厂商利润最大化的一阶求导条件应为：

$$\frac{\partial \pi_i}{\partial Q_i} = (1-t) - Q_i + \theta_i + (1-\xi_i)\lambda t = 0 \tag{1.30}$$

求解可得厂商的最优产出：

$$Q_i{}^* = (1-t) + \theta_i + (1-\xi_i)\lambda t \tag{1.31}$$

将式（1.31）代入式（1.27）中，则地方政府效用函数可表示为：

$$U_i = P_r(Q_i \geq Q_j) \cdot I - \frac{1}{2}\theta_i{}^2 + \frac{\xi_i \lambda t Q_i}{\rho}$$

$$= P_r\big[(1-t) + \theta_i + (1-\xi_i)\lambda t + \varepsilon_i \geq (1-t) + \theta_j + (1-\xi_j)\lambda t + \varepsilon_j\big] \cdot$$

$$I - \frac{1}{2}\theta_i{}^2 + \frac{\xi_i \lambda t Q_i}{\rho}$$

$$= P_r\big[\varepsilon_j - \varepsilon_i \leq (\theta_i - \theta_j) + (\xi_j - \xi_i)\lambda t\big] \cdot I - \frac{1}{2}\theta_i{}^2 + \frac{\xi_i \lambda t Q_i}{\rho}$$

$$= \omega\big[(\theta_i - \theta_j) + (\xi_j - \xi_i)\lambda t + \frac{1}{2\omega}\big] - \frac{1}{2}\theta_i{}^2 + \frac{\xi_i \lambda t}{\rho}\big[(1-t)$$

$$+ \theta_i + (1-\xi_i)\lambda t\big] \tag{1.32}$$

式（1.32）中，ε_i 和 ε_j 为经济支出的独立同分布的随机干扰项，且 $\varepsilon_j - \varepsilon_i$ 服从 $\big[-\frac{1}{2\omega}, \frac{1}{2\omega}\big]$ 上的均匀分布，$\omega > 0$。

地方政府 i 效用最大化的一阶求导条件为：

$$\frac{\partial U_i}{\partial \theta_i} = \omega I - \theta_i + \frac{\xi_i \lambda t}{\rho} = 0 \tag{1.33}$$

$$\frac{\partial U_i}{\partial \xi_i} = -\omega \lambda t I + \frac{\lambda t}{\rho}\big[(1-t) + \theta_i + \lambda t - 2\xi_i \lambda t\big] = 0 \tag{1.34}$$

通过计算式（1.33）和（1.34）可得：

$$\xi_i = \frac{\rho}{2\rho - 1} + \frac{\rho(1 - \rho)\omega I + \rho(1 - t)}{(2\rho - 1)\lambda t} \qquad (1.35)$$

由式(1.35)可得产业结构升级所获得的财政资源分配比例 ξ_i 对财政分权比例 λ 的偏导数为:

$$\frac{\partial \xi_i}{\partial \lambda} = -\frac{\rho(1 - \rho)\omega I + \rho(1 - t)}{(2\rho - 1)\lambda^2 t} \qquad (1.36)$$

由于 $\omega > 0, \rho > 0, I > 0, \lambda^2 > 0$,且 $0 \leq t \leq 1$,由式(1.36)可知:

(1)当 $0 < \rho < \dfrac{1}{2}$ 时, $\dfrac{\partial \xi_i}{\partial \lambda} > 0$,表明当产业结构升级的收益短期内被地方政府观测到的难度越低时,财政分权程度的提高将有利于产业结构升级进程的推进。

(2)当 $\dfrac{1}{2} < \rho < 1$ 时, $\dfrac{\partial \xi_i}{\partial \lambda} < 0$,表明当产业结构升级的收益短期内被地方政府观测到的难度越高时,财政分权程度的提高不利于产业结构升级进程的推进。

(3)当 $\rho > 1$ 时, $\dfrac{\partial \xi_i}{\partial \lambda}$ 符号具备不确定性,表明财政分权对产业结构升级的作用效果无法判断。

中国目前以财政分权和政治晋升为主要内容的治理结构本身所固有的激励不相容性,使得地方政府之间缺乏协同合作的激励。一方面,在分权式的治理结构下,地方政府往往倾向于通过重复建设和市场分割等方式,而不是通过与其他地方政府分工协作来发展经济;另一方面,由于中央政府规制中的信息不对称,许多地方政府极可能隐匿行动,从事明为产业结构升级而实为经济建设的活动。面对产业升级和缩小地区差距的双重挑战,地方政府之间缺乏合作使其陷入了集体非理性的困境,而要克服集体选择的非理性就应该重新设计对地方政府的激励契约,以约束它具有严重负外部性的行为。

财政分权对产业结构升级的影响主要取决于财政分权制度的负外部性

和正外部性两种效应的合力大小。负外部性主要体现为：财政分权体制下地方政府被赋予极大的权力实现对本地产业和企业的管理，使得地方政府的财政收入与本地产业发展绩效、企业经营效益息息相关，而地方政府行为以追求资本投资与经济增长作为其核心目标，从而造成财政资源配置可能与产业结构升级方向相背离。财政分权度的提高也有可能推进产业结构升级，这主要归因于地方政府可支配财力的扩张可以带来技术进步、创新溢出以及竞争效应，从而使得企业发展和产业结构调整获得财政分权制度的正外部性。由此，财政分权对产业结构升级的作用效应最终取决于正、负外部效应的博弈结果。

四、财政分权作用于经济发展质量的机制分析

环境污染是衡量经济发展质量的核心因素，通过考察财政分权对环境污染的影响，能够梳理出财政分权作用于经济质量的基本机制。环境是典型的公共物品，具有排他性和非竞争性的特点，如果没有适当的政策引导，将会出现消费主体的"搭便车"行为而产生过度消费，导致环境承载力下降，环境污染加剧。财政分权虽然是一种制度安排，本身不会直接影响环境污染，但是它能通过一定的传导机制影响政府行为，进而对环境污染产生影响，本部分重点分析财政分权影响环境污染的理论与路径。

由于一个地区的财政分权度越高，当地政府拥有更高的财政自主权时，则在当地经济的发展模式选择中拥有更大的决策权。财政分权影响环境污染主要体现在三个方面：第一，财政分权通过影响地方政府竞争，进而影响地方政府的环境污染制定标准，最终影响环境污染；第二，财政分权影响地方政府的产业政策，从而影响当地的产业结构水平，一个地区的产业结构会直接影响当地的环境污染；第三，财政分权会影响中央及地方政府对公共服务供给的偏好，进一步影响政府在环境治理领域的投资，从而影响环境污染。

（一）中央与地方多任务委托代理

中国的财政分权是探索性改革的制度安排,是"摸着石头过河"指导思想下的产物。在探索性发展的过程中,中央政府把握着对地方政府的激励,由于受到市场不完备等现实因素的制约,中国的财政分权发展历程必然存在着激励扭曲等问题,其中环境污染就是我国财政分权下激励扭曲的一个典型表现。这里以霍姆斯特姆和米尔格罗姆(Holmstrom and Milgrom,1991)[1]的多任务委托代理模型为基础,建立如下博弈模型来分析财政分权通过政府行为影响环境污染的内在机制。

为了简化起见,假设经济系统中包含中央政府和地方政府两个主体,中央政府是经济社会规划者,财政分权激励机制下,中央政府委托地方政府的任务是经济增长和环境保护两个方面,分别记为 x_1、x_2,两个任务对应的产出分别为 y_1、y_2,作为代理人的地方政府努力程度分别为 e_1、e_2,两种努力组合对应的成本为 $C(e_1,e_2)$,是关于 e_1、e_2 的二阶函数。即有产出 y_1、y_2 时,代理人从委托人处得到的收益为 $w(y_1,y_2) = \alpha + \beta_1 y_1 + \beta_2 y_2$,其中 β_1、β_2 分别为地方政府对经济增长和环境保护取得产出的权重。此外,地方政府在外部市场上有保留效用 $\bar{w}$ 。假定代理人总产出与努力程度存在简单的线性关系 $y_1 = e_1 + \varepsilon_1$、$y_2 = e_2 + \varepsilon_2$,其中 ε_1 和 ε_2 表示除了代理人努力程度之外其他影响产出的随机变量,服从零均值、同方差的正态分布,其方差分别为 σ_1^2 和 σ_2^2。

中央政府的效用函数为

$$E(e_1,e_2) = e_1 + e_2 - \alpha - \beta_1 e_1 - \beta_2 e_2 \tag{1.37}$$

假定地方政府是风险规避型且具有不变的绝对风险规避程度 ρ ,地方政府的等价确定性效用可以表示为[2]

---

[1]　Holmstrom B.,Milgrom P.,Multitask principal-agent analyses:Incentive contracts,asset ownership,and job design,*Journal of Law*,*Economics*,*& Organization*,1991,7,pp.24-52.

[2]　平新乔:《微观经济学十八讲》,北京大学出版社 2001 年版。

$$CE = \alpha + \beta_1 e_1 + \beta_2 e_2 - \frac{1}{2}\rho\beta_1^2\sigma_1^2 - \frac{1}{2}\rho\beta_2^2\sigma_2^2 - C(e_1, e_2) \qquad (1.38)$$

对地方政府等价确定性效用中地方政府努力程度求一阶导数,令其为零,可以得到:

$$\begin{cases} \dfrac{\partial(CE)}{\partial e_1} = \beta_1 - \dfrac{\partial C}{\partial e_1} = 0 \\[4mm] \dfrac{\partial(CE)}{\partial e_2} = \beta_2 - \dfrac{\partial C}{\partial e_2} = 0 \end{cases} \qquad (1.39)$$

由(1.3)式可得

$$\beta_1 = \frac{\partial C}{\partial e_1}, \ \beta_2 = \frac{\partial C}{\partial e_2} \qquad (1.40)$$

在参与约束和激励相容约束条件下求中央政府的最大化效用

$$Max \quad e_1 + e_2 - \alpha - \beta_1 e_1 - \beta_2 e_2$$

$$s.t. \quad (IR) \ \alpha + \beta_1 e_1 + \beta_2 e_2 - \frac{1}{2}\rho\beta_1^2\sigma_1^2 - \frac{1}{2}\rho\beta_2^2\sigma_2^2 - C(e_1, e_2) \geq \overline{w} \qquad (1.41)$$

$$(IC) \ \beta_1 = \frac{\partial C}{\partial e_1}, \beta_2 = \frac{\partial C}{\partial e_2}$$

(1.37)式可等价转换为

$$Max \quad e_1 + e_2 - \overline{w} - \frac{1}{2}\rho\beta_1^2\sigma_1^2 - \frac{1}{2}\rho\beta_2^2\sigma_2^2 - C(e_1, e_2) \qquad (1.38)$$

其中,$\beta_1 = \dfrac{\partial C}{\partial e_1}, \beta_2 = \dfrac{\partial C}{\partial e_2}$。

(1.38)式中对 e_1、e_2 分别求导可得

$$\begin{cases} 1 - \beta_1 - \beta_1\rho\sigma_1^2\dfrac{\partial^2 C}{\partial e_1^2} - \beta_2\rho\sigma_2^2\dfrac{\partial^2 C}{\partial e_1 e_2} = 0 \\[4mm] 1 - \beta_2 - \beta_2\rho\sigma_2^2\dfrac{\partial^2 C}{\partial e_2^2} - \beta_1\rho\sigma_1^2\dfrac{\partial^2 C}{\partial e_1 e_2} = 0 \end{cases} \qquad (1.39)$$

由(1.39)式可得

$$\beta_1 = \frac{1 - \beta_2 \rho \sigma_2^2 \dfrac{\partial^2 C}{\partial e_1 e_2}}{1 + \rho \sigma_1^2 \dfrac{\partial^2 C}{\partial e_1^2}}, \quad \beta_2 = \frac{1 - \beta_1 \rho \sigma_1^2 \dfrac{\partial^2 C}{\partial e_1 e_2}}{1 + \rho \sigma_2^2 \dfrac{\partial^2 C}{\partial e_2^2}} \tag{1.40}$$

令 $C_{11} = \dfrac{\partial^2 C}{\partial e_1^2}$, $C_{12} = \dfrac{\partial^2 C}{\partial e_1 e_2}$, $C_{22} = \dfrac{\partial^2 C}{\partial e_2^2}$

由(1.40)式可得 $\beta_1 = \dfrac{1 + \rho \sigma_1^2 C_{22} - \rho \sigma_2^2 C_{12}}{1 + \rho \sigma_1^2 C_{11} + \rho \sigma_2^2 C_{22} + \rho^2 \sigma_1^2 \sigma_2^2 C_{11} C_{12} - \rho^2 \sigma_1^2 \sigma_2^2 C_{12}^2}$,

$\beta_2 = \dfrac{(1 + \rho \sigma_1^2 C_{11} + \rho \sigma_2^2 C_{22} + \rho^2 \sigma_1^2 \sigma_2^2 C_{11} C_{12} - \rho^2 \sigma_1^2 \sigma_2^2 C_{12}^2) - \rho \sigma_1^2 C_{12}(1 + \rho \sigma_1^2 C_{22} - \rho \sigma_2^2 C_{12})}{(1 + \rho \sigma_1^2 C_{11} + \rho \sigma_2^2 C_{22} + \rho^2 \sigma_1^2 \sigma_2^2 C_{11} C_{12} - \rho^2 \sigma_1^2 \sigma_2^2 C_{12}^2)(1 + \rho \sigma_2^2 C_{22})}$

化简,可得

$$\beta_1 = \frac{\dfrac{1}{\rho \sigma_2^2 C_{22}} + 1 - \dfrac{C_{12}}{C_{22}}}{\dfrac{1}{\rho \sigma_2^2 C_{22}} + \dfrac{\sigma_1^2 C_{11}}{\sigma_2^2 C_{22}} + 1 + \rho \sigma_1^2 \left(C_{11} - \dfrac{C_{12}^2}{C_{22}}\right)} \tag{1.41}$$

从(1.41)式可以看出,地方政府在经济增长和环境保护两项任务的努力程度分配过程中,受可观测变量 (σ_1^2, σ_2^2) 和 C_{11}、C_{12}、C_{22} 的影响。作为成本函数对努力程度的偏导数,C_{12} 受经济增长和环境保护两项任务之间关系的影响,当两项任务相互冲突时 $C_{12} > 0$;当两项任务互不影响时 $C_{12} = 0$;当两项任务互补时 $C_{12} < 0$。

由于环境保护的成效很难像经济增长那么明显、直观,我们假设环境保护是不可观测的,即 $\sigma_2^2 = \infty$。由于政府的精力有限,经济增长和保护环境相互争夺政府的努力,所以这两项任务存在相互冲突,$C_{12} > 0$。因此,

$$\beta_1 = \frac{1 - \dfrac{C_{12}}{C_{22}}}{1 + \rho \sigma_1^2 \left(C_{11} - \dfrac{C_{12}^2}{C_{22}}\right)} \tag{1.42}$$

由于成本函数 $C(e_1, e_2)$ 是关于 e_1、e_2 的二阶函数,且成本函数具有单调

性,因此 C_{11} 和 C_{22} 是正的固定常数, β_1 只受 C_{12} 影响, C_{12} 越大, β_1 也越大(郑周胜,2012)[1]。在分权体制下,地方政府能够自主安排自己的努力搭配,为了得到更多的晋升机会,地方政府会将精力主要放到促进当地的经济增长,从而减少对当地环境保护的投入。

(二)地方政府与排污企业的博弈

借鉴洛佩兹和米特拉(Lopez and Mitra,2000)[2]的研究,建立分权体制下地方政府与排污企业的博弈模型。假定整个博弈过程中只有地方政府和污染企业两个参与方,双方均为理性人且以实现自身利益最大化为目标。

基本假设为:

(1)企业有污染和不污染两个策略,地方政府有监管和纵容两个策略;

(2)企业的收益 R 与地方政府的税收 T 均是产量 Q 的函数;

(3)企业选择污染环境时可以获得额外收益 r,但是企业在污染环境会造成一系列的潜在成本,如企业的荣誉受到损害、面临居民的指责等,将这些潜在成本记为 h。如果地方政府对企业污染行为实施监管,企业将产生罚款 m;

(4)企业选择污染环境来提高收益时,地方政府也会有额外的税收收入 t,但是如果企业选择污染环境,地方政府可能面临媒体曝光等一系列压力,进而产生隐性政治成本,记为 f。如果地方政府选择对企业实施监管,需要支出监管成本 c,同时会有额外的收益,即罚金 m。

综上,可以构建污染企业与地方政府在不同策略下的收益矩阵,如表1-1所示。

---

① 郑周胜:《中国式财政分权下环境污染问题研究》,兰州大学博士学位论文 2012 年。

② Lopez R.,Mitra S.,Corruption,pollution,and the Kuznets environment curve,Journal of Environmental Economics and Management,2000,40(2),pp.137-150.

表 1-1　污染企业与地方政府的收益矩阵

		当地政府	
		监管	不监管
企业	不污染	R,T-c	R,T
	污染	R+r-m-h,T+t-c+m	R+r-h,T+t-f

当企业污染所得的额外收益 r 大于地方政府对其污染所处的罚金 m 与潜在成本 h 之和时,无论政府监管与否,企业都会选择污染环境。事实上,目前我国地方政府对环境监管的成本很高,并且由于环境税费法律法规文件不健全,很多企业在污染环境之后并没有受到罚金的处分。当地企业排放污染物以后,环境问题并不会立刻显现出来,而地方政府官员都有一定的任职期限,不难看出,从理性人的角度出发,污染企业和地方政府的纳什均衡为(污染,不监管)。

(三)财政分权通过地方政府行为影响环境污染的路径

1.财政分权通过地方政府竞争影响环境污染

随着财税体制改革的深入,我国财政分权特征显著,由于我国主要以当地的经济总量作为绩效考核的主要标准,地方政府因此会就当地的 GDP 总量与相邻区域形成竞争(仲大军、程晓农,2003)[1]。财政分权使得地方政府拥有更高的财政自主权,在有限财力的情况下,地方政府会努力争取提升能够被中央政府重视的竞争优势,即提高当地的经济总量。在为 GDP 增长的"锦标赛"式竞争中,为了能够在短期内高效地提高 GDP 总量,地方政府在多种政策之间进行博弈,进而导致了地方政府重经济建设,使非经济性公共产品供给不足

---

[1]　仲大军、程晓农:《中国工业化的缺陷及经济增长的代价》,《开放导报》2003 年第 10 期。

(傅勇,2010)①,环境作为典型的公共物品,成为"为 GDP 的增长而竞争"体制下的牺牲品。第一,环境污染治理具有显著的正外部性,特别是对于一些容易跨界流动的污染物,如工业废水、工业废气等,当地政府对其进行治理,往往对改善本地的环境质量作用不明显,显著的正外部性使得受益的往往是其邻近地区,因此以经济增长作为主要目标的地方政府不会主动选择投入环境保护。第二,随着对外开放的深入,外商直接投资成为拉动经济增长的新引擎,外资能够提供更多的就业机会、增加财政收入、促进本地区经济发展。为了吸引外商到本地投资,地方政府之间展开竞争,往往给出一定的优惠政策,甚至用环境政策作为工具来换取短期的经济增长,如放松环境管制标准、降低污染物排放门槛,采取优惠措施吸引高污染企业到本地区投资等,纵容企业的污染排放行为,进而造成环境污染的加剧。

2. 财政分权通过产业结构影响环境污染

财政分权能够影响地方政府的产业策略抉择,改变当地的产业结构,进而影响环境污染。随着分权度的提高,当地政府对地方经济发展拥有更多的决策权,同时也面临着更多的事权以及责任和义务,对于经济发展比较落后的地区,为了增加当地的生产总值,同时也为了增加财政收入、缓解财政压力,当地政府会试图发展高污染产业,通过高污染企业的高产值来促进当地的经济总量增长。分税制改革以后,增值税和所得税成为地方政府主要税种,因此,地方政府会选择大力发展对税收贡献比较大的企业,这些企业以重化工企业居多,其污染排放通常都较为严重,如钢铁、化工、建材等。由于消费税对地方政府税收贡献作用不大,因而地方政府缺乏对新兴服务业培育的激励,这样极不利于产业结构的调整升级,因此导致产业结构呈现较强的刚性也是环境污染难以缓解的一个主要因素。

---

① 傅勇:《财政分权、政府治理与非经济性公共物品供给》,《经济研究》2010 年第 8 期。

3. 财政分权通过财政支出影响环境污染

经典的财政分权理论认为,财政分权使得地方政府有提高在公共物品上财政支出的激励,因为在"用脚投票"的机制下,公众能够更好地表达对公共福利的偏好,从而达到帕累托最优。蒂布特(Tiebout,1956)认为完善的基础设施能够更好地吸引各种生产要素流入①。然而,由于我国国情的特殊性,这种帕累托最优状态在我国难以实现,1994年分税制改革以来,中央及地方政府财权上移事权下放的局面,导致基层政府面临着较重的支出事务和拮据的财政收入,财力与事权相背离的直接结果是地方政府很难把有限的财权投入到有效刺激经济增长以外的其他公共设施上(贾俊雪、郭庆旺、宁静,2011)②。面对财权与事权的不对称性,地方政府一方面寻求预算以外的各种财政收入,另一方面缩减开支,减少财政支出,特别是对经济总量促进作用较低的公共支出,逐渐从"援助之手"变为"攫取之手"(陈抗、顾清扬,2002)③。环境保护和污染治理是典型的全国性公共福利项目,而且目前我国一直是由地方政府来承担环境保护的责任,环境保护支出存在着中央和地方政府责任不明确的问题,因此,地方政府很难主动增加在此方面的财政支出,最终导致环境污染的加剧。

---

① Tiebout C.M., A pure theory of local expenditures, *Journal of political economy*, 1956, 64(5), pp.416-424.

② 贾俊雪、郭庆旺、宁静:《财政分权,政府治理结构与县级财政解困》,《管理世界》2011年第1期。

③ 陈抗、Arye L. Hillman、顾清扬:《财政集权与地方政府行为变化——从援助之手到攫取之手》,《经济学(季刊)》2002年第1期。

第二章 中国财政分权安排的实践考察

一、中国财政分权的演变及其基本逻辑

新中国成立的 70 年也是中国财政体制变迁的 70 年,按照时间顺序可以分成三个阶段:

第一阶段:改革开放之前计划经济下的财政集权体制。改革开放前期,中国是"统收统支"模式,财政体制高度集中,中央政府掌握着所有的财政预算,各级地方政府作为中央政府在各个地方的派出机构,只负责组织收入,没有自己单独的预算安排。在财政收入方面,地方政府仅有少量的地方税收入,其他的收入都要上交到中央政府;在财政支出方面,由中央政府统一审核、逐级拨付款项给各级地方政府;在管理体制方面,财政税收的制定、财政收入和支出程序、经费供给标准等均由中央政府制定。

第二阶段:1994 年之前的计划经济与市场经济相结合的财政体制。1978年 12 月,中共十一届三中全会召开,改革开放开始推行,根据会议精神我国将进行经济体制改革,确立了"放权让利"的基本主调,其核心内容是下放财政管理权限,把权限下放到各级地方政府和企业,调整中央和地方之间的关系。

1980 年起,为了调动地方政府发展经济的积极性,为地方注入活力,同时

加强地方政府增收节支的积极性,除北京、天津、上海 3 个直辖市继续实行"总额分成,一年一定"的体制外,中央在其他各省和自治区实行"划分收支,分级包干"的财政体制,这就是财政包干预算管理体制的雏形。此次改革是我国财政管理体制上的一次重大改革探索,完成了从"一灶吃饭"到"分灶吃饭"的初步转变,"分开过日子"的状态使地方政府拥有一定的财力支配权,调动了其发展积极性。1983 年和 1985 年国家对国营企业实行两步走的"利改税"政策。1983 年国家对内资企业进行了第一步"利改税"改革,国营企业所得税是对国有企业的生产经营所得和其他所得征收的一种税,自 1983 年 6 月 1 日起对全国大部分国有企业征收所得税。1985 年实行第二步"利改税"后,根据集体企业的发展情况和经济体制改革的要求,国务院于 1985 年 4 月 11 日颁布《中华人民共和国集体企业所得税暂行条例》。

两步"利改税"改革之后,税种设置划分中央和地方的固定收入以及共享收入,按照隶属关系划分中央和地方财政支出,除了中央财政固定收入外,将地方财政收入和中央、地方财政共享收入一起按照财政支出挂钩,确定各自分成比例,实行总额分成。但是这种财政体制也存在一些问题,比如有些地方政府收入多则上缴的也多,有些地方政府收入少则上缴的也少,收入短缺的地方则由中央政府进行财政补贴,如此不利于调动地方政府尤其是经济发达地区的生产积极性,同时,经过多年的财权下放和收入分成,中央政府财政收入占比逐年下降,但其负担却在增加,容易导致中央政府财政赤字的发生。1988 年国务院发布了《关于地方实行财政包干办法的决定》,全国实行"收入递增包干""总额分成""总额分成加增长分成""上缴递增包干""定额上缴"和"定额补助"等六种不同形式的包干办法。1988 年的财政体制与 1980 年和 1985 年的财政体制相比最大的特点在于达到基数的前提下,超收部分地方政府可以得到大头,从而能够极大地调动地方政府增收的积极性,保证中央的财政收入。

第三阶段:1994 年后市场经济下的分税制财政体制。1994 年中国实行的分税制改革是中央政府与地方政府财政关系方面的一次根本性改革,此次改革根据中央政府与地方政府的事权划分,确定了各级政府的财政支出范围。2002 年中央进一步对分税制财政体制进行完善,对企业所得税和个人所得税收入在中央政府和地方政府之间按照一定的比例共享,改革了以前按照企业隶属关系划分所得税收入的办法。2003 年,中共十六届三中全会提出要按照"简税制、宽税基、低税率、严征管"的原则进行税制改革。2004 年,在东北老工业基地八大行业试点增值税转型,2007 年试点范围扩展到中部部分城市。2012 年,率先在上海实施了交通运输业和部分现代服务业"营改增"试点。2016 年 5 月 1 日起,营业税改征增值税全面推开。表 2-1 列出了现阶段我国分税制下中央与地方政府税收收入划分。

改革开放以后,中国的财政收入大幅度增加。2007 年之前,中国的财政收入增长率呈波动式增长,2012 年以后,财政收入增长率逐渐降低,2016 年的财政收入增长率低于 5%。但 2017 年和 2018 年财政收入增长率增加显著,分别达到 7.4% 和 6.2%(见图 2-1)。2002 年之后,中国的税收收入不断创造纪录,2003 年首次突破 2 万亿元,2005 年首次突破 3 万亿元,2008 年超过 6 万亿元,2012 年突破 10 万亿元大关,到 2016 年,中国的税收总额超过 13 万亿元。可以看出,我国税收总量每年的增长量都非常可观,而随着财政收入的增加,中央和地方政府的财政收支相继呈现出财权和事权不匹配的问题,特别是营业税改征增值税以来,地方政府的收入来源将会减少,但地方政府没有设立税种的权力,因此,如何在"分权与集权"中找到合适的界限,将是下一步改革的目标。

表 2-1　分税制下中央与地方税收收入划分

中央固定收入	消费税;关税;车辆购置税;海关代征增值税;中央企业所得税;地方银行、外资银行和非银行金融企业所得税;铁道部门、各银行总行、各保险总公司集中交纳的城市维护建设税、所得税
地方固定收入	地方企业所得税(不含上述地方银行和外资银行及非银行金融企业所得税);个人所得税;城镇土地使用税;城市维护建设税(不含铁道部门、各银行总行、各保险总公司集中交纳的部分);耕地占用税;土地增值税;房产税;车船税;契税;筵席税;资源税
中央与地方共享收入	增值税(中央分享 75%,地方分享 25%);印花税

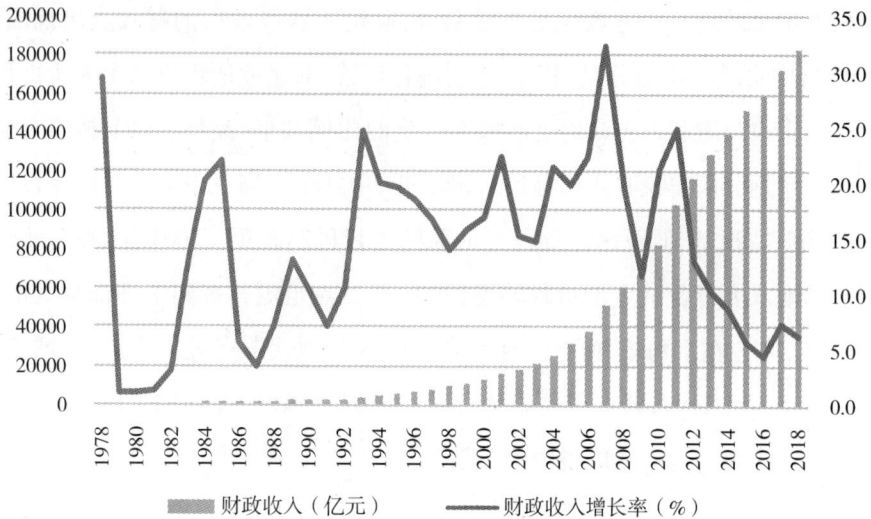

图 2-1　1978—2018 年中国财政收入及其增长率

　　图 2-2、图 2-3 给出了改革开放以来中央政府和地方政府在财政收入与支出中的占比。从图 2-2 可以看出,1994 年分税制改革以后,中央政府的财政收入占比大幅度提高,且一直保持在较高的水平,而中央政府财政支出的占比却呈现出逐渐降低的趋势。

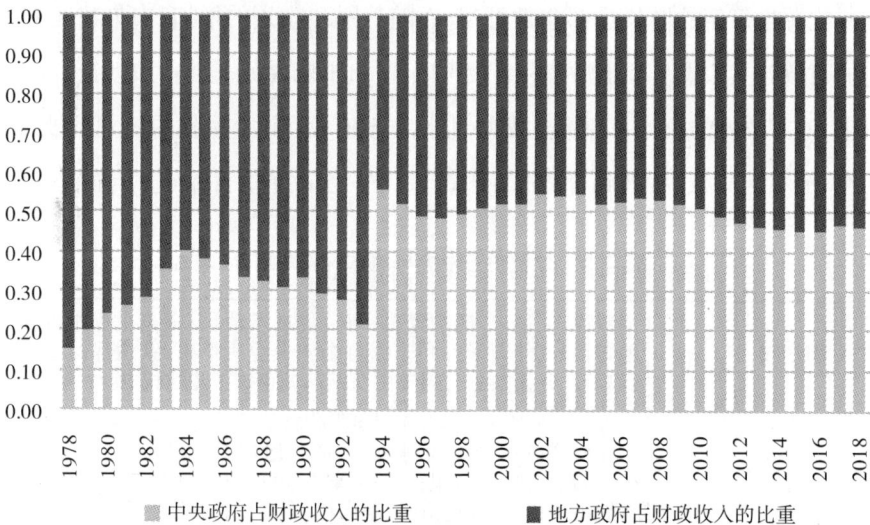

图 2-2　1978—2018 年中央与地方财政收入比重变化

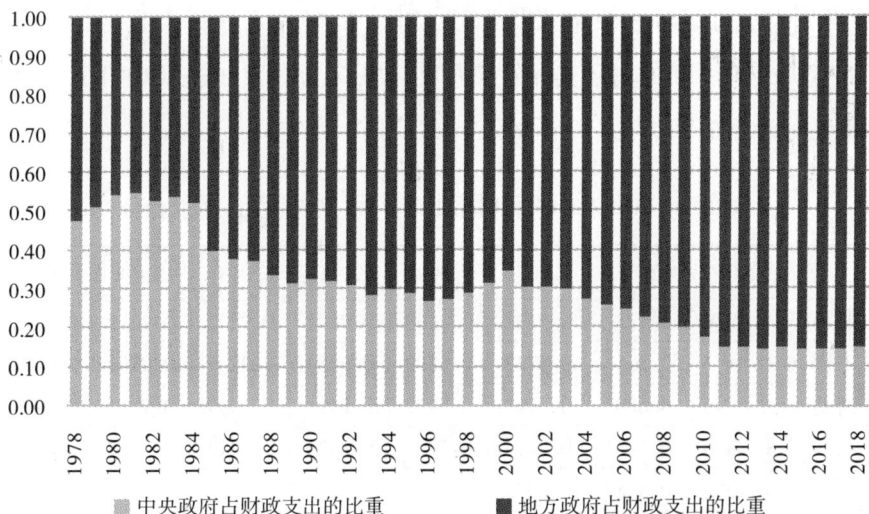

图 2-3　1978—2018 年中央与地方财政支出比重变化

二、中国财政分权的现状分析

（一）中国财政分权：基于支出视角的测度

财政分权常用的度量主要有平均分成率、边际分成率、本级政府财政金额占该政府财政总金额的比重等方法，第三种度量方法在研究中被广泛使用。考虑到各级财政在管理体制上的差异，借鉴已有文献的普遍做法（乔宝云等，2005）[①]，在计算的过程中采用人均值。采用人均值的处理既可以剔除人口规模的影响，也可以排除中央对地方转移支付的影响。

1. 省级层面财政支出分权

省级财政支出分权的计算公式为 $FD_z = fdp_z/(fdp_z + fdf_z)$，其中 fdp_z 和

---

① 乔宝云、范剑勇、冯兴元：《中国的财政分权与小学义务教育》，《中国社会科学》2005 年第 6 期。

fdf_2 分别表示省级和中央的人均财政支出。根据公式计算出我国 31 个省（市）2003—2015 年的财政支出分权 FD_2，数据来源为 2004—2016 年《中国统计年鉴》，计算结果如表 2-2 所示。

表 2-2　2003—2015 年中国 31 个省（市）财政支出分权指数

	2003	2005	2007	2009	2011	2013	2014	2015
北京	0.8978	0.9111	0.9191	0.9160	0.9292	0.9292	0.9272	0.9343
天津	0.8432	0.8634	0.8747	0.8890	0.9154	0.9201	0.9202	0.9183
河北	0.6246	0.6805	0.7148	0.7449	0.7994	0.7999	0.7933	0.8032
山西	0.6860	0.7481	0.7814	0.7994	0.8429	0.8473	0.8367	0.8341
内蒙古	0.7655	0.8087	0.8373	0.8727	0.9076	0.9075	0.9037	0.9011
辽宁	0.7644	0.8096	0.8258	0.8439	0.8791	0.8873	0.8752	0.8462
吉林	0.7250	0.7759	0.7890	0.8253	0.8673	0.8690	0.8651	0.8628
黑龙江	0.7206	0.7545	0.7819	0.8111	0.8560	0.8538	0.8445	0.8502
上海	0.9148	0.9284	0.9243	0.9221	0.9315	0.9257	0.9248	0.9324
江苏	0.7099	0.7667	0.7925	0.8182	0.8653	0.8672	0.8658	0.8673
浙江	0.7628	0.7907	0.8019	0.8148	0.8516	0.8512	0.8502	0.8659
安徽	0.5891	0.6345	0.7013	0.7535	0.8187	0.8274	0.8229	0.8211
福建	0.6922	0.7130	0.7443	0.7711	0.8282	0.8439	0.8404	0.8487
江西	0.6100	0.6609	0.7052	0.7551	0.8217	0.8361	0.8382	0.8387
山东	0.6586	0.7026	0.7360	0.7511	0.8090	0.8204	0.8163	0.8185
河南	0.5635	0.6393	0.6977	0.7282	0.7869	0.7976	0.7947	0.7942
湖北	0.6234	0.6702	0.7213	0.7618	0.8200	0.8336	0.8372	0.8494
湖南	0.5999	0.6729	0.7115	0.7511	0.8133	0.8233	0.8186	0.8197
广东	0.7672	0.7877	0.7907	0.7892	0.8391	0.8401	0.8380	0.8642
广西	0.6140	0.6616	0.7048	0.7450	0.8172	0.8188	0.8160	0.8202
海南	0.6936	0.7313	0.7702	0.8311	0.8787	0.8825	0.8806	0.8799
重庆	0.6797	0.7218	0.7591	0.7981	0.8778	0.8727	0.8700	0.8712
四川	0.6094	0.6626	0.7142	0.7933	0.8257	0.8361	0.8350	0.8310
贵州	0.5993	0.6753	0.7166	0.7724	0.8410	0.8540	0.8596	0.8573
云南	0.7004	0.7195	0.7439	0.7889	0.8377	0.8532	0.8509	0.8425
西藏	0.9033	0.9079	0.9167	0.9329	0.9533	0.9558	0.9577	0.9582

	2003	2005	2007	2009	2011	2013	2014	2015
陕西	0.6648	0.7207	0.7665	0.8121	0.8647	0.8662	0.8642	0.8613
甘肃	0.6731	0.7154	0.7537	0.8101	0.8507	0.8560	0.8560	0.8596
青海	0.7992	0.8232	0.8552	0.8843	0.9329	0.9339	0.9333	0.9327
宁夏	0.7606	0.8002	0.8207	0.8581	0.9001	0.9036	0.9016	0.9017
新疆	0.7684	0.7937	0.8142	0.8452	0.8941	0.9000	0.8974	0.8967

2. 地级市层面财政支出分权

城市财政支出分权的计算公式为 $FD_z = fdc_z/(fdc_z + fdp_z + fdf_z)$，其中 fdc_z、fdp_z 和 fdf_z 分别表示城市、省级和中央的人均财政支出。为了保持数据的一致性，这里不考虑数据缺失严重的城市，选取 272 个地级及以上城市的数据进行分析。根据公式计算出的 2003—2015 年城市财政支出分权数据显示，中国市级地方政府财政支出水平在全国平均水平之间，且随着时间的推移，市级地方政府财政支出水平有所提高。

（二）中国财政分权：基于收入视角的测度

1. 省级层面财政收入分权

省级财政收入分权的计算公式为 $FD_s = fdp_s/(fdp_s + fdf_s)$，其中 fdp_s 和 fdf_s 分别表示省级和中央的人均财政收入。根据公式计算出我国 31 个省（市）2003—2015 年的财政收入分权 FD_s，数据来源为 2004—2016 年《中国统计年鉴》，计算结果如表 2-3 所示。

表 2-3 2003—2015 年中国 31 个省（市）财政收入分权指数

地区	2003	2005	2007	2009	2011	2013	2014	2015
北京	0.8159	0.8252	0.8092	0.8019	0.7963	0.7965	0.7988	0.8120

续表

地区	2003	2005	2007	2009	2011	2013	2014	2015
天津	0.6878	0.7155	0.6977	0.7132	0.7382	0.7615	0.7697	0.7738
河北	0.3508	0.3730	0.3511	0.3605	0.3865	0.4144	0.4127	0.4145
山西	0.3794	0.4645	0.4563	0.4663	0.4699	0.5145	0.5142	0.4708
内蒙古	0.3877	0.4771	0.4912	0.5626	0.5893	0.6090	0.6095	0.6082
辽宁	0.5363	0.5583	0.5453	0.5766	0.6129	0.6326	0.6066	0.4907
吉林	0.3828	0.3760	0.3587	0.3978	0.4480	0.4873	0.4811	0.4698
黑龙江	0.4154	0.3969	0.3542	0.3839	0.4058	0.4295	0.4186	0.3777
上海	0.8453	0.8556	0.8272	0.8103	0.7932	0.7937	0.8004	0.8193
江苏	0.5382	0.5793	0.5798	0.6057	0.6312	0.6516	0.6584	0.6664
浙江	0.6131	0.6281	0.6037	0.6014	0.6022	0.6095	0.6135	0.6328
安徽	0.2806	0.3013	0.2973	0.3436	0.3916	0.4375	0.4361	0.4422
福建	0.4866	0.4900	0.4797	0.4859	0.5145	0.5594	0.5683	0.5681
江西	0.3010	0.3167	0.2982	0.3277	0.3812	0.4476	0.4677	0.4849
山东	0.4600	0.4783	0.4599	0.4631	0.4849	0.5143	0.5213	0.5270
河南	0.2758	0.3117	0.3049	0.3061	0.3250	0.3671	0.3811	0.3870
湖北	0.3323	0.3419	0.3303	0.3461	0.4104	0.4607	0.4835	0.5048
湖南	0.3051	0.3305	0.3125	0.3296	0.3765	0.4069	0.4160	0.4239
广东	0.6152	0.6083	0.5786	0.5724	0.5795	0.6006	0.6146	0.6315
广西	0.3135	0.3243	0.2949	0.3221	0.3488	0.3869	0.3882	0.3854
海南	0.4080	0.3959	0.3790	0.4339	0.5044	0.5484	0.5659	0.5776
重庆	0.3856	0.4204	0.4281	0.4599	0.5724	0.5631	0.5768	0.5864
四川	0.3096	0.3158	0.3327	0.3478	0.4000	0.4370	0.4437	0.4480
贵州	0.2596	0.2788	0.2721	0.3044	0.3691	0.4378	0.4524	0.4581
云南	0.3630	0.3569	0.3392	0.3621	0.3864	0.4373	0.4331	0.4308
西藏	0.2459	0.2532	0.2493	0.2743	0.3215	0.4077	0.4535	0.4565
陕西	0.3447	0.3709	0.3790	0.4230	0.5127	0.5122	0.5150	0.5187
甘肃	0.2734	0.2772	0.2629	0.2942	0.3154	0.3471	0.3551	0.3622
青海	0.3290	0.3297	0.3286	0.3691	0.4122	0.4669	0.4778	0.4739
宁夏	0.3606	0.3874	0.3844	0.3987	0.4745	0.5158	0.5214	0.5260
新疆	0.4193	0.4148	0.3938	0.4009	0.4613	0.5298	0.5420	0.5281

2. 地级市层面财政收入分权

城市财政收入分权的计算公式为 $FD_s = fdc_s/(fdc_s + fdp_s + fdf_s)$，其中 fdc_s、fdp_s 和 fdf_s 分别表示城市、省级和中央的人均财政收入。

计算结果显示,中国市级地方政府财政收入分权水平在全国平均水平之间。2003 年到 2015 年,中国市级地方政府财政收入分权水平的集中程度有所下降。

第三章 现行财政分权对区域财政收入的影响效应研究

一、现行财政分权体制下的地方财政收入格局

（一）现行财政分权体制下的地方财政收入概况

2003—2017 年间,我国的地方财政收入持续增长,年均增长率为 17.41%（见图 3-1）。2017 年的地方税总收入为 91448 亿元,是 2010 年的 2.25 倍。但是近年来受经济下行压力的影响,地方财政收入的增长率近年呈现出不断下降的趋势,财政收入增长率由 2011 年的 29.38% 逐年下降到 2017 年的 4.82%。从地方财政收入结构看,非税收入占比高达 25.85%,是地方财政收入的重要来源;税收收入占比为 74.15%,税收体系中货物与劳务税（以下简称货劳税）所占比例最大（见表 3-1）,2016 年我国货劳税对地方财政收入的贡献达 33.16%,所得税与财产税所占的比例也较大,对地方财政收入的贡献分别为 16.24% 和 16.73%,而其他零星小税种的收入总和对地方财政收入的贡献仅为 8.02%。2012 年我国开始实施"营改增"改革,分税制是我国财政分权的重要形式,伴随"营改增"改革的是财权上收,地方逐渐失去营业税这一主体税种,这意味着我国财政收入分权在"营改增"后不断弱化。当前,作为地方财政收入主要来源的

货劳税和所得税都属于中央与地方共享税种,地方财政收入对中央税收返还的依赖性较强,地方政府在财权上的决策受到中央的影响更为明显。

图 3-1　2003—2017 年我国地方财政收入统计图

资料来源:2004—2017 年《中国税务年鉴》和国家税务总局官网。

表 3-1　2016 年我国地方财政收入结构统计表

地方财政收入构成	收入(亿元)	所占比例
地方财政总收入	87,239	100.00%
一、货物与劳务税	28,931	33.16%
1. 增值税	18,763	21.51%
2. 营业税	10,169	11.66%
二、所得税	14,171	16.24%
3. 企业所得税	10,136	11.62%
4. 个人所得税	4,035	4.63%
三、财产税	14,591	16.73%
5. 资源税	919	1.05%
6. 房产税	2,221	2.55%
7. 城镇土地使用税	2,256	2.59%
8. 土地增值税	4,212	4.83%
9. 车船税	683	0.78%
10. 契税	4,300	4.93%

地方财政收入构成	收入（亿元）	所占比例
四、其他税种	6,999	8.02%
11. 烟叶税	131	0.15%
12. 耕地占用税	2,029	2.33%
13. 城市维护建设税	3,880	4.45%
14. 印花税	959	1.10%
15. 其他税收	0.3	0.00%
五、非税收入	22,548	25.85%

（二）区域地方财政收入水平的 K-means 聚类分析

为了分析不同区域的地方财政收入和探究不同区域财政分权对地方财政收入的影响，采用 K-means 法（又称快速聚类法）将全国各省划分成高收入和低收入两个区域。K-means 聚类方法要优于传统的区域划分方法，按照地理区位划分区域的传统方法是简单地把全国分为东、中、西部三个区域，这种以地理差异为基础的区域分析并没有体现我们关注的主要因素，即东、中、西部地理区位的划分并未体现各地区财政收入水平的差异。K-means 聚类法衡量"亲疏远近"的指标是数据间的差异程度，在确定要把数据分成 k 类后，它把所有样本数据看成是 k 维空间上的点，在样本数据点与类中心点之间用欧式距离来衡量距离，距离越近越"亲密"，距离越远则越"疏远"，分别属于不同的类。欧式距离就是 k 维空间中两个点之间的真实距离，其数学计算式为：

$$EUCLID(x,y) = \sqrt{\sum_{i=1}^{k} (x_i - y_i)^2} \tag{3.1}$$

使用 SPSS 软件将 31 个省级样本根据各自 2003—2016 年的平均财政收入划分为高收入区域和低收入区域两类，类中心点由 SPSS 自动确定，高收入区域与低收入区域的类中心点分别为 1921. 17 亿元和 576. 39 亿元，表 3-2 显示了各个省份的聚类结果及各省与所在类中心点的距离，从统计结果中可以看出,我国高收入区域包括 6 个省份:北京、江苏、上海、浙江、山东和广东,其余的 25 个省份则属于低收入区域。

表 3-2　关于地方财政收入的聚类成员统计

案例号	地区	聚类	距离	案例号	地区	聚类	距离
1	北京	1	103.707	17	湖北	2	157.359
2	天津	2	90.579	18	湖南	2	56.329
3	河北	2	285.409	19	广东	1	219.173
4	山西	2	54.359	20	广西	2	72.021
5	内蒙古	2	47.579	21	海南	2	245.461
6	辽宁	2	302.989	22	重庆	2	8.799
7	吉林	2	89.151	23	四川	2	267.249
8	黑龙江	2	3.881	24	贵州	2	122.801
9	上海	1	166.373	25	云南	2	69.909
10	江苏	1	442.263	26	西藏	2	355.571
11	浙江	1	241.887	27	陕西	2	63.329
12	安徽	2	127.569	28	甘肃	2	216.411
13	福建	2	87.989	29	青海	2	317.641
14	江西	2	33.441	30	宁夏	2	299.441
15	山东	1	482.217	31	新疆	2	100.381
16	河南	2	236.749				

注:样本数据来源于 2000—2016 年《中国税务年鉴》。

<h1 align="center">二、财政支出分权影响区域地方
财政收入的实证分析</h1>

(一)模型设定:动态面板 GMM 模型

建立财政分权(fd_{it})、经济发展水平($\ln pgdp_{it}$)、城市化水平($urban_{it}$)

和产业结构升级水平($indus_{it}$)对区域地方财政收入的影响模型。区域地方财政收入采用水平值($\ln lfr_{it}$)和增长率($lfrgrow_{it}$)两项指标,以全面地反映财政分权对区域地方财政收入总体规模及其增速的影响,分别见模型 3.2 和模型 3.3。由于区域地方财政收入会受收入计划指标的影响,即中央会根据地方前一年的财政收入为地方制定当年的财政收入目标,因此当前的区域地方财政收入很有可能取决于它的滞后值,即 $\ln lfr_{it-1}$ 、 $\ln lfr_{it-2}$ 和 $lfrgrow_{it-1}$ 、 $lfrgrow_{it-2}$,同时为了避免可能存在内生性问题,在模型 3.2 和模型 3.3 中分别引入被解释变量的滞后项 $\ln lfr_{it-1}$ 、 $\ln lfr_{it-2}$ 和 $lfrgrow_{it-1}$ 、 $lfrgrow_{it-2}$,来分析区域地方财政收入的动态变化过程,以分离出内生工具变量所产生的影响。这里选用的是省级面板数据,可视为短面板数据,可以使用差分 GMM 和系统 GMM 来进行估计,但是相对而言,差分 GMM 存在弱工具变量问题,系统 GMM 可以提高估计的效率,因此我们主要使用系统 GMM 来估计以下动态面板模型,并利用差分 GMM 模型对估计结果进行稳健性检验。

$$\ln lfr_{it} = \alpha_0 + \alpha_1 \ln lfr_{it-1} + \alpha_2 \ln lfr_{it-2} + \beta fd_{it} + \theta_1 \ln pgdp_{it} + \theta_2 urban_{it} + \theta_3 indus_{it} + \mu_i + \xi_{it} \tag{3.2}$$

$$lfrgrow_{it} = \alpha_0 + \alpha_1 lfrgrow_{it-1} + \alpha_2 lfrgrow_{it-2} + \beta fd_{it} + \theta_1 \ln pgdp_{it} + \theta_2 urban_{it} + \theta_3 indus_{it} + \mu_i + \xi_{it} \tag{3.3}$$

（二）变量选取与度量

在模型 3.2 和模型 3.3 中, i 和 t 分别表示个体和年份。 μ_i 为个体效应, ε_{it} 为随机误差项,且满足 $E(\varepsilon_{it}) = 0$, $E(\mu_i, \varepsilon_{it}) = 0$ 。模型 3.2 中被解释变量 $\ln lfr_{it}$ 表示地方财政收入的自然对数, $\ln lfr_{it-1}$ 和 $\ln lfr_{it-2}$ 分别表示地方财政收入的滞后一项与滞后二项。模型 3.3 中的被解释变量 $lfrgrow_{it}$ 表示地方财政收入增长率, $lfrgrow_{it-1}$ 和 $lfrgrow_{it-2}$ 分别表示地方财政收入增长率的滞后一项与滞后二项。模型 3.2 和模型 3.3 的核心解释变量均为财政分权(fd_{it}),在这里用财政支出分权来表示,其度量方法为:财政分权 = 省级人均财政支出/(省级人均财政支出+中央人均财政支出)。控制变量包括经济发展水平、城市化水平和产业结构升级水平。经济发展水平($\ln pgdp_{it}$)用各省的人均GDP 的自然对数表示,城市化水平($urban_{it}$)采用城镇人口占比作为代理变量,计算方法为:城市化水平=城镇人口数/年末总人口数。产业结构升级水平($indus_{it}$)的度量,借鉴付凌晖(2010)[①]所设计的将三大产业增加值同时纳入产业结构升级指标中的计算方法:将第一、二、三产业增加值占国内生产总值的比重构成一组三维空间向量 $Z_0 = (z_{1,0}, z_{2,0}, z_{3,0})$,然后计算 Z_0 与第一、二、三产业的向量 $Z_1 = (1,0,0), Z_2 = (0,1,0), Z_3 = (0,0,1)$ 的夹角 $\theta_1, \theta_2, \theta_3$:

$$\theta_j = \arccos\left(\frac{\sum_{i=1}^{3} (x_{i,j} \cdot x_{i,0})}{\sum_{i=1}^{3} (x^2_{i,j})^{1/2} \cdot \sum_{i=1}^{3} (x^2_{i,0})^{1/2}} \right), j = 1,2,3。$$

继而用以上结果作为产业结构升级($indus_{it}$)的计算公式:$indus = \sum_{k=1}^{3} \sum_{j=1}^{k} \theta_j$,如果计算得出的值越大,说明产业结构升级水平高。

(三)数据来源及说明

考虑到数据的可得性,我们使用 1999—2015 年间中国 31 个省级面板数据作为研究样本,数据主要来源于历年的《中国统计年鉴》《中国税务年鉴》《中国财政年鉴》《中国城市统计年鉴》和各省统计年鉴。表 3-3 给出了各个变量的描述性统计,从统计中可以看出,我国各个省份不同时期的财政分权程度存在较大差异,最大值几乎是最小值的两倍。同时,总体来看,地方财政收入及地方财政收入增长率也因地区不同和年份不同呈现出较大的差异性。

---

① 付凌晖:《我国产业结构高级化与经济增长关系的实证研究》,《统计研究》2010 年第8 期。

表3-3　1999—2015年间我国31省面板数据的描述性统计

变量符号	变量名称	观测值	均值	标准差	最小值	最大值
lnlfr	地方财政收入	527	6.47	1.25	2.1	9
$lflgrow$	地方财政收入增长率	527	21.58	9.71	-4.52	58.38
fd	财政分权	527	0.8	0.08	0.56	0.96
ln$pgdp$	人均GDP	527	10.05	0.7	8.19	11.56
$urban$	城市化水平	527	48.36	15.35	20.36	89.6
$indus$	产业结构升级水平	527	0.93	0.46	0.49	3.66

（四）实证结果分析

本部分建立了动态面板模型并运用两阶段系统 GMM 方法和差分 GMM 进行估计,同时根据前文的聚类分析将我国 31 个省份划分为高收入区域和低收入区域,模型3.2 和模型3.3 的估计结果分别见表3-4 和表3-5。

1. 财政分权影响区域地方财政收入的 GMM 模型回归结果

在表3-4 中,我们重点关注财政分权(fd_{it})对区域地方财政收入的影响,子模型①为全样本系统 GMM 估计结果,财政分权的系数为 1.678,且在 1%的水平下通过了显著性检验,说明财政分权度越大,则区域地方财政收入则越高,即财税分权对区域地方财政收入具有明显的促进作用。子模型②为全样本差分 GMM 估计结果,财政分权的系数同样为正且通过了 5%的显著性检验,说明子模型①的估计结果较为稳健。子模型③和④分别为高收入区域和低收入区域的系统 GMM 估计结果,两个子模型中财政分权(fd_{it})的系数均在 1%的水平上显著为正,说明无论是高收入区域还是低收入区域,财政分权对地方财政收入都具有一定的促进作用;而且子模型③的系数 2.652 大于子模型④的系数 1.506,意味着在高收入区域财政分权带来的收入促进效应要强于低收入地区,可以理解为高收入地区财政分权更能够激励地方税源经济的发展,从而获得更高的财政收入。

控制变量中地方财政收入的滞后一期($\ln lfr_{it-1}$)的系数在四个子模型中均显著为正,说明前一年的区域地方财政收入越高,则当年地方财政收入就越高,即财政收入计划对财政收入的影响为正;经济发展水平($\ln pgdp_{it}$)的系数在四个子模型中均显著为正,说明区域经济越发达则区域地方财政收入越高;城市化水平($urban_{it}$)在子模型①③中的估计系数为正且通过了显著性检验,城市化水平对区域地方财政收入产生了明显的促进作用;而产业结构升级水平($indus_{it}$)的系数在系统 GMM 模型中显著,但在差分 GMM 模型中不显著,说明估计结构并不稳健,产业结构升级水平的提高对区域地方财政收入的作用不稳定。

表 3-4　财政分权影响区域地方财政收入的 GMM 模型回归结果

被解释变量:地方财政收入($lnlfr$)				
解释变量	①全样本	②全样本	③高收入区域	④低收入区域
	系统 GMM 模型	差分 GMM 模型	系统 GMM 模型	系统 GMM 模型
L.lnlfr	0.949*** (13.800)	0.638*** (7.630)	0.753*** (6.647)	1.018*** (13.230)
L2.lnlfr	-0.079* (-1.788)	-0.079** (-2.261)	0.049 (-0.551)	-0.103** (-2.004)
fd	1.678*** (3.718)	1.507** (2.016)	2.652*** (3.045)	1.506*** (2.943)
lnpgdp	0.757*** (7.487)	0.749*** (4.748)	0.560** (2.246)	0.810*** (6.924)
urban	0.006*** (2.862)	-0.000 (-0.108)	0.006** (-2.034)	0.003 (1.059)
indus	0.088*** (-2.626)	-0.016 (-0.252)	0.022 -0.613	-0.111** (-2.149)
常数项	-0.777* (-1.796)	-3.185*** (-7.176)	-0.934 (-0.889)	-0.625 (-1.479)
观察值	527	496	102	425

注:***、**、*分别表示 p<0.01、p<0.05 与 p<0.1,下同。

2. 财政分权影响区域地方财政收入增长率的 GMM 模型回归结果

本部分着眼于增长趋势,分析财政分权(fd_{it})对区域地方财政收入增长率($lfrgrow_{it}$)的影响。表 3-5 的被解释变量为区域地方财政收入增长率($lfrgrow_{it}$)。解释变量中,我们主要分析财政分权(fd_{it})的系数,子模型①为全样本系统 GMM 估计结果,财政分权(fd_{it})的系数为 340.0,且在 1% 的水平下通过了显著性检验,说明财政分权度越大,则区域地方财政收入增速则越高,即财税分权对区域地方财政收入增速具有明显的促进作用。子模型②为全样本差分 GMM 估计结果,财政分权的系数同样为正且通过了 1% 的显著性检验,说明子模型①的估计结果较为稳健。子模型③和④分别为高收入区域和低收入区域的系统 GMM 估计结果,两个子模型中财政分权(fd_{it})的系数均在 1% 的水平上显著为正,说明无论是高收入的区域还是低收入的区域,财政分权对地方财政收入增速都具有一定的促进作用;而且子模型③的系数403.2 大于子模型④的系数 344.2,这里体现了"马太效应",意味着区域地方财政收入越高,财政分权带来的收入促进效应越高,反之则越低。

控制变量中,地方财政收入增速的滞后一期($lfrgrow_{it-1}$)的系数在四个子模型中除③外均为正,但都没有通过显著性检验,说明区域地方财政收入增速存在一定的惯性,但是这种惯性并不明显,前一年增长快并不一定导致下一年的快速增长,甚至有可能因为前期基数过大而导致下一年的增速变慢;经济发展水平($lnpgdp_{it}$)的系数在各子模型①②中均显著为正,说明区域经济越发达则区域地方财政收入增速越高,但是分区域看,子模型③代表的高收入区域经济发展水平($lnpgdp_{it}$)的系数并不显著,这是因为高收入区域的基数较大,增长率难以保证逐年升高;城市化水平($urban_{it}$)在子模型①②③④中的估计系数均不显著,说明城市化水平对区域地方财政收入增速的作用并不明显;而产业结构升级水平($indus_{it}$)的系数在四个子模型中均为负数,且在子模型①②④中通过了 1% 的显著性检验,说明产业结构升级水平越高,经济结构和产业结构发展相对成熟,地方财政收入要实现高速增长则更为困难。

表 3-5　财政分权影响区域地方财政收入增长率的 GMM 模型回归结果

被解释变量:地方财政收入增长率($lfrgrow$)			
解释变量	①全样本	②全样本	③高收入区域	④低收入区域
	系统 GMM 模型	差分 GMM 模型	系统 GMM 模型	系统 GMM 模型
L.lfrgrow	0.032 (0.680)	0.039 (0.895)	−0.142 (−1.490)	0.051 (0.969)
L2.lfrgrow	−0.174*** (−3.573)	−0.158*** (−2.668)	−0.137 (−1.570)	−0.187*** (−3.348)
fd	340.0*** (6.078)	370.8*** (3.182)	403.2*** (4.228)	344.2*** (5.162)
lnpgdp	59.93*** (4.284)	55.10** (2.339)	2.269 (0.104)	66.46*** (3.981)
urban	0.183 (0.995)	−0.495 (−1.568)	−0.087 (−0.281)	0.180 (0.754)
indus	−18.01*** (−4.275)	−9.778** (−2.013)	−3.112 (−1.082)	−13.22* (−1.919)
常数项	59.27*** (2.669)	55.5 (1.643)	185.2*** (5.187)	51.11* (1.684)
观察值	527	496	102	425

主要结论

本章首先分析了现行财政分权体制下的地方财政收入格局,然后由面到点,从支出分权和收入分权两个维度研究了财政分权对区域地方财政收入的影响。主要采用系统 GMM 模型和差分 GMM 模型,对财政支出分权如何影响区域地方财政收入进行了实证分析。由实证分析的结果可知,财政支出分权能够促进区域地方财政收入的增长,且有利于区域地方财政收入保持一定的增长速度,无论是高收入区域还是低收入区域,财政支出分权都对地方财政收入发挥着一定的促进作用。

第四章　中国财政分权对区域产业发展的影响效应研究

改革开放以来,以市场化为取向的经济体制改革极大地推进了产业结构调整与转型发展,产业结构升级正成为优化资源配置、提升区域创新能力、培育新的经济增长动力源的有效途径。以财政分权为核心的财政体制安排在产业发展过程中扮演着日益重要的角色。一方面,依靠财政制度安排与政策工具对产业结构调整发挥着"区位定向诱导"作用,促进各种资源要素在产业间与地区之间的配置、流动、扩散与溢出效应,并进一步推动区域产业结构升级的发展模式也取得了一定的成就;另一方面,财政分权会影响地方政府财政资源充裕程度及地方政府行为,过多或不当的地方政府干预会导致企业创新主体地位的丧失、区域产业布局同构化和恶性竞争愈发严重、产业转型速度与进程在区域间的差距日益扩大。资本、劳动力、技术等要素的跨部门、跨产业流动使得区域间的产业发展与结构调整具有明显的集聚性和攀比性,这意味着地理相邻的地区或者经济结构相似的地区之间产业发展状况并非相互独立,而是存在某种程度的依赖性。当前,如何构建合理有效的"产业—区域"利益共同体,形成政府、市场、产业、企业"四位一体"的发展格局,已成为经济新常态下亟待解决的理论和现实问题。因此,重新审视财政分权制度在地区产业结构调整与转型发展中的作用效应,如何通过优化分权结构来提高产业转型速度、促进区域产业均衡发展,对于实现我国区域经济协调发展具有重要意义。

一、财政分权对区域产业发展的空间效应

考虑到财政分权制度、公共政策的外溢性产生的策略性竞争与"搭便车"行为进一步增强了产业发展的空间关联性,我们认为有必要从产业结构的空间异质性、财政分权的本地效应与空间外部性出发,将地区间的交互依赖关系纳入到空间计量分析框架中,通过构建财政分权影响产业结构升级的空间计量模型,实证检验财政分权在产业结构升级方面的空间溢出效应,即财政分权体制下区域产业发展与竞争、区域产业转型与集聚的关系。与以往研究相比,我们在研究视角、内容与方法上将从以下两个方面加以调整:一方面,本章基于省级面板数据,从探讨不同区域间产业发展互动相关的制度性成因出发,将财政分权这一制度性因素与产业结构升级纳入统一的分析框架,进而利用综合了空间滞后模型(SLM)和空间误差模型(SEM)的空间杜宾模型(SDM),分别考察财政收入分权和支出分权对产业结构升级的区域间溢出效应,并基于直接影响和间接溢出两个角度对其影响路径进行科学识别。另一方面,本章基于城市面板数据,考察财政分权、金融效率对产业结构升级的空间交互作用及影响差异。

(一)基于省级面板数据的实证检验

1.空间杜宾模型设定

财政分权对产业结构升级的影响主要取决于分权制度的负外部性和正外部性两种效应的合力大小。负外部性主要体现为:财政分权体制下地方政府被赋予极大的权力实现对本地产业和企业的管理,使得地方政府的财政收入与本地产业发展绩效、企业经营效益息息相关,而地方政府行为以追求资本投资与经济增长作为其核心目标,从而造成财政资源配置可能与产业结构升级方向相

背离。正外部性主要体现为：财政分权度的提高也有可能推进产业结构升级，这主要归因于地方政府可支配财力的扩张可以带来技术进步、创新溢出以及竞争效应。为了考察财政分权这一制度因素如何影响到区域转型结构升级及地区之间产业结构调整与转型发展的策略性竞争行为，我们将模型初步设定如下：

$$ITU_{it} = \alpha_0 + \alpha_k X_{itk} + \mu_i + \nu_t + \varepsilon_{it} \tag{4.1}$$

式（4.1）中，i 和 t 分别表示第 i 个地区和第 t 年，ITU_{it} 表示产业结构升级，α_k 为第 k 个解释变量的估计系数，μ_i 为地区固定效应，ν_t 为时间固定效应，ε_{it} 为随机扰动项，X_{itk} 则包含财政收入分权、财政支出分权和其他控制变量。

由于产业结构升级存在空间相关性，并且这一现象与地方政府行为密切相关。事实上，由于产业间的生产率水平存在明显差异，劳动力、资本、技术、信息等要素的自发流动也会影响到该地区产业结构调整速度，并通过投入产出关联、溢出效应等最终影响到其他地区产业结构升级速度与水平。鉴于此，我们试图从空间溢出效应的视角建立财政分权制度与产业结构升级之间的研究框架，并将反映地区相似性和经济属性相似性的权重矩阵分别引入 SDM 模型，实证检验财政收入分权和支出分权对本地区及相邻地区的产业影响效应，并积极探讨相邻地区间策略性产业竞争的成因。根据观测值空间相关性的不同冲击方式，空间计量模型可以划分为 SEM 和 SLM 两种。由于 SDM 模型同时包含因变量的空间滞后项和自变量的空间滞后项，因此它比 SLM 和 SEM 能够更全面地反映空间自相关性对回归结果的影响（LeSage and Pace，2009）[1]。我们将以此为基础构建财政分权影响区域产业结构升级的 SDM 模型，具体形式如下：

$$ITU_{it} = \rho W_{ij} ITU_{it} + \alpha_k X_{itk} + \beta_k W_{ij} X_{itk} + \mu_i + \nu_t + \varepsilon_{it} \tag{4.2}$$

式（4.2）中，ρ 为空间滞后系数，反映了相邻地区的产业结构升级对本地区产业结构升级观测值的影响方向和程度，该系数大小直接反映了产业发展

---

[1]　LeSage，J.P.and R.K.Pace，*Introduction to Spatial Econometrics*，Boca Raton，US：CRC Press Taylor & Francis Group，2009.

空间竞争的程度；β_k 为解释变量空间滞后项的估计系数；W_{ij} 是度量地理邻近性和地区间经济活动相似度的 $NT \times NT$ 的空间权重矩阵，N 为横截面样本个数（31 个省域），T 为样本年度（2000—2014 年），其余参数含义同上式（4.1）。

2. 变量选取与数据说明

选取 2000—2014 年全国 31 个省、市、自治区作为数据样本，相关原始数据来源于《新中国六十年统计资料汇编》《中国财政年鉴》《中国统计年鉴》《中国科技统计年鉴》《中国区域经济统计年鉴》和各省统计年鉴。考虑到各省在 2000—2014 年间均先后经历了通货膨胀或通货紧缩，为了增强实证检验结果的可信度，所有变量均以 2000 年为基期利用价格指数进行平减（2000 年 = 100），为了消除异方差，对所有变量取自然对数，以进一步增加数据的平稳性。具体变量的定义与度量如下表 4-1 所示。

表 4-1　变量的定义与度量

变量名	符号	定义与度量
产业结构升级	ITU	产业结构升级反映三次产业之间相互作用所产生的机制效应，其具体测度方法为：$ITU = \sum_{n} q(j) * j$，$q(j)$ 为第 j 产业占地区生产总值比重，$n = 3$，ITU 的取值范围为 $[1,3]$。
财政收入分权与支出分权	RD（ED）	借鉴郭庆旺、贾俊雪（2010）[1]和龚锋、雷欣（2010）[2]的做法，财政收支分权测度公式分别为：$RD = \dfrac{PFR_{province}}{PFR_{province} + PFR_{nation}} \times \left[1 - \dfrac{GDP_{province}}{GDP_{nation}}\right]$，$ED = \dfrac{PFE_{province}}{PFE_{province} + PFE_{nation}} \times \left[1 - \dfrac{GDP_{province}}{GDP_{nation}}\right]$，$PFR_{province}$ 和 PFR_{nation} 分别为省级人均财政收入和中央本级人均财政收入。$PFE_{province}$ 和 PFE_{nation} 分别为省级人均财政支出和中央本级人均财政支出，$GDP_{province}$ 和 GDP_{nation} 分别为各省域国内生产总值和全国国内生产总值，$1 - \dfrac{GDP_{province}}{GDP_{nation}}$ 为经济规模的缩减因子，该指标同时剔除了人口规模与经济规模的影响。

---

① 郭庆旺、贾俊雪：《财政分权、政府组织结构与地方政府支出规模》，《经济研究》2010 年第 11 期。

② 龚锋、雷欣：《中国式财政分权的数量测度》，《统计研究》2010 年第 10 期。

变量名	符号	定义与度量
人力资本水平	HC	人力资本指数构建方式如下：$HC = \sum(\frac{mid}{pop} \times 9 + \frac{hig}{pop} \times 12 + \frac{sec}{pop} \times 12 + \frac{col}{pop} \times 16)$。其中，$mid$ 为初中在校生人数、hig 为普通高中在校生人数、sec 为中等职业教育在校生人数、col 为高等学校在校生人数、pop 为人口总数。
固定资产投资	IFA	采用固定资产投资总额占 GDP 的比重来衡量。
经济发展水平	$PGDP$	采用人均实际 GDP 来表示经济发展情况。
技术创新水平	TEC	采用发明、实用新型和外观设计三项专利的年授权总数来衡量技术创新水平。
城市化水平	$URBAN$	城市化水平测度公式为：$URBAN = POP_{urban}/POP_{total}$，$POP_{urban}$ 和 POP_{total} 分别表示各地区城镇人口和当地总人口。
对外开放水平	$OPEN$	选用各地区进出口贸易总额占 GDP 比重来衡量地区对外开放程度。
空间权重矩阵	W_{ij}	采用邻接权重矩阵（W_{0-1}）、地理权重矩阵（W_{geo}）、经济权重矩阵（W_{eco}）和混合权重矩阵（$W_{geo-eco}$）进行空间计量权重设定。W_{0-1} 构建方式为：若两个地区在地理上是相邻的，令 $W_{0-1} = 1$，否则为 0；W_{geo} 具体构造方式为：$W_{geo} = \begin{cases} \frac{1}{D_{ij}{}^2} & i \neq j \\ 0 & i = j \end{cases}$，$D_{ij}$ 为根据地区行政中心的经纬度数据计算出地区 i 和地区 j 之间的地理距离；W_{eco} 具体构建方式如下：$W_{eco} = \begin{cases} \frac{1}{|GDP_i - GDP_j|} & i \neq j \\ 0 & i = j \end{cases}$，$GDP_i$ 和 GDP_j 分别表示 i 地区和 j 地区的人均 GDP；$W_{geo-eco}$ 具体形式为：$W_{geo-eco} = W_{geo} \times W_{eco}$。具体估算过程中对四类空间权重矩阵进行标准化处理，确保空间权重矩阵每行元素之和等于 1。

3. 实证计量与结果分析

(1)产业结构升级的空间集群检验

A. Moran's I 指数及散点图

为了研究 2000—2014 年间我国 31 个省(市)产业结构升级的空间聚类格

局及演变情况,需要采用全域空间自相关方法计算产业结构升级的 Moran's I 指数。Moran's I 指数是观测值与其空间滞后变量的相关系数,其取值范围位于[-1,1]。图 4-1 列出了基于四种空间权重矩阵下区域产业结构升级的 Moran's I 指数及其在 2000—2014 年间的演变轨迹。

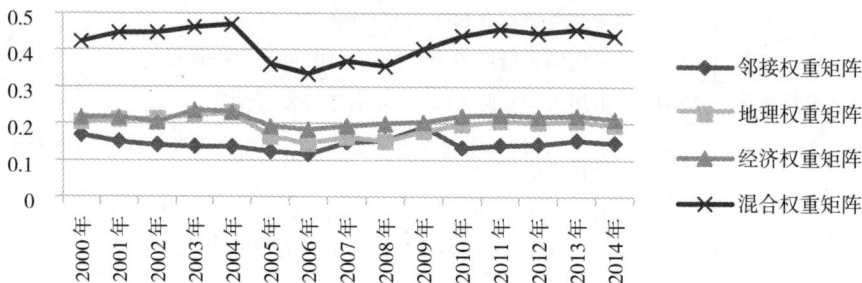

图 4-1　2000—2014 年间产业结构升级 Moran's I 统计值变化趋势图

由图 4-1 可知,2000—2014 年间产业结构升级的 Moran's I 指数均为正值,且均至少通过了 10% 的显著性水平检验,这表明产业结构升级在地理空间上存在显著的正自相关关系(空间依赖性),在空间分布上并非随机散布,而是呈现出某些地区产业结构升级指数的相似值之间在空间分布上趋于集群的现象,即产业结构升级指数水平较高的地区倾向于与其他高数值地区相邻、数值较低的地区倾向于与其他低数值地区相邻近的空间关联结构。此外,产业结构升级指数水平 Moran's I 统计值的演变轨迹呈现出"U"型波动特征,表明近年来产业结构升级水平的区域非均衡性呈现出逐年攀升的态势。

B. 空间动态跃迁分析

借鉴 Rey(2001)[①]提出的时空跃迁测度法,可以通过观察产业结构升级的 Moran 散点图进一步发现 2000—2014 年间具体省域在产业结构升级层面的空间动态跃迁过程,具体如表 4-2 所示。

[①]　Rey S.J.,Spatial Empirics for Economic Growth and Convergence,*Geographical Analysis*,Vol. 33,2001,pp.195–214.

表 4-2 我国产业结构升级 Moran 散点的空间跃迁(2000—2014)

类型	产业结构升级	
	变迁路径	代表省域
相关空间邻近省域的跃迁	HH—>HL	——
	LH—>LL	吉林、河南、甘肃
	HL—>HH	——
	LL—>LH	——
某省域及其邻居均跃迁至其他不同的区域	HH—>LL	——
	LL—>HH	——
	LH—>LL	——
	HL—>LH	——
相对位移的省域跃迁	HH—>LH	福建
	HL—>LL	黑龙江、陕西、青海
	LH—>HH	
	LL—>HL	西藏
象限交叉处省域的相对跃迁	HH—>LH、LL 交叉处	辽宁
	HH、HL 交叉处—>HH	山东
	LL、HL 交叉处—>HL	宁夏
省域及其邻居保持相同水平	——	其余 20 省

注:HH 表示"高数值—高空间滞后";LL 表示"低数值—低空间滞后";LH 表示"低数值—高空间滞后";HL 表示"高数值—低空间滞后"。

由表 4-2 可知,在样本考察期间,产业结构升级属于相关空间邻近省域的跃迁类型的有吉林、河南、甘肃这 3 个省域,具体表现为由 LH 跃迁至 LL。属于相对位移的省域跃迁类型的有 5 个,其中,福建由 HH 跃迁至 LH,黑龙江、陕西和青海由 HL 跃迁至 LL,西藏则由 LL 跃迁至 HL。属于象限交叉处省域的相对跃迁类型的有辽宁、山东和宁夏,具体表现为辽宁由 HH 跃迁至 LH、LL 交叉处,山东由 HH、HL 交叉处跃迁至 HH,宁夏则由 LL、HL 交叉处跃迁至 HL。有 20 个省域及其邻居保持相同水平,占到样本总体的 64.52%。此外,省域跃迁到其他不同省域这种类型的空间变迁现象在考察期内未发生,说明我国省域产业结构升级存在高度的空间稳定性,产业发展同样具有严重的路径依赖性。

(2)空间杜宾模型计量检验与结果分析

为保证检验结果的稳健可靠,我们将同时采用邻接权重矩阵、地理权重矩阵、经济权重矩阵和混合权重矩阵计算空间滞后项,并以产业结构升级作为被解释变量进行计量回归,以此对比分析不同权重设置下对估计结果的影响差异,具体检验结果如表4-3所示。

表4-3　财政分权对产业结构升级的空间溢出效应估计结果

变量	模型1: 邻接权重矩阵	模型2: 地理权重矩阵	模型3: 经济权重矩阵	模型4: 混合权重矩阵
LnRD	0.006 (0.63)	−0.010 (−1.01)	−0.002 (−0.23)	−0.002 (−0.16)
LnED	0.022* (1.79)	0.036** (2.14)	0.092*** (4.01)	0.075*** (2.95)
LnHC	0.063*** (8.52)	0.064*** (8.30)	0.058*** (8.57)	0.066*** (8.69)
LnIFA	−0.024*** (−5.32)	−0.0242*** (−5.05)	−0.036*** (−8.14)	−0.029*** (−6.11)
LnPGDP	−0.000 (−0.00)	−0.015 (−1.63)	−0.016** (−1.97)	−0.016* (−1.89)
LnTEC	−0.003 (−1.19)	−0.006** (−2.21)	−0.002 (−1.08)	−0.003 (−1.33)
LnURBAN	−0.004 (−0.93)	−0.003 (−0.68)	−0.007* (−1.64)	−0.002 (−0.54)
LnOPEN	−0.003 (−1.12)	−0.006** (−2.03)	−0.008*** (−2.95)	−0.008*** (−2.67)
W LnRD	−0.040*** (−3.14)	−0.006* (−1.85)	−0.032** (−2.16)	−0.020** (−2.06)
W LnED	−0.067** (−1.97)	−0.080* (−1.78)	−0.129*** (−3.50)	−0.112*** (−2.99)
W LnHC	−0.053*** (−5.24)	−0.047*** (−3.58)	−0.078*** (−6.12)	−0.064*** (−5.69)

变量	模型 1： 邻接权重矩阵	模型 2： 地理权重矩阵	模型 3： 经济权重矩阵	模型 4： 混合权重矩阵
$W\,LnIFA$	0.028*** (3.80)	0.031*** (3.84)	0.064*** (6.29)	0.038*** (5.90)
$W\,LnPGDP$	0.011 (1.16)	0.020* (1.72)	0.044*** (3.96)	0.030*** (3.12)
$W\,LnTEC$	0.016*** (4.31)	0.017*** (3.14)	0.000 (0.07)	0.010*** (2.81)
$WLnURBAN$	0.011 (1.13)	0.029** (2.42)	−0.012 (−0.96)	0.009 (0.98)
$W\,LnOPEN$	−0.009* (−1.89)	−0.008 (−1.44)	0.004 (0.71)	0.004 (0.99)
ρ	0.241*** (4.10)	0.158** (2.27)	0.312*** (4.48)	0.141** (2.52)
R^2	0.656	0.649	0.662	0.656
Log L	1393.113	1383.328	1401.000	1388.224
observations	465	465	465	465

注：表中括号内的数值表示相应估计系数的 z 统计值，***、**、* 分别表示在 1%、5%、10% 的显著性水平。

模型 1—4 分别表示基于邻接、地理、经济、混合权重矩阵下的空间计量结果。由表 4-3 可知，四种模型下所有样本的空间相关系数 ρ 均为正值，且均通过 5% 的显著性水平检验，表明产业结构升级与相邻地区产业结构升级之间确实存在正向的空间依赖关系（正向空间溢出效应）。地理的邻近性及经济发展水平的相似性，便利了区域之间的协作、共享基础设施、信息交流与沟通、知识技术的创新与扩散，提高资源要素在辖区间、部门间、产业间的流动性，进而引起地区间产业结构调整与转型发展的竞相模仿及策略性竞争；另一方面，财政分权体制下的地方政府通过配置财政资源对产业结构调整和转型发展产生一定程度的乘数效应和挤出效应，随着这种影响效应持续扩散并超越辖区范围，就会对邻近地区产生正的或负的空间外部性，从而进一步扩大了产业发展的集聚网络效应和规模经济效应。

此外,除了财政收入分权($LnRD$)在邻接权重矩阵下的回归系数外,其他几种模型中财政收入分权($LnRD$)和财政支出分权($LnED$)的回归系数符号基本保持一致。比较四种权重的估计结果,会发现两种财政分权变量指标影响系数大小有一定的差异,表明地区之间经济发展水平的差距会对财政分权作用于产业结构升级的效果产生影响。一方面,在财政分权体制下,由于地区经济发展水平的异质性,各地方政府的财政收支匹配能力和程度不同,面临的财政压力也就不同,从而对区域市场环境的干预程度具有差异性,而这也导致了产业结构升级速度和水平存在一定程度的区域差异性。另一方面,企业创新行为和产业结构升级的发生有赖于经济基础提供的支撑条件,经济社会环境的不同会导致产业结构升级越来越集中于具有经济区位优势的地区,从而造成地区之间产业发展的非均衡性。在以 GDP 为主要绩效指标的考核方式下,地方政府相互竞争时除了会考虑邻近辖区的政策行为外,往往还会考虑经济发展水平相近地区的政策行为。此外,经济发展水平相似的地区之间更容易产生跨区域的知识扩散、技术外溢和人力资本流动,使得地区之间的资源交流与联系越紧密。

$LnRD$ 的估计系数均未通过显著性检验,表明财政收入分权对产业结构升级的影响效应并不明朗,有待进一步检验。$LnED$ 的估计系数均至少在10%的水平上显著性为正,表明财政支出分权度的提高有助于产业结构升级水平的提升。这与崔志坤、李菁菁(2015)[①]的研究结论不一致,他们通过研究发现财政收入分权对产业结构升级具有消极影响,而财政支出分权对产业结构升级的影响不显著,可能的原因是指标选取与构造方式不同。进一步分析财政收入分权和支出分权空间滞后项的估计系数和显著性水平,考察邻近地区之间产业发展的策略性竞争效应。财政收入分权的空间滞后项($W\,LnRD$)和支出分权的空间滞后项($W\,LnED$)的估计系数均至少在10%的水平上显著

---

① 崔志坤、李菁菁:《财政分权、政府竞争与产业结构省级》,《财政研究》2015 年第 12 期。

为负,表明随着财政收支分权度的逐步提高,其对产业结构升级的空间负外部效应逐步凸显,抑制了邻近地区的产业结构调整与转型发展。

变量间是否真实存在溢出效应,仅仅依靠 SDM 模型中的空间滞后系数容易导致模型估计结果被错误解释,可以根据 LeSage & Pace(2009)[①]的思路进一步将影响效应分解为直接效应、间接效应(溢出效应)和总效应,其中,间接效应表示的是解释变量通过空间交互作用对其他地区被解释变量的影响。表4-4 给出了财政收入分权和支出分权在 SDM 模型下的直接效应、间接效应和总体效应。

表 4-4　SDM 模型直接效应、间接效应和总体效应分解

变量	效应	邻接权重矩阵	地理权重矩阵	经济权重矩阵	混合权重矩阵
LnRD	直接效应	0.004 (0.46)	−0.011 (−1.26)	−0.004 (−0.50)	−0.003 (−0.31)
	间接效应	−0.050*** (−3.59)	−0.010* (−1.90)	−0.049** (−2.55)	−0.023* (−1.68)
	总体效应	−0.046*** (−3.48)	−0.021** (−2.28)	−0.053*** (−2.76)	−0.026** (−2.10)
LnED	直接效应	0.020* (1.92)	0.035** (2.25)	0.088*** (3.59)	0.073*** (2.69)
	间接效应	−0.082** (−1.96)	−0.092* (−1.65)	−0.142*** (−2.84)	−0.117*** (−2.71)
	总体效应	−0.062* (−1.69)	−0.057** (−2.28)	−0.053* (−1.86)	−0.044* (−1.68)
LnHC	直接效应	0.062*** (7.93)	0.064*** (7.75)	0.056*** (7.78)	0.065*** (8.06)
	间接效应	−0.047*** (−4.01)	−0.042*** (−2.70)	−0.084*** (−5.40)	−0.061*** (−5.02)
	总体效应	0.014 (1.28)	0.022 (1.53)	−0.028* (−1.85)	0.004 (0.36)

---

① LeSage,J.P.and R.K.Pace,*Introduction to Spatial Econometrics*,Boca Raton,US:CRC Press Taylor & Francis Group,2009.

续表

变量	效应	邻接权重矩阵	地理权重矩阵	经济权重矩阵	混合权重矩阵
LnIFA	直接效应	-0.023*** (-5.21)	-0.023*** (-5.05)	-0.034*** (-7.84)	-0.028*** (-6.16)
	间接效应	0.028*** (3.06)	0.031*** (3.47)	0.074*** (5.52)	0.038*** (5.72)
	总体效应	0.004 (0.44)	0.008 (0.82)	0.040*** (2.96)	0.010 (1.40)
LnPGDP	直接效应	0.002 (0.20)	-0.013 (-1.53)	-0.013* (-1.69)	-0.014* (-1.71)
	间接效应	0.013 (1.24)	0.020 (1.49)	0.053*** (3.78)	0.031*** (2.96)
	总体效应	0.014* (1.70)	0.007 (0.69)	0.040*** (2.93)	0.017** (2.21)
LnTEC	直接效应	-0.002 (-0.70)	-0.005* (-1.94)	-0.002 (-0.90)	-0.002 (-1.01)
	间接效应	0.018*** (4.07)	0.018*** (2.86)	-0.001 (-0.14)	0.011*** (2.67)
	总体效应	0.017*** (3.52)	0.014** (2.24)	-0.003 (-0.41)	0.008** (1.97)
LnURBAN	直接效应	-0.004 (-0.71)	-0.003 (-0.49)	-0.008 (-1.60)	-0.002 (-0.43)
	间接效应	0.014 (1.23)	0.036*** (2.57)	-0.017 (-0.91)	0.011 (1.13)
	总体效应	0.011 (0.79)	0.033** (2.10)	-0.025 (-1.21)	0.009 (0.76)
LnOPEN	直接效应	-0.004 (-1.60)	-0.006** (-2.49)	-0.008*** (-3.42)	-0.008*** (-3.07)
	间接效应	-0.014** (-2.14)	-0.012* (-1.83)	0.001 (0.09)	0.003 (0.57)
	总体效应	-0.017** (-2.52)	-0.018*** (-2.74)	-0.008 (-1.04)	-0.005 (-0.89)

由表4-4可知,就财政收入分权而言,一方面,在直接效应中其基于邻接、地理、经济与混合权重矩阵下的回归系数分别为0.004、-0.011、-0.004和-0.003,但并未通过显著性检验,表明财政收入分权对本地区产业结构升

级的影响效应未能准确识别出来,可能的原因是地方政府自身拥有的收入自主权较为有限;另一方面,间接效应的回归系数分别为 -0.050、-0.010、-0.049 和 -0.023,并且均至少在 10% 的水平上通过显著性检验。这说明由于地区之间的空间关联作用,本地区财政分权收入分权程度的提高抑制了邻近地区产业结构升级水平的提升,即财政收入分权在产业结构升级过程中所发挥出来的抑制效应在整体上超过了促进效应。地方政府为了吸引产业发展所需的 FDI、金融资本、信息技术等流动性较强的资源要素,可以通过提供税费优惠、减免等方式来与邻近地区展开竞争,使得稀缺资源要素由邻近地区乃至其他地区流向本地区,从而不利于邻近地区的产业结构调整与转型发展。

就财政支出分权而言,一方面,在直接效应中其基于邻接、地理、经济与混合权重矩阵下的回归系数分别为 0.020、0.035、0.088 和 0.073,且均至少在 10% 的水平上通过显著性检验,表明一个地区财政支出分权程度越高,则越能显著促进产业结构升级水平的提升,原因是地方政府财政支出自主权的扩大,增强了地方政府的自主调控能力,也有利于市场化改革进程的加快,进而实现财政体制与市场机制在资源配置中的有机融合,为产业结构升级及企业创新行为的发生创造了有利的制度环境(刘建民等,2014)[1]。另一方面,在四种模型的间接效应中,财政支出分权的回归系数分别为 -0.082、-0.092、-0.142 和 -0.117,且均至少在 10% 的水平上通过显著性检验。财政支出分权对产业结构升级的直接效应显著为正,间接效应显著为负,表明支出分权对产业结构升级的影响具有"双刃剑"特征,即支出分权对本地区的产业结构升级有显著的正面影响,但对其他地区的产业结构升级却存在显著的负向溢出效应。为了追求 GDP 增长效益,一方面,辖区之间很可能会忽视自身与其他地区之间在经济发展水平、要素禀赋、产业发展基础等方面的差异,刻意模仿其他地区的财政支持政策、税收优惠政策、产业发展政策及手段,进而引发其他地区的

---

①　刘建民、胡小梅、吴金光:《省以下财政收支分权影响省域内产业转型升级的门槛效应研究》,《财政研究》2014 年第 8 期。

连锁竞争反应;另一方面,当邻近辖区或经济发展水平相近的地区采取某种政策手段来吸引流动性要素时,在标尺竞争的驱动下,本辖区的地方政府也会采取类似的政策来避免要素流出,从而导致竞争策略趋同(Brueckner,2003①;Revelli,2005②)。然而,这种为争夺资源要素而展开的地方政府竞争方式将会耗损地方财政资源,从而进一步诱导地方政府将有限的资源投向与产业结构升级方向相背离的部门和产业,同时削弱地方政府供给公共产品与服务的能力,最终不利于为产业结构升级进程的推进提供健康稳定、可持续的经济发展环境。

主要结论

本部分从空间溢出效应视角出发,基于 2000—2014 年间我国 31 个省域的面板数据,将反映地区相似性的邻接权重矩阵、地理权重矩阵、经济权重矩阵和混合权重矩阵引入空间杜宾模型,分别考察了财政收入分权和支出分权对产业结构升级的空间效应以及由此引致的策略性竞争效应。基于前面实证分析的结果,可以得出以下基本结论与政策含义:

第一,我国产业结构升级存在明显的空间异质性和策略性竞争特征。地区之间尤其是相邻地区之间的产业发展并不是互相独立的,而是存在明显的空间溢出效应,即本地区的产业结构升级也会受到相邻地区产业发展及其他经济社会因素的显著影响。这一结论提醒我们:地方政府之间推进产业结构调整与转型发展的责任归属模糊,以及财政分权体制下地方政府对资源要素的争夺会引发相邻地区之间的产业连锁反应。因此,不同地区在制定产业发

---

① Brueckner J., Strategic Interaction Among Governments: An Overview of Empirical Studies, *International Regional Science Review*, 26, 2003, pp.175-188.

② Revelli, On Spatial Public Finance Empirics, *International Tax and Public Finance*, 12, 2005, pp.475-492.

展与转型政策时应充分利用自身的资源禀赋优势、空间区位优势和政策环境优势,以节约产业转型升级成本。同时,注重各种政策手段之间的整体配合与协同合作,降低由于区域经济发展不平衡所造成的负外部性效应。

第二,以财政分权体制为主的制度因素对产业结构升级的影响不容忽视,对资源配置与技术创新的产业布局具有决定性的区位导向作用。这一结论提醒我们:首先,必须确保地方政府的财政收支行为符合居民利益及产业发展需要并有利于地区经济的长期可持续增长,强化地方政府行为对产业结构调整的指导作用,让政府投资尽量退出竞争性的生产领域,着力扶植新兴产业的发展。其次,积极发挥财政制度对产业结构调整与转型发展的靶向调整功能,充分发挥财政在促进地区间资源要素高效流动与合理配置、推动区域产业均衡发展与产业结构升级水平提升中的作用。最后,形成以财政诱导来撬动资源要素定向流动的调控模式,从而全方位发挥其在产业培育、发展、调整与转型升级等多环节、多层次的调控作用。

第三,财政收入分权和支出分权对产业结构升级的影响呈现出非对称的空间溢出效应,且溢出效应的大小与反映地区相似性和经济属性相似性的空间权重矩阵密切相关。财政收入分权对本地区产业结构升级的影响并不显著,而财政支出分权对本地区产业结构升级具有积极影响;财政收入分权和财政支出分权的提高均对邻近地区的产业结构升级具有消极影响,但财政支出分权的抑制效应更为显著。这一结论提醒我们:首先,应降低由地方政府财力和支出责任不匹配所造成的财政压力,保证财政收入分权和支出分权的适度均衡,弱化地方政府对产业结构调整、企业经营发展的负面干预。其次,基于地方政府财政收入行为、支出行为对产业结构升级存在影响差异及其影响的空间依赖性等经验证据,要求我们制定兼具针对性和导向性的调控政策,引导资源要素在政策"洼地"和"高地"之间合理流动。最后,应根据空间效应的层次性以及溢出效应的程度明确政府与市场、中央和地方政府以及各级地方政府之间在产业结构升级及企业创新中的角色定位

（刘建民等，2013）[1]，实现以政府间博弈竞争为特征的财政分权体制与以市场竞争优化产业结构为特征的产业政策之间的有机融合。

（二）基于城市面板数据的实证检验

1. 模型设定、估计方法与变量选取

（1）模型设定

为了考察财政分权制度因素和金融发展效率因素如何影响到产业结构升级及地区之间的产业发展策略性竞争行为，本章将模型初步设定如下：

$$ITU_{it} = \beta_0 + \beta X_{it} + \mu_i + \nu_t + \varepsilon_{it} \tag{4.3}$$

式（4.3）中：i 和 t 分别表示第 i 个地区和第 t 年，μ_i 为无法观测到的地区性扰动项，ν_t 为无法观测到的时间性扰动项，ε_{it} 为随机扰动项。ITU_{it} 表示产业结构升级，x_{it} 则包含财政分权、金融效率、财政分权与金融效率交互项和其他控制变量。

由于地区间资源禀赋、区位条件、经济基础、历史发展等因素存在异质性，财政分权和金融效率对区域产业结构升级的作用关系不可避免地会受到来自这些区域异质因素的影响，因此在回归中必须考虑自变量系数为非常数这种可能性的存在（余丹林和吕冰洋，2009）[2]。此外，资本、技术的跨部门流动及从业人员的交流与合作使得地区间的产业发展和结构升级具有明显的集聚性特征，这意味着地理相邻的地区或者经济结构相似的地区之间的产业结构升级状况并非相互独立，而是存在某种程度的依赖性。考虑到财政分权制度、金融创新发展的外溢性产生的策略性竞争与

---

① 刘建民、胡小梅、王蓓：《空间效应与战略性新兴产业发展的财税政策运用——基于省域 1997—2010 年高技术产业数据》，《财政研究》2013 年第 1 期。

② 余丹林、吕冰洋：《质疑区域生产率测算：空间视角下的分析》，《中国软科学》2009 年第 11 期。

"搭便车"行为进一步增强了地区之间产业发展及结构升级的空间关联性，我们认为有必要将地区间的交互依赖关系纳入到上述分析框架中，通过构建空间异质性模型来反映财政分权与金融效率对产业结构升级的影响效应。

（2）估计方法

传统的 OLS（Ordinary Least Square，普通最小二乘法）回归模型只是对参数进行"平均"或者"全局"估计，估计参数为拟合值，不随样本个体的变动而变动，估计出的常数参数无法反映其空间非稳定性以及不同地区产业结构升级的差异性，导致研究结果和结论的理论意义及政策含义有限。为克服这一缺陷，我们将首次选用地理加权回归模型（GWR 模型）参数估计来考察财政分权与金融效率对区域产业结构升级的作用效应问题，既考虑包括财政分权和金融效率在内的解释变量的空间关联性，又考虑不同地区各项影响作用系数的异质性，针对不同区域样本估计出来的参数是变化的，异质性理论意义和差异化的政策价值更为明显（吴玉鸣，2013）[1]。空间变参数 GWR 模型的估计过程如下：

经典的全域（Global）常参数回归模型：

$$y_i = \beta_0 + \sum_{k=1} \beta_k X_{ik} + \varepsilon_i \tag{4.4}$$

式（4.4）中，k 为解释变量个数。GWR 模型是一种探测空间非平稳性的分析方法，允许自变量估计系数存在空间分异，其实质是将数据的地理位置加入到普通模型的回归参数中，利用基于距离加权的局部样本估计出每个样本点各自独立的参数值，可以理解为 GWR 模型是对 OLS 的扩展，在局域尺度上存在空间回归优势（Farber S.，2006）[2]，其一般形式为：

---

[1] 吴玉鸣：《中国省域旅游业弹性系数的空间异质性估计——基于地理加权回归模型的实证》，《旅游学刊》2013 年第 2 期。

[2] Farber S.，Yates M.，A comparison of localized regression models in an hedonic price context，*Canadian Journal of Regional Science*，3，2006，pp.405-420.

$$y_i = \beta_{i0}(\mu_i, v_i) + \sum_{k=1}^{p} \beta_{ik}(\mu_i, v_i) X_{ik} + \varepsilon_i, i = 1, 2, \cdots, n \tag{4.5}$$

式(4.5)中,(μ_i, v_i) 是样本 i 的空间经纬度坐标(作为地理加权),$\beta_{i0}(\mu_i, v_i)$ 和 ε_i 分别为点 i 处的常数项与随机误差项,$\beta_{ik}(\mu_i, v_i)$ 表示样本点 i 处在模型中第 k 个解释变量 X_{ik} 的待估计参数,其估计方法为:

$$\hat{\beta}_i = (X'W_iX)^{-1}X'W_iy \tag{4.6}$$

式(4.6)中,$\beta_i = [\beta_{i0}\beta_{i1}\cdots\beta_{ip}]'$ 为回归点 i 上的参数,$\hat{\beta}_i$ 为 β_i 的估计值。W_i 为空间权重矩阵 $(w_{i1}, w_{i2}, \ldots, w_{in})$ 的对角阵,由空间权函数来确定的,常用的空间权函数计算有高斯距离权重、指数距离权重和三次方距离权重等三种方法(LeSage,2004)[①]。

高斯距离权重设置公式如下:

$$w_{ij} = \varphi(d_{ij}/\delta\theta) \tag{4.7}$$

指数距离权重设置公式如下:

$$w_{ij} = \sqrt{\exp(-d_{ij}/q)} \tag{4.8}$$

三次方距离权重设置公式如下:

$$w_{ij} = [1 - (\theta/d_{ij})^3]^3 \tag{4.9}$$

式(4.7)、(4.8)、(4.9)中,φ 为标准正态分布密度函数,d_{ij} 为区域 i 和区域 j 之间的地理空间距离,q 为观测值 i 到第 q 个最邻近区域之间的距离,δ 为距离向量 d_{ij} 的标准差,θ 为带宽。至于带宽的选择标准,目前采用 CV 法(交叉确认方法)。

$$CV = \sum_{i}^{n} [y_i - \hat{y_i}(b)]^2 \tag{4.10}$$

式(4.10)中,$\hat{y_i}(b)$ 是 y_i 的拟合值,当 CV 达到最小值时,对应的 b 值即为带宽。采用不同的空间距离权重函数会得到不同的带宽,当

---

① LeSage J.P., *A family of geographically weighted regression models:Advances in spatial econometrics*, Berlin:Springer Berlin Heidelberg, 2004.

GWR 模型的 AIC 值为最小时,此时的 b 值为最佳带宽(Fotheringham et al.,1996)①。若 $\beta_{ik}(\mu_i,v_i)$ 在空间各样本点上保持不变,即当 $\beta_{1k} = \beta_{2k} = ... = \beta_{nk}$ 时,GWR 模型应简化为普通的 OLS 模型。

（3）指标选取

以全国 281 个城市（不包括港澳台地区）为考察对象,以 2003—2012 年为考察期,所使用数据来源于 2004—2013 年《中国城市统计年鉴》《中国区域经济统计年鉴》及各省市统计年鉴,其中巴中、资阳、拉萨、金昌、白银和中卫等地区由于数据严重缺失,予以剔除,部分缺失数据采用插值法予以补齐。为了削弱异方差、离群值和异常项对数据平稳性的影响,所有数据均进行取对数处理。具体变量的定义与度量如表 4-5 所示。

表 4-5　变量的定义与度量

变量名	符号	定义与度量
产业结构升级	itu	$ITU = \sum_{j=1}^{n} q(j) * j$, q(j) 为第 j 产业占城市地区生产总值比重,n=3,ITU 的取值范围为[1,3]。
财政分权	sd	借鉴郭庆旺、贾俊雪(2010)②和龚锋、雷欣(2010)③的做法,财政分权的测度公式表示为:$SD = \dfrac{PFE_{city}}{PFE_{city} + PFE_{province} + PFE_{nation}} \times \left[1 - \dfrac{GDP_{city}}{GDP_{nation}}\right]$,其中,$PFE_{city}$、$PFE_{province}$ 和 PFE_{nation} 分别为城市人均财政支出、省级人均财政支出和全国人均财政支出,GDP_{city} 和 GDP_{nation} 分别为各城市国内生产总值和全国国内生产总值,该指标同时剔除了人口规模与经济规模的影响。

---

① Fotheringham A. S., Zhang F., A Comparison of Three Exploratory Methods for Cluster Detection in Spatial Point Patterns, *Geographical Analysis*, 28, 1996, pp.200–218.

② 郭庆旺、贾俊雪:《财政分权、政府组织结构与地方政府支出规模》,《经济研究》2010 年第 11 期。

③ 龚锋、雷欣:《中国式财政分权的数量测度》,《统计研究》2010 年第 10 期。

变量名	符号	定义与度量
金融效率	fe	运用考虑非期望产出的非径向、非角度超效率 SBM（Slack Based Measure，基于松弛变量计算效率的方法）模型来测算金融效率，主要是基于"生产法"对区域金融效率进行测度，即将金融企业视为金融产品和服务的生产供应者，以劳动、资本和技术等要素作为投入；至于产出指标的选取，一方面以存款、贷款数额等作为期望产出，另一方面以城乡收入差距作为非期望产出。其中：金融业劳动投入选取金融业单位从业人员数占地区总人口的比重来衡量；金融业资本投入选取固定资产投资额占地区 GDP 的比重作为代理变量；信息技术发展水平选取互联网发展水平作为代理变量，以各城市国际互联网用户数来衡量；存款期望产出采用人均金融机构存款余额来表征；贷款期望产出采用人均金融机构贷款余额来表征；城乡收入差距非期望产出借鉴姚耀军（2005）①的做法，采用城乡收入比率作为其代理变量，城乡收入比率＝城市居民人均可支配收入/农村居民人均纯收入。
经济发展水平	pgdp	人均实际 GDP，为剔除价格因素的影响，各城市 GDP 均采用以 2003 年为基期（2003 年＝100）的价格指数进行调整。
固定资产投资	ifa	各城市实际固定资产投资额。
人力资本水平	hc	$HC = \sum [(\frac{POP_{midlle}}{POP_{total}}) \times 10 + (\frac{POP_{college}}{POP_{total}}) \times 15]$，$POP_{midlle}$、$POP_{college}$ 和 POP_{total} 分别表示各城市中学在校人数、普通高校在校人数和城市总人口，10 和 15 是根据受教育年限而赋予的权重。
城市化水平	urban	采用人口城市化率（非农业人口占年末总人口比重）作为其代理变量，其中 2005—2008 年的非农业人口来源于《中国城市统计年鉴》（2004—2009），2009—2012 年的非农业人口来源于《全国分县市人口统计资料》。
对内开放水平	private	借鉴樊纲等（2011）②的做法，采用私营企业发展程度来考察对内开放水平，利用私营和个体从业人员数占当地总人数的比重作为代理变量来估算各地区私营企业发展程度。

---

① 姚耀军：《金融发展与城乡收入差距关系的经验分析》，《财经研究》2005 年第 2 期。

② 樊纲、王小鲁、朱恒鹏：《中国市场化指数：各地区市场化相对进程 2011 年报告》，经济科学出版社 2011 年版。

续表

变量名	符号	定义与度量
财政分权与金融效率的交互项	$Lnfe \times Lnsd$	为了反映财政分权与金融效率之间由于内在互动机制而对区域产业结构升级产生的双重叠加影响效应,同时为了消除变量间的内生性问题,模型中将引入财政分权与金融效率的交互项。

2. 实证计量与结果分析

(1)GWR 模型估计

GWR 模型的具体估计过程借助 GWR4.0 软件完成,并将实际测算得到的检验结果与 OLS 模型估计结果进行对比分析。至于 GWR 估计模型中空间权重矩阵的选择,我们采用一般性做法,选择高斯距离权重方法对其加以确定。由于篇幅限制,未列出各年各地区的估计结果,仅列出了基于 2003—2012 年中国地级城市平均值数据的 OLS 和 GWR 模型估计检验结果,如表 4-6 所示。

表 4-6　GWR 与 OLS 估计模型的检验结果比较

年份	模型	AIC 值	调整后 R^2	残差平方和
2003—2012 年(平均值)	GWR	−1086.660592	0.666855	0.262686
	OLS	−1041.538483	0.581814	0.375259

由表 4-6 可知,与 OLS 模型估计检验结果相比,GWR 模型在研究期间(2003—2012 年)历年的调整后 R^2 均有明显提高,AIC 值(赤池信息量准则)和残差平方和均有显著下降,表明 GWR 较之于 OLS 模型具有更高的拟合优度,从而更为准确地揭示财政分权与金融效率对区域产业结构升级的作用效应。由于篇幅所限,并未列出 281 个地级市具体 GWR 回归结果。具体各变量对区域产业升级边际影响效应的空间非平稳性可以从表 4-7 中系数变化范围和四分位差异看出,这进一步量化了区域产业结构升级的局部空间异质性。

表 4-7　GWR 回归模型分位估计结果

变量	平均值	最小值	最大值	标准差	下四分位值	中值	上四分位值
intercept	0. 918656***	0. 491405	1. 347467	0. 246871	0. 713105	0. 947710	1. 133883
Lnsd	0. 068789***	−0. 070282	0. 160630	0. 045297	0. 031381	0. 077544	0. 101690
Lnfe	0. 014898***	−0. 128907	0. 118639	0. 061325	−0. 044277	0. 015352	0. 076920
Lnpgdp	0. 022055***	−0. 012033	0. 059367	0. 020112	0. 005119	0. 015270	0. 040881
Lnhc	0. 054095***	0. 023821	0. 108291	0. 023923	0. 031941	0. 052275	0. 071693
Lnurban	0. 020795***	−0. 015861	0. 046429	0. 017002	0. 004980	0. 020643	0. 036854
Lnprivate	0. 016071***	0. 002029	0. 031586	0. 007955	0. 009684	0. 016112	0. 022429
Lnifa	−0. 021012***	−0. 047253	0. 017381	0. 014324	−0. 029703	−0. 023285	−0. 017391
Lnfe× Lnsd	0. 013523***	−0. 115980	0. 110036	0. 054834	−0. 037818	0. 014798	0. 068895

方差分析检验							
	SS		DF		MS		F
OLS 残差	0. 375		9. 000				
GWR 改善	0. 113		32. 871		0. 003		
GWR 残差	0. 263		239. 129		0. 001		3. 117523***

注：***、**和*分别表示在1%、5%和10%的水平上显著，下同。

　　根据表 4-7 的空间异质性模型分位回归结果分析可知，不同分位点的参数估计值相差较大，表明各个解释变量对区域内样本点的影响是非均质的，意味着财政分权、金融效率、经济发展水平、人力资本水平、城市化、对内开放程度、固定资产投资以及金融效率与财政分权的交互作用存在着不可忽视的个体差异，这种差异导致区域产业结构升级在空间分布上具有显著的异质性特征。为了进一步检验地级市估计参数是否存在这种空间差异性，采用 Fotheringham 等（2002）①提出的方差分析检验（ANOVA）来验证 GWR 模型是否比

---

　　① Fotheringham A. S., Brunsdon C., Charlton M., *Geographically Weighted Regression：The Analysis of Spatially Varying Relationships*, Wiley：West Sussex, 2002.

OLS 模型更好地描述了变量之间的关系。表 4-7 中列出了方差分析检验结果，表明 GWR 模型比 OLS 模型有显著的改善，因此选择 GWR 模型来揭示影响区域产业结构升级各因素的空间异质性较为科学。同时，为了考察各个估计参数是否在地区之间存在显著的空间变异，采用 Leung 等（2000）[1]提出的模型参数检验来验证估计系数的空间异质性，如表 4-8 所示。

表 4-8　GWR 模型参数检验

变量	F 值
intercept	137.348482***
Lnsd	227.588647***
Lnfe	158.622961***
Lnpgdp	209.717622***
Lnhc	238.083392***
Lnurban	181.786379***
Lnprivate	148.856286***
Lnifa	163.309320***
Lnfe×Lnsd	166.618563***

表 4-8 中的 GWR 参数检验结果进一步证实了财政分权、金融效率以及财政分权与金融效率之间的交互作用均存在显著的空间变异特征，这种个体差异导致产业结构升级在空间分布上具有显著的异质性差异，进而使得产业结构升级在空间上的相互依赖现象显著，从而形成产业结构升级的"局域俱乐部集团"。

为了进一步测度财政分权和金融效率各自的作用效果，需要采用交互项中变量的偏效应有效性检验方法，具体估计财政分权、金融效率对区域产业结

①　Leung Y., Mei C.L., Zhang W.X., Statistical Tests for Spatial Nonstationarity Based on the Geographically Weighted Regression Model, *Environment and Planning*, 32, 2002, pp.9-32.

构升级的偏效应。在保持其他所有变量不变的前提下,财政分权体制下金融效率对区域产业结构升级的偏效应为 $\partial Lnpgdp/Lnfe = \alpha_{fe} + \alpha_{fesd}Lnsd$ 。根据财政分权、金融效率与区域产业结构升级 GWR 模型估计结果,将财政分权 $Lnsd$ 的实际平均值 -1.033386707 以及金融效率的系数 α_{fe} 平均值 0.014898、金融效率与财政分权交叉项的系数 α_{fesd} 平均值 0.013523 代入,即可得到财政分权体制下金融效率对区域产业结构升级的偏效应估计值 0.00092351。那么估计值 0.00092351 在统计检验上是否显著? 需要进一步将 $Lnfe \times [Lnsd - (-1.033386707)]$ 代替 $Lnfe \times Lnsd$ 进行重新回归,其他的变量系数均未发生变化,因而,在财政分权 $Lnsd$ 的均值水平上,金融效率对区域产业结构升级的偏效应是显著的。同理,财政分权对区域产业结构升级的偏效应为 $\partial Lnpgdp/Lnsd = \alpha_{sd} + \alpha_{fesd}Lnfe$,将金融效率 $Lnfe$ 的实际平均值 -0.62941 以及财政分权的系数 α_{sd} 平均值 0.068789、金融效率与财政分权交叉项的系数 α_{fesd} 平均值 0.013523 代入,即可得到财政分权对区域产业结构升级的偏效应估计值为 0.06027749,进一步将 $Lnsd \times [Lnfe - (-0.62941)]$ 代替 $Lnfe \times Lnsd$ 进行重新回归,其他的变量系数均未发生变化,因而,在金融效率 $Lnfe$ 的均值水平上,财政分权对区域产业结构升级的偏效应是显著的。

(2)基于 LISA 分析的 GWR 估计系数空间关联模式测度

以上 GWR 模型估计系数的高低反映了财政分权、金融效率对产业结构升级的影响作用强弱,为了进一步揭示财政与金融因素对产业机构升级贡献度在空间位置上的相互关联关系,接下来采用 ESDA(Exploratory Spatial Data Analysis,探索性空间数据分析)方法中常用的 LISA 分析法对其进行测度。在进行 LISA 分析前,需对空间权重矩阵进行选定,我们选择了经济与地理距离混合权重矩阵,该权重矩阵可以同时反映地理信息与经济特征的空间影响效应,构建方式为: $W_{\text{eco-geo}} = \begin{cases} \dfrac{|\bar{Q}_i - \bar{Q}_j|}{d_{ij}{}^2} & i \neq j \\ 0 & i = j \end{cases}$,其中 $W_{\text{eco-geo}}$ 为经济—地理混合权

重矩阵，$\bar{Q}_i$ 和 $\bar{Q}_j$ 分别表示两个城市人均实际 GDP（样本期 2003—2012 年间均值），d_{ij} 为根据地级市行政单位的经纬度数据计算出城市 i 和城市 j 之间的地理距离。具体估算过程中对构造的经济—地理混合权重矩阵进行标准化（row-normalization）处理，确保空间权重矩阵每行元素之和等于 1。

根据空间聚类分析方法测算出经济—地理混合权重矩阵下我国地级城市财政分权、金融效率与区域产业结构升级 GWR 估计系数的 Moran's I 指数和 Moran 散点图，以便阐明财政分权与金融效率对区域产业结构升级影响作用大小的估计系数的空间关联模式和异质性特征。

表 4-9　GWR 估计系数 Moran's I 统计值

估计系数	Moran's I 统计值
est_sd	0.612***
est_fe	0.726***
est_fesd	0.732***

表 4-9 中，est_sd 为财政分权的估计系数，est_fe 表示金融效率的估计系数，est_fesd 为财政分权与金融效率交叉项的估计系数。由表 4-9 的测算结果分析可知，GWR 模型中财政分权估计系数、金融效率估计系数以及财政分权与金融效率交叉项的估计系数基于经济—地理距离混合权重矩阵下的 Moran's I 指数均为正值，且通过了 1% 的显著性水平检验，这表明其在地理空间上存在显著的正自相关关系。

（3）计量结果及其分析

通过对 GWR 模型中参数的空间变异分析与空间关联模式测度可知：

第一，财政分权对区域产业结构升级的影响存在显著的空间变异。从全国范围来看，财政分权对区域产业结构升级的影响有正有负，其估计系数值在 -0.070282—0.160630 之间，平均值为 0.068789。其中，东、中、西部地区的估计值系数平均值分别为 0.054198、0.074462 和 0.081796。总体而言,与东部地区相比,财政分权对中西部地区产业结构升级的正向促进作用效果更大,由此表明,财政分权这一制度因素对东、中、西部地区和各个地级城市之间的产业布局及优化速度差异产生了重要影响,可能的原因是中、西部地区对财政制度资源的依附性和吸收力更强。由于资源要素禀赋、产业发展基础、市场化进程等外部环境约束的不同,加上财政分权制度下地方政府行为在资源控制方式、程度上的些许差异,使得不同地方政府所供给的公共产品与服务的水平和结构差异显著,最终对产业结构调整的影响效应呈现区域异质性特征。

第二,金融效率对区域产业结构升级的影响存在显著差别。金融通过改变资金的供给水平和配置格局、影响企业的治理结构与运行方式,推动区域产业结构的优化与升级。整体而言,金融效率对区域产业结构升级的影响有正有负,其弹性估计值系数在 −0.128907—0.118639 之间,平均值为 0.014898。金融效率对区域产业结构升级的作用效应不够稳定,在东、中、西部地区之间存在一定差异。其中,对中、西部地区作用效果的估计值系数平均值分别为 0.018618 和 0.018701,略高于东部地区估计值系数平均值 0.009226,表明中西部地区金融效率的提高更有利于地区产业结构升级的加速,这与杜秋莹等(2006)得出的研究结论不尽一致,可能是由于指标构建、样本选取不同所造成的差异。对比财政分权与金融效率对产业结构升级影响系数的平均值,发现财政制度要素比金融资源在促进产业结构升级上更具"比较优势",对地方政府而言,集聚和调配财政资源更容易操作(马颖等,2015)[①],这种地方政府行为倾向在中西部欠发达地区比东部发达地区表现得更为明显。

第三,财政分权与金融效率的交互作用对区域产业结构升级存在非均质的空间差异影响。从全国范围来看,交互项的估计系数在 −0.115980—0.110036 之间,平均值为 0.013523。其中,东、中、西部的估计值系数平均值

---

① 马颖、李静、陈波:《中国财政分权、金融发展、工业化与经济增长的省际差异》,《经济理论与经济管理》2015 年第 2 期。

分别为 0.009015、0.017634 和 0.015211,表明财政分权与金融效率对区域产业结构升级的双重交互作用效果具有一定的区域异质性。同时,通过偏效应估计不难发现,财政分权和金融效率分别作用于产业结构升级的效果均较为明显。财政体制与金融发展之间存在一个双向互动机制,这种互动会影响地方政府的行为与资源配置,最终作用于产业调整与发展上。地方政府财政自主权的扩大,增强了地方政府的自主调控能力,也有利于金融市场化改革进程的加快,进而实现财政分权体制与金融调控机制在产业结构升级中的有机融合。之所以财政分权与金融效率交互项对区域产业结构升级作用效果低于两者分别作用于产业结构升级的影响效应,可能的原因是财政分权改革对金融体制变迁的牵制效应阻碍了其对促进产业结构调整作用的发挥,这种牵制作用在东部地区体现得更为明显。在以 GDP 为主要考核指标的政绩激励机制下,地方政府对各种资源要素有着近乎本能的强烈兴趣(乔宝云,2005)[1],当前中央与地方政府之间财权与事权关系尚未理顺,迫使地方政府寻求包括金融资源在内的资金来源以弥补财政缺口,地方政府对金融部门过度或者不当干预下的金融调控方向有时会有悖于产业结构优化,尤其是对于规模有限、尚未展现盈利能力的新兴产业而言,也降低了金融资源配置效率,从而部分抵消了财政支持与金融发展对产业结构升级所产生的正向促进效应。

第四,经济发展水平、人力资本水平、城市化水平、对内开放水平和固定资产投资等其他区域经济因素对区域产业结构升级的影响作用因地域不同而存在较大的差异性。从各个影响因素估计系数的平均值来看,除了固定资产投资为负值以外,其他变量的回归系数平均值均为正,它们对产业结构升级的影响程度平均值由大到小依次为人力资本水平、经济发展水平、固定资产投资、城市化水平与对内开放水平。

第五,财政分权与金融效率给其他地区的产业结构调整带来一定的空间

---

[1] 乔宝云、范剑勇、冯兴元:《中国的财政分权与小学义务教育》,《中国社会科学》2005 年第 6 期。

外部性。空间关联模式测度结果进一步证实了我国财政分权与金融效率对区域产业结构升级的影响作用存在显著的空间正相关性(空间依赖性),大部分地区与其邻近地区表现出相似的集群特征,影响作用较大的地区在空间上相互邻近,而影响作用较小的地区也趋于集中。各地区财政金融资源禀赋和产业升级存在紧密关联,且这种关联在地区间有所差别,既有可能带来推进其他地区经济发展与产业结构升级的空间正外部性,也有可能带来一定程度的空间负外部性,加剧地区间产业发展进程的差距(朱玉杰和倪晓然,2014)①。

主要结论

本部分从空间异质性的角度出发,利用 GWR 模型来考察我国 281 个城市财政分权与金融效率对区域产业结构升级的空间交互作用及影响差异,进而,采用 LISA 方法对 GWR 估计系数的空间关联模式进行测度,得到以下结论和启示:

第一,财政分权与金融效率等经济影响因素存在不可忽视的个体差异,这种差异导致产业结构升级在空间分布上具有显著的异质性特征。通过引入空间效应来考察各个城市财政分权、金融效率对产业结构升级的影响,不难发现显著地存在空间分异性特征,地区产业结构升级水平与影响因素之间并非恒定不变的常数。因此,不同地区在制定产业发展与转型政策时应充分利用自身的资源禀赋优势、空间区位优势和政策环境优势,以节约产业转型升级成本。同时,在制定区域财税政策、金融政策、产业政策时,必须充分考虑地区资源禀赋、经济发展基础、区位条件等外部性因素的异质性影响,注重各种政策手段之间的整体配合与协同合作,尽量避免由于区域经济不平衡而限制了财政、金融等因素对产业发展与转型升级所产生的正向外溢性效应。

---

① 朱玉杰、倪晓然:《金融规模如何影响产业升级:促进还是抑制?——基于空间面板 Durbin 模型(SDM)的研究:直接影响与空间溢出》,《中国软科学》2014 年第 4 期。

第二,财政分权、金融效率的双向互动机制对区域产业结构升级具有正向促进作用,但作用效果受制于两者之间的有机融合度。为了实现制度改革红利最大化,应充分考虑财政制度改革与金融体制改革之间的连锁反应和溢出效应,将二者纳入统一的改革框架,构建有利于产业结构调整的良性互动机制,最终形成以财政诱导来撬动金融资源定向流动的调控模式,从而全方位发挥其在产业培育、发展、调整与转型升级等多环节、多层次的调控作用。一方面,我国未来财政分权体制改革应适应金融发展、产业转型和区域经济新常态,充分发挥"用脚投票"机制约束地方政府偏离居民偏好的潜在动力,确保地方政府的财政收支行为符合居民利益及产业发展需要并有利于地区经济的长期可持续增长;另一方面,金融体制的改革则应顺应产业发展的转型需要,避免财政分权体制下地方政府对金融体制及其发展的不当干预,在积极发挥金融在产业转型升级中的靶向调整功能的同时减少对其他经济目标的损害。

第三,财政分权与金融效率对区域产业结构升级的影响作用存在显著的空间依赖性,其空间格局已初步显现出"高地"效应和"洼地"效应。基于财政、金融行为对区域间产业发展存在影响差异及其影响的空间依赖性等经验证据,要求我们制定兼具针对性和导向性的调控政策,引导资源要素合理流动。首先,对于处于影响作用相对较低的"洼地"地区,在政策制定和调整中应给予一定的倾斜和关注;同时,应充分发挥处于影响作用相对较高的"高地"地区的辐射带动作用,以促进周边地区财政金融等经济因素对本地区产业结构升级正向作用效果的提升;此外,积极推进跨区域协调与合作,实现区域间产业转型升级的均衡发展。

二、财政分权对区域产业发展的门槛效应

现有文献集中关注的是中央对省级政府的分权以及省区产业转型升级,却忽视了省域内的财政分权与产业转型升级的区域效应;更多的学者在考察

产业转型升级的影响因素及效果时,大多建立在线性相关和参数同质性的假设前提上,而忽略了非线性关系与参数异质性;此外,通常的做法是从支出角度构建财政分权指标,而实际上只有同时从收入分权和支出分权两个维度进行考察,揭示二者可能存在的影响差异,才能作出更精确、细致的描述,本章将考虑这些方面并作出尝试。本章接下来以湖南省为例,运用2001—2012年间14市(州)面板数据构建门槛回归模型,分别考察财政收入分权和支出分权对省域内产业转型升级的影响。

(一)实证模型和计量处理

1.门槛面板模型的设定

若运用基于线性假设前提的传统模型来研究财政分权与产业转型升级的关系,将会忽略由于地区资源禀赋、经济发展基础、区位条件等方面的异质性所导致的非线性关系。为检验财政分权对产业转型升级是否存在由"门槛效应"所导致的非线性关系问题,我们将借鉴 Hansen(1999)[1]的做法,运用门槛面板模型重点研究财政分权在城市化水平和人力资本方面与地区产业转型升级之间的"门槛效应"问题。

面板门槛回归模型的实质是捕捉某一变量可能发生跳跃的临界点,即通过选择某一观测值作为门槛变量,假设其存在一个或多个最优门槛值,将回归模型区分为两个或两个以上的区间,各个区间由不同的回归方程表示(储德银和赵飞,2013)[2]。假定存在一个最优门槛值 τ,即对于 $thr < \tau$ 和 $thr \geq \tau$,财政分权(收入分权和支出分权)对地区产业转型升级的影响将会出现显著

---

① Hansen B.E., Threshold Effects in Non-dynamic Panels: Estimation, Testing and Inference, *Journal of Econometrics*, 1999, 93(4): pp.345-368.

② 储德银、赵飞:《财政分权、政府转移支付与农村贫困——基于预算内外和收支双重维度的门槛效应分析》,《财经研究》2013年第9期。

差异,那么设定虚拟变量 $D_{i,t}$ 使其满足:

$$y_i = \alpha_1 x_i + e_i (thr < \tau) \tag{4.11}$$

$$y_i = \alpha_2 x_i + e_i (thr \geq \tau) \tag{4.12}$$

令 $I_t(\tau) = \{thr < \tau\}$,其中 $I(\cdot)$ 代表指示性函数,thr 为门槛变量,当 $thr < \tau$ 时,$I = 1$,否则 $I = 0$。我们将城市化水平和人力资本门槛值作为未知变量引入模型,在假设存在多门槛效应的前提下,构建财政分权影响产业转型升级的分段函数,由于目前还未确定门槛的个数,先分别设定收入分权与支出分权对产业转型升级的单门槛回归模型,随后通过门槛检验来确定门槛个数,至于多门槛回归模型可以在单门槛回归模型的基础上拓展得出。

财政收入分权对产业转型升级的门槛实证模型如下式(4.13):

$$\ln ITU_{i,t} = \beta_0 + \beta_1 \ln URBAN_{i,t} + \beta_2 \ln HC_{i,t} + \beta_3 \ln PGDP_{i,t} + \beta_4 \ln FDI_{i,t}$$
$$+ \beta_5 \ln IFA_{i,t} + \beta_6 \ln R\&D_{i,t} + \beta_7 RD_{i,t} I_{i,t} (thr < \gamma) + \beta_8 RD_{i,t} I_{i,t}$$
$$(thr \geq \gamma) + \mu_i + \varepsilon_{i,t} \tag{4.13}$$

财政支出分权对产业转型升级的门槛实证模型如下式(4.14):

$$\ln ITU_{i,t} = \beta_0 + \beta_1 \ln URBAN_{i,t} + \beta_2 \ln HC_{i,t} + \beta_3 \ln PGDP_{i,t} + \beta_4 \ln FDI_{i,t}$$
$$+ \beta_5 \ln IFA_{i,t} + \beta_6 \ln R\&D_{i,t} + \beta_7 SD_{i,t} I_{i,t} (thr < \lambda) + \beta_8 SD_{i,t} I_{i,t}$$
$$(thr \geq \lambda) + \mu_i + \varepsilon_{i,t} \tag{4.14}$$

其中,i 和 t 分别代表考察地区和时间序列;μ_i 为无法观察到的、不随时间变化的地区虚变量,即未观测到的地区特质效应,ε_{it} 表示独立同分布的随机扰动项;$ITU_{i,t}$,$URBAN_{i,t}$,$HC_{i,t}$,$PGDP_{i,t}$,$FDI_{i,t}$,$IFA_{i,t}$,$R\&D_{i,t}$,$RD_{i,t}$ 和 $SD_{i,t}$ 分别代表第 i 地区在第 t 年的产业转型升级指数、城市化水平、人力资本指数、人均经济总值、对外开放程度、固定资产投资、研发投入、财政收入分权度与财政支出分权度;$I(\cdot)$ 代表门槛指示性函数,thr 为门槛变量,即设定的城市化水平 $URBAN_{i,t}$ 和人力资本指数 $HC_{i,t}$;γ 和 λ 为有待估计的具体门槛值,表示不同的城市化水平和人力资本水平。

2. 变量选择与数据来源

以湖南省14个市(州)作为考察对象,以2001—2012年为考察期,所使用数据均来源于2001—2013年《湖南统计年鉴》。为了削弱异方差和异常项对数据平稳性的影响,所有数据均取自然对数以消除其指数化增长趋势。各变量的定义和度量总结概括如表4-10。

表4-10　变量的定义与度量

变量名		符号	定义与度量
产业转型升级指数		ITU	$ITU = \sum_{j=1}^{n} q(j) * j$, $q(j)$ 为第 j 产业占地区生产总值比重, $n=3$, ITU 的取值范围为 $[1,3]$ 。
财政分权	收入分权	RD	$RD = \dfrac{PFR_i}{PFR_i + PFR_N} \times \left[1 - \dfrac{GDP_i}{GDP_N}\right]$, PFR_i 和 PFR_N 分别为第 i 市(州)人均财政收入和全省人均财政收入, GDP_i 和 GDP_N 分别为第 i 市(州)国内生产总值和全省国内生产总值,该指标同时剔除了人口规模与经济规模的影响。
	支出分权	SD	$SD = \dfrac{PFE_i}{PFE_i + PFE_N} \times \left[1 - \dfrac{GDP_i}{GDP_N}\right]$, PFE_i 和 PFE_N 分别为第 i 市(州)人均财政支出和全省人均财政支出, GDP_i 和 GDP_N 分别为第 i 市(州)国内生产总值和全省国内生产总值,该指标同时剔除了人口规模与经济规模的影响。
城市化水平		URBAN	$URBAN = \dfrac{POP_{urban}}{POP_{total}}$, POP_{urban} 和 POP_{total} 分别表示各地区城镇人口和当地总人口。
人力资本指数		HC	$HC = \sum \left[\left(\dfrac{POP_{midlle}}{POP_{total}}\right) \times 9 + \left(\dfrac{POP_{college}}{POP_{total}}\right) \times 12\right]$, POP_{midlle} 、 $POP_{college}$ 和 POP_{total} 分别表示各地区中学在校人数、普通高校在校人数和当地总人口。
经济发展水平		PGDP	各地区人均国内生产总值
对外开放程度		FDI	各地区外商直接投资额
固定资产投资		IFA	各地区固定资产投资额
研发投入		R&D	各地区科技经费支出

3.相关检验和实证结果分析

(1)变量的平稳性检验

对于包含时空两个维度的动态门槛面板数据,容易出现"伪回归"现象,为避免模型设定偏差和出现"伪回归",改进估计结果的有效性,在进行门槛回归前,综合采用 LLC 和 Fisher-ADF 检验方法,运用 Stata11.0 软件,对相关变量进行单位根检验,具体检验结果如表4-11所示。

表4-11　面板数据主要变量的单位根检验

方法 变量	LLC 检验		Fisher-ADF 检验	
	统计量	概率值	统计量	概率值
lnITU	−2.4431	0.0073	101.4403	0.0000
lnRD	−2.2421	0.0125	76.8909	0.0000
lnSD	−47.9518	0.0000	68.5048	0.0000
lnURBAN	−5.0093	0.0000	57.2892	0.0009
lnHC	−6.0941	0.0000	104.7825	0.0000
lnPGDP	−1.9830	0.0237	22.2462	0.7698
lnFDI	−8.5048	0.0000	68.2797	0.0000
lnIFA	−7.1462	0.0000	48.4516	0.0096
lnR&D	−7.4407	0.0000	43.8764	0.0286

面板数据的平稳性检验结果表明,除了变量 lnPGDP 的 Fisher-ADF 检验值在10%的显著性水平下没有通过单位根检验,即存在单位根,其他所有变量均至少在5%的显著水平下拒绝存在单位根的原假设,因此,总体而言,面板数据具备平稳性,模型回归结果具备较强的可靠性。

(2)门槛估计的显著性和置信区间检验

在面板数据通过平稳性检验基础上,依据前文门槛面板模型的设定方法,考量财政收入分权和支出分权对地区产业转型升级的影响及其门槛效应,故分别选取 lnURBAN(城市化水平)和 lnHC(人力资本指数)作为门槛变量,设置 300 次的 bootstrap 方法①模拟估算出相应的 F 值,以检验门槛效应。在通过门槛效应检验的前提下,进一步地可以计算出门槛效应的参数位置,即门槛值和不同的门槛区间,具体检验结果如表 4-12 所示。

表 4-12　面板门槛估计的显著性检验和置信区间

财政分权	门槛类	门槛数	F 值	10%	5%	1%	门槛值	95%的置信区间
收入分权	城市化水平	单一	47.8466***	2.8336	3.8795	6.7092	27.82%	(25.02%, 56.50%)
		双重	14.0486***	2.9216	3.9557	6.3686	23.98%	(23.98%, 23.98%)
		三重	6.5900***	2.7276	3.6438	6.3183	48.67%	(48.67%, 51.07%)
	人力资本	单一	19.6311***	2.4232	3.4629	4.8906	0.7495	(0.6017, 1.5674)
		双重	13.0877***	2.4445	3.3282	6.9979	1.2896	(1.2896, 1.3329)
		三重	5.3621**	2.6831	4.5125	6.3542	0.8299	(0.8240, 0.8501)
支出分权	城市化水平	单一	27.4394***	2.7898	4.0437	8.0205	32.95%	(30.99%, 33.01%)
		双重	11.3148***	2.3948	4.1628	5.7711	23.98%	(23.98%, 21.05%)
		三重	11.5503***	2.7191	3.5861	6.6621	48.67%	(48.67%, 50.02%)
	人力资本	单一	8.2591***	2.9236	3.7555	5.4232	1.5045	(0.6017, 1.5674)
		双重	8.5228***	3.0288	4.7702	8.3009	1.1851	(0.6017, 1.5674)
		三重	5.3873**	2.7911	3.7676	7.2906	0.7098	(0.6599, 0.7301)

注:表中的 F 值及相关临界值、95%的置信区间均为采用"自举法"反复抽样 300 次得到的结果;*、**、***分别表示在 10%、5%和 1%水平上显著。

---

① bootstrap 就是一种对原始样本进行"自抽样"的方法,假设从总体抽样本容量为 n 的随机样本,则这个样本带有总体信息,如果进行多次"有放回"(with place)的抽样,且每次样本容量都为 n,就可以获得"自主样本"(bootstrap sample)。

表4-12显示了收入分权和支出分权分别以城市化水平和人力资本为门槛变量的显著性检验、门槛值估计及其在95%置信水平下的置信区间。根据模型(4.13)和(4.14)依次进行的单一、双重和三重门槛检验结果表明,在以城市化水平和人力资本指数为门槛变量的前提下,收入分权对产业转型升级的多门槛实证模型和支出分权对产业转型升级的多门槛实证模型均存在三重门槛效应,且表中所有门槛估计值均至少在5%的显著性水平下通过检验。从具体的门槛估计值来看:对财政收入分权而言,城市化水平的一重、双重和三重的门槛值分别为27.82%、23.98%和48.67%;人力资本指数的三个门槛值分别为0.7495年、1.2896年和0.8299年。而对财政支出分权而言,城市化水平的三个门槛值分别为32.95%、23.98%和48.67%;人力资本指数的三个门槛值分别为1.5045年、1.1851年和0.7098年。比较财政收入分权和支出分权的门槛估计值可发现,收入分权的第二、第三城市化水平门槛值分别与支出分权的第二、第三城市化水平门槛值相同;除了第一门槛值差异较大外,收入分权的第二、第三人力资本门槛值与支出分权的第二、第三人力资本门槛值比较接近。根据门槛值一列的具体估计值,在下文估计结果解释时,将依据城市化水平和人力资本的差异来划分不同阶段,进而分析收入分权和支出分权对地区产业转型升级的影响。表中最后一列给出了各门槛估计值在95%置信水平下的置信区间。

(3)模型估计结果与分析

在门槛效应显著性检验的基础上,我们运用面板门槛估计法实证检验城市化水平和人力资本视角下财政收入分权和财政支出分权对地区产业转型升级的门槛效应。

收入分权面板门槛回归参数估计结果如表4-13所示。

表4-13　收入分权面板门槛回归参数估计结果

门槛变量:城市化水平			门槛变量:人力资本		
变量	估计值	t-ols	t-white	变量	估计值	t-ols	t-white
lnURBAN	−0.0260	−1.0613	−1.2401	lnURBAN	0.0302	1.3395	1.4940
lnHC	0.0177	1.3295	1.4959	lnHC	−0.0013	−0.0707	−0.0812
lnPGDP	0.0427	4.6103***	4.5937***	lnPGDP	0.0436	4.0574***	4.2103***
lnFDI	−0.0092	−2.9132***	−3.6183***	lnFDI	−0.0120	−3.6286***	−3.4599***
lnIFA	−0.0045	−1.2642	−1.3770	lnIFA	−0.0056	−1.4328	−1.4949
lnR&D	−0.0022	−0.9466	−1.0750	lnR&D	−0.0042	−1.7268*	−1.8183*
RD×I_lurban	0.0487	2.3570**	2.7715***	RD×I_lhc	−0.0741	−3.4186***	−3.2838***
RD×I_murban	0.0362	1.8638*	2.2216***	RD×I_mhc	−0.0929	−3.9872***	−3.7280***
RD×I_hurban	0.0710	2.9591***	3.7439***	RD×I_hhc	0.4686	3.9889***	5.3769***

注:RD×I_lurban、RD×I_murban、RD×I_hurban 分别表示在低、中、高城市化水平阶段收入分权的参数估计值,RD×I_lhc、RD×I_mhc、RD×I_hhc 分别表示在低、中、高人力资本阶段收入分权的参数估计值,不同阶段是根据表4-12中门槛估计值划分得到;t-ols 表示同方差设定下的 t 值,t-white 表示异方差设定下的 t 值,***、**和* 分别表示在 1%、5%和10%统计性水平显著。

由表4-13可知,在城市化水平不断提高的连续期间,收入分权对产业转型升级均能产生正向促进作用,但正向作用系数经历了先由 0.0487 降低至 0.0362、然后再提高到 0.0710 的变化过程,即在低、中、高城市化水平的不同阶段,收入分权度每提高 1%,对这三个阶段产业转型升级的促进作用分别为 0.0487%、0.0362%和 0.0710%,其拐点分别为 23.98%、27.82%和 48.67%,且正向促进作用的显著性伴随着城市化水平的提高明显增强,表明当城市化水平超过一定门槛值时,收入分权对产业转型升级的正向影响是加速的,原因是经济制度环境的完善使得那些具有高附加值、低能耗、低污染和集约型特征的产业能够获得更快的成长以及相对更高的份额(安苑和王珺,2012)[①]。而

① 安苑、王珺:《财政行为波动影响产业结构升级了吗?——基于产业技术复杂度的考察》,《管理世界》2012 年第 9 期。

对于不同的人力资本水平阶段,收入分权对产业转型升级的影响表现为先阻碍后促进,在人力资本指数处于较低水平阶段,收入分权显著制约产业转型升级,且在人力资本指数由 0.7495 年提高至 0.8299 年时,收入分权对产业转型升级的负向作用系数在提高,而当人力资本指数超过 1.2896 年后,收入分权开始显著有利于产业转型升级,即收入分权度每提高 1%,对产业转型升级的促进作用则为 0.4686%。在人力资本水平较低阶段,劳动力更多流向第一、二等劳动密集型产业,加之工业化进程刚刚起步,肩负就业指标考核任务以及具有财政收入聚敛动机的地方政府也不得不持续鼓励第一、二产业的发展,由此收入分权体现出对产业转型升级的制约效应;随着人力资本水平的提高,具有资本密集型和知识密集型的第三产业在经济环境日益优化的基础上开始蓬勃发展,对本地区的税收贡献也日益增长,此时收入分权开始发挥其对产业转型升级的正向促进作用。

支出分权面板门槛回归参数估计结果如表 4-14 所示。

表 4-14　支出分权面板门槛回归参数估计结果

	门槛变量:城市化水平			门槛变量:人力资本		
变量	估计值	t-ols	t-white	变量	估计值	t-ols	t-white
lnUR-BAN	0.0664	2.5811 **	3.2255 ***	lnUR-BAN	0.0298	1.2669	1.4906
lnHC	0.0265	1.7395 *	1.9429 *	lnHC	0.0801	3.9110 ***	4.1179 ***
lnPGDP	0.0365	3.7955 ***	3.5527 ***	lnPGDP	0.0328	3.1716 ***	3.0874 ***
lnFDI	−0.0130	−4.0471 ***	−4.2532 ***	lnFDI	−0.0118	−3.3649 ***	−3.1647 ***
lnIFA	−0.0046	−1.2583	−1.3249	lnIFA	−0.0021	−0.5230	−0.4948
lnR&D	−0.0039	−1.6510	−1.6131	lnR&D	−0.0049	−1.8839 *	−1.8296 *
SD×I_lurban	−0.0223	−2.4099 **	−2.2682 **	SD×I_lhc	−0.0194	−1.9058 **	−1.6229
SD×I_murban	−0.0024	−0.2229	−0.2347	SD×I_mhc	0.0387	1.6334	2.2530 **

门槛变量:城市化水平				门槛变量:人力资本			
变量	估计值	t-ols	t-white	变量	估计值	t-ols	t-white
SD×I_hurban	0.0371	2.3405**	2.6924***	SD×I_hhc	0.0777	2.9440***	3.3837***

注:SD×I_lurban、SD×I_murban、SD×I_hurban 分别表示在低、中、高城市化水平阶段支出分权的参数估计值,SD×I_lhc、SD×I_mhc、SD×I_hhc 分别表示在低、中、高人力资本阶段支出分权的参数估计值,不同阶段是根据表4-12 中门槛估计值划分得到;t-ols 表示同方差设定下的 t 值,t-white 表示异方差设定下的 t 值,***、**和*分别表示在 1%、5%和 10%统计性水平显著。

由表4-14 可知,不同于收入分权对产业转型升级的持续正向促进作用关系,在城市化水平不断提高的过程中,支出分权对产业转型升级的影响表现为先阻碍后促进,且当城市化水平由 23.98%提高至 32.95%时,支出分权对产业转型升级的负向作用系数在减少,但此时并未通过 t 检验(同方差和异方差设定下的 t 值检验均未通过),表明在城市化水平达到 32.95%时,支出分权对产业转型升级并无显著作用,超过 48.67%后,支出分权开始显著有利于产业转型升级。支出分权的扩大使得地方政府获得了针对当地投资项目更多的审批权,在城市化水平较低的阶段,经济欠发达的湖南省在中部崛起的形势下提出要率先发展经济,使得地方政府财政支出更倾向于经济建设支出,其投资也更加偏好能获得短期经济效益的第二产业,然而第二产业的发展并未带来更大的技术创新,反而在一定程度上造成地区产业趋同以及区域竞争加剧的后果,此时支出分权将制约产业转型升级进程的推进;随着城市化水平的提高,各项经济基础设施与环境日臻完善,湖南省开始加大对以消费和民生为主题的第三产业的支持,这也与其"两型社会""四化两型"的建设目标相适应。

在此阶段,支出分权越大,越能刺激具有信息优势的地方政府提供符合辖区居民消费需求及本地经济持续健康发展的公共产品与服务,进而有效促进当地产业转型升级。而对于人力资本水平的不同阶段,支出分权对产业转型升级的影响关系亦表现为先阻碍后促进,这与收入分权对产业转型升级的影响关系一致,不过此时其拐点分别为 0.7098 年、1.1851 年和 1.5045 年,在人力资本指数处于较低水平阶段,支出分权对产业转型升级表现为负向制约作用,不过此时负向作用关系并不十分显著(异方差设定下的 t 值检验未通过),当人力资本指数由 0.7098 年提高至 1.1851 年时,支出分权开始对产业转型升级起到正向促进作用,此时正向作用关系也并不十分显著(同方差设定下的 t 值检验未通过),超过 1.5045 年后,支出分权开始显著有利于产业转型升级。

之所以支出分权在人力资本的制约下显现出对产业转型升级先负向阻碍后正向促进的影响效应,一方面是由于人力资本积累是一个长期过程,短期之内难见成效;另一方面是地方政府对供给科教文卫等"软公共品"的财政支出在前期容易受到供给经济建设和基础设施等"硬公共品"支出的挤占,仅当经济发展提升至较高水平以及地方政府的经济职能实现由投资性支出向公共服务性支出转变时,才能充分发挥人力资本优越条件下对产业转型升级的"正外部性"。

由于收入分权和支出分权基于城市化水平和人力资本水平下的门槛值比较接近,且考虑地区数量较少以及划分简便等因素,假定 urban≤23.98% 为低城市化水平阶段,23.98%<urban≤48.67% 为中城市化水平阶段,urban>48.67% 为高城市化水平阶段;同时假定 hc≤0.7495 年为低人力资本水平阶段,0.7495 年<hc≤1.2896 年为中人力资本水平阶段,hc>1.2896 年为高人力资本水平阶段。通过分析研究期内(2001—2012 年间)各阶段地区数量的动态变化,从而分析收入分权和支出分权对湖南省产业转型升级影响的方向变化与区域差异。图 4-2 给出了研究期内低、中、高城市化水平地区的数目变化。

由图 4-2 可知,2001—2002 年间,处于低水平城市化阶段的地区有 4 个,高水平地区数目为 0,其余 10 个地区均处于中水平城市化阶段,此阶段收入分权促进了湖南省绝大部分地区的产业转型升级,支出分权则对大部分地区的产业转型升级无显著作用;2002 年以后,按照十六大的总体部署,中国城市化进程持续加快,湖南省所有地区全部进入中水平城市化阶段,其中长沙市步

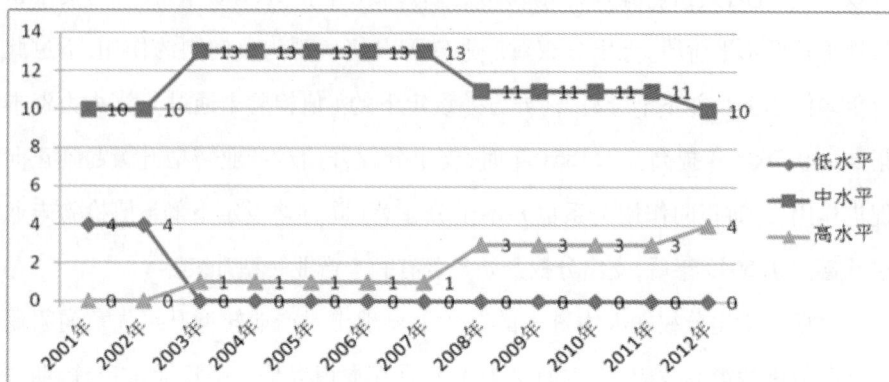

图 4-2　2001—2012 年间湖南省低、中、高城市化水平地区的数目变化

入高水平城市化阶段,但此后大部分地区在由中水平阶段向高水平阶段跨越的进程较为缓慢,在此期间收入分权对湖南省产业转型升级的正面影响有所增强,而支出分权也逐渐开始显现其对产业转型升级的促进作用。

图 4-3 给出了研究期内低、中、高人力资本水平地区的数目变化。

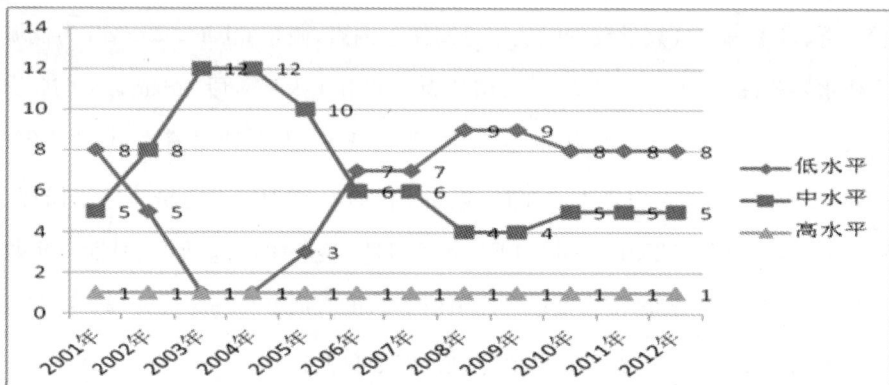

图 4-3　2001—2012 年间湖南省低、中、高人力资本水平地区的数目变化

由图 4-3 可知,研究期内,一直仅有长沙市处于高水平人力资本阶段,2001—2004 年间,处于低水平人力资本阶段的地区数由 8 个降至 1 个,而处于中水平人力资本阶段的地区数则由 5 个增至 12 个,此阶段收入分权对湖南省绝大部分地区的产业转型升级起到阻碍作用,而支出分权对大部分地区产业转型升级影响,从初始的无较大影响转为越来越明显的正向促进作用;自2005年开始,处于低水平人力资本阶段的地区数目开始增多,而中水平地区数目减少,绝大部分地区难以实现向高水平人力资本阶段的跨越转变,此阶段收入分权和支出分权对湖南省产业转型升级的推进并无显著改善,甚至对部分地区产生负向制约作用。

基于相同分类标准,这里对研究期内湖南省14个市(州)地区按城市化水平和人力资本水平进行了分类,分类结果如表4-15所示。通过分析发现,仅有长沙同时处于高水平城市化和高水平人力资本阶段;株洲、湘潭、衡阳、岳阳、娄底和湘西等6个地区同时处于中水平城市化和人力资本阶段;邵阳、常德、张家界、益阳、郴州、永州和怀化等7个地区则处于中水平城市化和低水平人力资本阶段;绝大部分地区处于中高水平城市化阶段,而处于中、低水平人力资本阶段的地区各占一半左右。分析表明:研究期内因人力资本的制约,会削弱由城市化水平提高所带来的收入分权对湖南省大部分地区产业转型升级的促进效应;而支出分权则对大部分地区产业转型升级无显著影响,仅有作为省会城市的长沙因拥有得天独厚的政治经济优势能同时获得收入分权和支出分权释放出的制度红利,从而为促进长沙产业转型升级提供有力支撑。

表4-15 财政分权影响湖南省产业转型升级的门槛值的地区划分(2001—2012年)

以城市化水平为门槛变量		
低水平地区 (urban≤23.98%)	中水平地区 (23.98%<urban≤48.67%)	高水平阶段 (urban>48.67%)
邵阳(2),永州(2),怀化(2),湘西(2)	长沙(2),株洲(7),湘潭(7),衡阳(12),邵阳(10),岳阳(11),常德(12),张家界(12),益阳(12),郴州(12),永州(10),怀化(10),娄底(12),湘西(10)	长沙(10),株洲(5),湘潭(5),岳阳(1)

续表

以人力资本为门槛变量		
低水平地区 （hc≤0.7495）	中水平地区 （0.7495<hc≤1.2896）	高水平阶段 （hc>1.2896）
株洲（1），衡阳（1），邵阳（8），岳阳（5），常德（10），张家界（12），益阳（7），郴州（8），永州（9），怀化（10），娄底（1），湘西（2）	株洲（11），湘潭（12），衡阳（11），邵阳（4），岳阳（7），常德（2），益阳（5），郴州（4），永州（3），怀化（2），娄底（11），湘西（10）	长沙（12）

注：各地区后括号中数字为研究期内（2001—2012 年）各地区处于相应区间的次数；若某地区 6 次及以上处于该区间时，则认为该区属于相应的地区。

（二）主要启示

本部分基于 2001—2012 年湖南省 14 市（州）地区的面板数据，借助门槛面板估计，以城市化水平和人力资本水平为门槛变量，分别考察了省以下收入分权和支出分权对地区产业转型升级的门槛效应。门槛面板的实证结果表明，省以下财政分权与省域内产业转型升级之间存在显著的非线性关系，即财政分权对产业转型升级的影响呈现出阀值转换特征，这也在一定程度上验证了 Alam 和 Waheed（2006）[1]的研究结论，然而收入分权与支出分权在不同的门槛变量下（城市化水平和人力资本水平）呈现出差异明显的门槛效应：在低城市化水平阶段，收入分权对产业转型升级产生显著正向促进作用，而支出分权则制约产业转型升级；在低人力资本水平阶段，收入分权阻碍产业转型升级，而支出分权对产业转型升级的负向作用并不显著；在中等城市化水平阶段，收入分权对产业转型产生积极影响，而支出分权对产业转型升级作用不大；在中等人力资本水平阶段，收入分权制约产业转型升级，而支出分权对产业转型升级产生并不明显的阻碍作用；在高城市化水平和高人力资本水平阶

---

[1]　Alam T.and M.Waheed,Sectoral Effects of Monetary Policy:Evidence from Pakistan,*The Pakistan Development Review*,2006,45（4）:pp.1103-1115.

段,收入分权和支出分权均显著有利于产业转型升级进程的推进。城市化水平和人力资本水平两个门槛变量相比较而言,人力资本水平带来的影响更为显著。另外,根据研究期内门槛变量的动态走势分析表明,总体而言,由于湖南省大部分地区尚未跨越至高城市化水平和高人力资本水平的"双高阶段",财政分权无法完全发挥其对产业转型升级的正面促进效应,且收入分权和支出分权对不同城市化水平和人力资本水平的地区存在差异影响。当前,随着城市化水平的不断提高,收入分权给湖南省大部分地区产业转型升级带来的正向促进效应,可能会由于人力资本水平的制约受到部分抵消;而支出分权则对大部分地区产业转型升级无显著影响。

基于上述研究结果,得到如下政策启示:

第一,由工业化和城市化所带来的传统因素诸如物质资本和人力资本,仍然是实现产业转型升级的主要驱动因素,但对于处在转型攻坚期的国家和地区,制度变迁在一定程度上能与技术进步一起成为产业转型升级和经济持续增长的真正动力,其中,财政分权体制对产业转型升级具有决定性的导向作用,构建一个科学合理的省以下财政分权框架将是有效加速推动省域内产业转型升级的重要力量。

第二,财政收入分权可增加地方政府收入份额从而提供正向激励,而支出分权可以促进财政支出结构优化,均对地区产业转型升级起到正面促进效果,但这种正面促进效果在很大程度上还取决于收入分权和支出分权之间的对称性。如果分权后拥有的财权与其承担的支出职责不对称,地方政府可能会从满足税收收入诉求出发过度依赖能给地方短期内带来更多收入的产业,而忽略产业发展的长远目标,导致偏离产业转型升级方向。

第三,随着城市化水平和人力资本水平的提高,财政分权的扩大将会对产业转型升级产生越来越大的贡献。为了有效发挥财政分权对产业转型升级的导向作用,应考虑到不同区域尤其是省以下地区在资源禀赋、交通区位、制度环境等方面的异质性,并在体制框架上作出适应性和差异性调整:针对处于低、中城市化水平阶段的地区,应在扩大收入分权的同时降低支出分权;对于处在低、中人力资本水平阶段的地区,应当着重控制收入分权;而对于处在高城市化水平和高人力资本水平"双高"阶段的地区,可同时扩大收入分权和支出分权。

第四,地方政府作为区域财政制度安排的主要供给者,应建立与发展规划相适应的省以下财政收支分权体制,根据本地区城市化水平、人力资本水平和产业发展规律等现实情况作出合理安排,正确引导区域内产业的转型升级,并协调区域之间的产业发展布局,避免产业转型升级进程中新一轮的产业同构和区域间恶性竞争。

三、财政分权对区域产业发展的非对称性效应

现有文献虽然在财政分权对产业结构转型升级影响方面做了较为全面的理论框架和实证考察,但学者在考察产业转型升级的影响因素及效果时,大多建立在线性相关和参数同质性的假设前提上,而忽略了财政分权与产业结构转型升级的非对称性关系与参数异质性。本部分主要回答以下三个问题:第一,2000—2012 年,财政分权对中国产业结构转型升级的影响如何? 第二,不同经济体制时期,财政分权对中国产业结构转型升级的影响有何种差异? 第三,财政分权对中国产业结构转型升级的影响是否因各地区经济发展水平和居民消费水平的差异而有所不同? 本部分创新主要体现在以下几个方面:第一,思路上,进一步考虑经济发展水平和居民消费水平存在差异的情况下财政分权对中国产业结构转型升级的影响,对以往单个因素层面的研究进行扩展补充;第二,方法上,不同于以往的回归方程分析,为了验证财政分权对产业结构转型升级的一个连续的、逐渐变化的过程非对称性效应,采用 Gonázlez et al.,(2004, 2005)提出的面板平滑转换模型(Panel Smooth Transition Regression,PSTR),对含有外生变量的函数平滑转变效应和参数进行一系列

的估计和检验,由此体现所分析问题的非对称性特征及转换渐进性的行为特征;第三,数据上,我们测算了同时考虑三大产业增加值的产业结构升级指标来衡量我国各省域产业结构转型升级情况,同以往的根据三大产业从业人员占全社会从业人员的比重或者三大产业增加值占国内生产总值的比重对产业结构升级指标度量相比,这种测算方法能够更加客观地反映我国地区产业结构转型升级水平。本部分首先以我国 31 个省市 2000—2012 年中国政府财政收入和财政支出与产业结构转型升级的数据,就财政分权对产业转型升级的总体效应作出判断,然后通过构建面板平滑转换模型(PSTR)对非对称性效应的存在性予以实证检验。

(一)机理分析、模型构建与数据说明

1.财政分权调整产业结构转型升级的机理分析

为达到缩短工业化过程、加快产业结构演化进程、推动经济高速增长的目的,政府通常会通过税收手段和财政支出手段来促进产业政策目标的实现。税收手段主要是通过改变产品的税后价格从而改变产品的供求关系,进而影响经济活动的收益和成本的关系,并最终影响到产业结构中。政府为了促进各产业部门之间的均衡发展,应该坚持"税收中性"的政策,采取公平的税收政策,但在现实经济中,为解决产业结构不均衡问题,政府在税收政策制定上会有所倾斜,这种作用机制表现为:对国家不鼓励发展的产业部门,采用增税的政策加以调节从而抑制该产业的发展,在经济总量上具有紧缩效应,在结构上表现为抑制性调节。对需要优先发展或鼓励发展的产业部门,在经济总量上予以扩张,在结构上采取减税或者比较优惠的税收政策进行鼓励性调节,进而促进该产业的发展。

财政支出主要通过政府采购、财政补贴、财政直接投资、财政贴息作用于产业结构变动。改革开放以来,政府投资对产业结构调整的参与程度不断扩

大,弥补了市场主体的不足。财政支出体现着国家产业结构调整的导向,对产业发展起着积极的促进作用。但同时应看到,在市场经济背景下,充当"守夜人"角色的政府对于产业发展过度干预会导致"以邻为壑"的地方保护主义、官员"晋升锦标赛"等负面效应致使地区产业结构趋同性,从而对地区产业结构转型升级带来不利影响。也就是说,财政收入、财政支出对地区产业结构转型升级可能同时存在正向和负向的双重影响。从理论分析可知,政府财政收入和财政支出与产业结构转型升级二者之间呈现明显的非对称性关系,为了得到可靠的结论,下文将通过面板平滑转换模型(PSTR)进行实证考察。

2. 模型构建

经济学把产业结构转型升级的主要推动因素包括资本(K)、劳动(L)、消费(C)与技术(A)的基本函数为 $W=F(L,K,C,A)$。我们在 C-D 函数的基础上引入财政收入(或者财政支出)作为解释变量,构建以资本投资、劳动力、消费以及技术进步为自变量,以产业结构转型升级为因变量的增长函数;此外,我们在模型中加入控制变量包括了经济发展水平、财政分权、城镇化和对外开放程度等控制变量进行扩展建立计量模型对产业结构转型升级进行研究,为了消除变量可能存在的异方差性对各变量取自然对数:

$$\ln W_t = \alpha_0 + \alpha_1 \ln G_t + \alpha_2 \ln X_t + \alpha_3 Z_t + \varepsilon_t \tag{4.15}$$

为了研究与验证财政收支与产业结构转型升级之间可能存在连续的、逐渐变化的非对称性关系,我们将采用 Gonázlez et al.,(2004、2005)提出的面板平滑转换模型(Panel Smooth Transition Regression,PSTR),将经济发展水平和居民消费水平转换函数作为未知变量引入模型中,并对转换函数和体制转换效应进行一系列的估计和检验。将面板平滑转换模型(PSTR)设为:

$$W_{it} = \mu_i + \beta_0 X_{it} + \beta_1 X_{it} h(q_{it};\gamma,c) + \varepsilon_{it} \tag{4.16}$$

式中:μ_i 为个体效应;W_{it} 为产业结构转型升级;X_{it} 为政府财政收入或者财政支出;ε_{it} 为随机扰动项,且服从均值为零、方差有限的正态分布。$h(q_{it};$

γ, c) 为以位置参数 c 为中心随着转换变量 q_{it} 连续有界(介于 0 与 1 之间)的转换函数,从而体现在 $\beta_0 \sim \beta_0 + \beta_1$ 间平滑转换。logistic 函数的设定形式:

$$h(q_{it}; \gamma, c) = \left\{ 1 + \exp\left[-\gamma \prod_{i=1}^{m} (q_{it} - c_z) \right] \right\}^{-1} \tag{4.17}$$

其中,γ 为平滑参数值决定了转换变量的转换速度,$\gamma > 0, c_1 < c_2, \cdots,$ $\leq c_m$。$c = (c_1, \cdots, c_m)'$ 为关于位置参数 c 的 m 维向量;当 m=1,且当转换函数 h=0 时,对应的模型(2)称为低体制;当 h=1 时称为高体制。面板平滑转换模型的参数随转换变量 q_{it} 在地区之间和时间上变化。转换变量 q_{it} 是第 i 个地区在时间 t 上的关系参数 e_{it}^{gov} 可表示为:

$$e_{it}^{gov} = \frac{\partial W_{it}}{\partial GOV_{it}} = \beta_0 + \beta_1 h(q_{it}; \gamma, c) \tag{4.18}$$

由于 $0 \leq h(q_{it}; \gamma, c) \leq 1$,因此 e_{it}^{gov} 实际上是 β_0 和 β_1 的加权平均值;所以若 $\beta_1 > 0$,则 $\beta_0 \leq e_{it}^{gov} \leq \beta_0 + \beta_1$,说明关系参数 e_{it}^{gov} 随着转换变量 q_{it} 的增加而增加;若 $\beta_1 < 0$,则 $\beta_0 + \beta_1 \leq e_{it}^{gov} \leq \beta_0$,则意味着关系参数 e_{it}^{gov} 随着转换变量 q_{it} 的增加而减少。β_1 的正负符号刻画了财政收入(或者财政支出)与产业结构转型升级关系参数 e_{it}^{gov} 与转换变量 q_{it} 之间的互补(或替代)关系。

在建立 PSTR 模型之前必须进行对模型(2)进行参数有效性估计的"线性检验",以考察体制转换效应是否显著。"线性检验"是对原假设 $H_0: \gamma = 0$ 或 $H_0: \beta_1 = 0$ 是否成立进行检验。对模型采用一阶泰勒渐进式对转换函数 $h(q_{it}; \gamma, c)$ 在 $\gamma = 0$ 进行等价的"线性检验"标准的假设检验形式进行检验,展开处来构造辅助回归式,从而:

$$W_{it} = \mu_i + \varphi_0' X_{it} + \Gamma_1' X_{it} q_{it} + \cdots + \Gamma_m' X_{it} q_{it}^m + \varepsilon_{it} \tag{4.19}$$

式中,PSTR 模型的线性假设可以转为检验 $H_0: \Gamma_1 = \Gamma_2 = \cdots = \Gamma_m = 0$。假设 SSR_0 和 SSR_1 分别为 H_0 和 H_1 条件下面板模型的残差平方和,采用 *LM* 检验统计量以及 F 检验统计量对原假设 $H_0: \theta_1 = 0$ 是否成立进行检验:

$$LM = TN(SSR_0 - SSR_1)/SSR_0 \tag{4.20}$$

$$LM_F = \left[(SSR_0 - SSR_1)/Km \right]/\left[SSR_0/(TN - N - mK) \right] \tag{4.21}$$

K 为 PSTR 模型解释变量个数,在零假设条件下 LM 统计量服从自由度为 mK 的卡方分布: $LM \sim \chi^2(mK)$, LM_F 统计量则服从渐进的 $F(mK, TN - N - mK)$ 分布。在"线性检验"拒绝原假设的基础上,必须进行"剩余非对称性检验"。考察模型是否只包括一个转换函数($H_0 : r = 1$)或者存在着至少两个转换函数($H_1 : r = 2$)。在基于 $r = 2$ 的备择假设下,PSTR 模型具有以下的表达形式:

$$W_{it} = \mu_i + \varphi_0' X_{it} + \varphi_1' X_{it} h_1(q_{it}; \gamma_1, c_1) + \varphi_1' X_{it} h_2(q_{it}; \gamma_2, c_2) + \varepsilon_{it} \tag{4.22}$$

类似于线性检验,将转换函数 $h_2(q_{it}; \gamma_2, c_2)$ 在 $\gamma_2 = 0$ 处进行泰勒展开,构造类似于式(4.17)的线性辅助回归,以检验是否存在"剩余非对称性检验"。以 $r = 2$ 为例,将式(4.18)在 $\gamma_2 = 0$ 处对 $h_2(q_{it}; \gamma_2, c_2)$ 进行一阶泰勒展开:

$$W_{it} = \mu_i + \varphi_0' X_{it} + \varphi_1' X_{it} h_1(q_{it}; \gamma_1, c_1) + \Gamma_1' X_{it} q_{it} + \cdots + \Gamma_m' X_{it} q_{it}^m + \varepsilon_{it}$$

$$\tag{4.23}$$

"剩余非对称性检验"将考察原假设 $H_0 : \theta_1 = 0$ 是否成立。首先对原假设 $H_0 : r = r^*$ 进行检验,若拒绝原假设 H_0,说明模型至少存在 2 个非对称性部分,则继续对 $H_0 : r = r^* + 1$ 以及相应的备择假设 $H_0 : r = r^* + 2$ 进行检验直到不能拒绝原假设 $H_0 : r = r^*$ 为止,此时 $r = r^*$ 为 PSTR 模型包括的转换函数个数。

3. 数据说明

选取 2000—2012 年全国 31 个省、市、自治区作为数据样本,相关原始数据来源于《新中国六十年统计资料汇编》《中国财政年鉴》《中国统计年鉴》《中国科技统计年鉴》《中国区域经济统计年鉴》和各省统计年鉴。考虑到各省在 2000—2012 年间均先后经历了通货膨胀或通货紧缩,为了增强实证检验结果的可信度,所有变量均以 2000 年为基期利用价格指数进行平减(2000年=100),为了消除异方差,对所有变量取自然对数,以进一步增加数据的平稳性。此外,数据中涉及比值是按照每年水平值计算而成。

产业结构转型升级是指随着经济不断增长产业结构相应地发生规律性变化的过程。借鉴付凌晖(2010)[①]、詹新宇和甘凌(2013)[②]设计的同时考虑三大产业增加值的产业结构升级指标,将三大产业的增加值占 GDP 比重分别作为空间向量 W_0 中分量 $w_{1,0}$、$w_{2,0}$、$w_{3,0}$。然后,利用反余弦函数计算 W_0 与按照产业层次高低到层次排列向量,第一产业 $W_1 = (1,0,0)$,第二产业 $W_2 = (0,1,0)$,第三产业 $W_3 = (0,0,1)$ 的夹角 α_1,α_2,α_3:$\alpha_j = \arccos\left(\dfrac{W_j^T W_0}{\|W_j\| \cdot \|W_0\|}\right)$,j = 1,2,3。据此,定义产业结构升级指标 W_t 为:$W_t = \sum\limits_{k=1}^{3}\sum\limits_{j=1}^{k}\alpha_j$。W 越大,表明产业结构转型升级水平越高。

财政分权因素,以人均地方政府收入表示地方政府收入因素($fiscal\text{-}re$),控制人口因素对财政资源在中央与地方之间分配的影响;以人均地方财政支出($fiscal\text{-}ex$)分析财政支出模型从而对计量模型进行稳健性检验。

主要影响因素包括:

(1)固定资产投资($captial$):采用各省域固定资产投资总额占 GDP 的比重来衡量。

(2)人力资本水平($human$):中等教育以上人力资本数量和质量的积累能够有效提升产业结构转型速度。人力资本采用各省域平均受教育年限来衡量。考虑不同层次教育的差异,构造人力资本指标如下:$human = \sum\left(\dfrac{mid}{pop} \times 9 + \dfrac{hig}{pop} \times 12 + \dfrac{sec}{pop} \times 12 + \dfrac{col}{pop} \times 16\right)$。其中,$mid$ 为初中在校生人数、hig 为普通高中在校生人数、sec 为中等职业教育在校生人数、col 为高等学校在校生人数、pop 为人口总数。

---

① 付凌晖:《我国产业结构高级化与经济增长关系的实证研究》,《统计研究》2010 年第8 期。

② 詹新宇、甘凌:《产业结构升级与中国经济波动平稳化》,《经济评论》2013 年第4 期。

（3）技术进步水平（ $techno$ ）：考虑到研发费用对地区产业结构转型升级作用具有较长时滞难以反映当期实际技术水平，我们采用发明、实用新型和外观设计三项专利的年授权数来衡量区域的技术水平。

（4）居民消费水平（ $consume$ ）：以居民人均消费支出表示居民消费，借鉴楚尔鸣和鲁旭（2008）[①]的做法：居民人均消费＝（城镇人口×城镇人均消费+农村人口×农村人均消费）/总人口。

控制变量包括：

（1）经济发展水平（ $pgdp$ ）：基于实证研究多用实际人均 GDP 来表示经济发展情况，用各地区 2000 年为基期价格的人均 GDP 来表示经济发展水平。

（2）财政分权变量（ $decent$ ）：考虑到财政收入在中央政府和地方政府间分配的复杂性，我们选用人均财政支出指标来衡量中国式财政分权，人均指标是为了控制人口因素对财政资源在中央与地方之间分配的影响。财政支出分权度＝各省人均预算内本级财政支出/（各省人均预算内本级财政支出+中央人均预算内本级财政支出）。

（3）城市化水平（ $urban$ ）：选取城市化率作为影响产业结构变动的影响因素， $urban = pop_{urban}/pop_{total}$ ， pop_{urban} 和 pop_{total} 分别表示各省域城镇人口和当地总人口。

（4）对外开放程度（ $open$ ）：FDI 显著地促进了中国出口产品的竞争力从而推动了产业结构转型升级，然而 FDI 流量对产业结构转型升级同样具有一定的滞后性，选用各省域进出口贸易总额占 GDP 比重来表示地区对外开放程度。

（二）计量结果与分析

为避免面板数据模型回归的估计量出现虚假回归，在对面板平滑转换模

[①] 楚尔鸣、鲁旭：《基于面板协整的地方政府支出与居民消费关系的实证检验》，《经济理论与经济管理》2008 年第 6 期。

型估计之前采用同质面板的 LLC 检验和异质面板的 IPS 检验、ADF-Fisher CH 检验和 PP-Fisher CH 检验对变量进行面板单位根检验以判断各变量的平稳性。检验结果发现所有变量一阶差分平稳,满足面板协整性检验的要求。由于这里实证研究的时间跨度为 2000—2012 年(T = 13),我们分别采用 Pedroni 检验和 Kao 检验的方法进行面板协整检验。检验结果发现拒绝原假设,可以认为变量之间存在面板协整关系。运用面板平滑转换模型检验财政收入和财政支出与产业结构转型升级之间的非对称性关系,还需要估计所有解释变量对我国产业结构转型升级是否存在平滑转变效应。表 4-16 给出了非对称性检验、剩余线性检验服从 F 分布的 LMF 统计量的检验结果。显著性水平选择标准可以随着位置参数个数增加而越来越低,这样可以避免过于庞大的模型,我们选择 0.05 的显著性水平,除个别转换变量不能拒绝线性原假设外,其余转换变量都拒绝原假设,这满足 Gonázlez 等(2004)提出的面板平滑转移模型估计的前提要求,因此可以断定面板数据具有明确的异质性。由于存在多个转换变量,在拒绝线性原假设后,必须确定面板平滑转换模型中的位置参数(c)的个数,即表 4-16 中 m 的取值。m 值选取最强拒绝线性原假设的模型,对于财政收入模型和财政支出模型而言,最佳转换变量均为经济发展水平和居民消费水平;其次,基于 AIC 和 BIC 准则选择最佳位置参数的个数,由于经济发展水平和居民消费水平作为最佳转换变量时,财政收入和财政支出作为解释变量时 m = 1 的 AIC 和 BIC 值均小于 m = 2 的情况,因此,我们给出 m = 1 作为最优位置参数时的参数检验,结果如表 4-16 所示。

表 4-16　非对称性检验、剩余非对称性检验与最优模型选择结果

剩余非对称性检验	fiscal revenues specification（m = 1）								
	fiscal-re	capital	human	techno	consume	pgdp	decent	urban	open
$H_0:r=0$ vs $H_0:r=1$	1.390	1.355	1.537	1.268	1.670	1.469	1.373	1.368	0.827
	(0.091)	(0.107)	(0.133)	(0.153)	(0.045)	(0.058)	(0.099)	(0.101)	(0.192)

续表

剩余非对称性检验	fiscal revenues specification（m＝1）								
	fiscal-re	capital	human	techno	consume	pgdp	decent	urban	open
$H_0:r=1$ vs $H_0:r=2$	0.835	1.027	0.029	1.035	0.966	1.051	0.806	0.686	0.412
	(0.584)	(0.418)	(0.496)	(0.412)	(0.468)	(0.339)	(0.611)	(0.722)	(0.929)
AIC	−2.232	−2.299	−2.202	−2.249	−2.231	−2.221	−2.243	−2.217	−2.211
BIC	−2.033	−2.100	−2.004	−2.051	−2.033	−2.022	−2.045	−2.018	−2.013
剩余非对称性检验	fiscal expenditure specification（m＝1）								
	fiscal-ex	capital	human	techno	consume	pgdp	decent	urban	open
$H_0:r=0$ vs $H_0:r=1$	1.882	1.434	1.634	1.136	1.779	1.613	1.383	1.392	0.915
	(0.053)	(0.172)	(0.104)	(0.125)	(0.041)	(0.010)	(0.094)	(0.090)	(0.112)
$H_0:r=1$ vs $H_0:r=2$	0.942	1.064	0.002	0.616	0.571	1.378	0.708	0.814	0.494
	(0.489)	(0.389)	(0.371)	(0.484)	(0.521)	(0.196)	(0.702)	(0.604)	(0.878)
AIC	−2.252	−2.295	−2.202	−2.257	−2.243	−2.226	−2.244	−2.212	−2.209
BIC	−2.053	−2.097	−2.004	−2.059	−2.045	−2.028	−2.045	−2.014	−2.010

注:括号内为 P 值,m 表示位置参数个数。

表4-16为面板平滑转换模型的最终估计结果,以经济发展水平为转换变量的财政收入模型在位置参数估计值 18529.14 元(2000 年价格)时,两侧对产业结构转型升级的影响存在明显区别。由 $e_{it}^{gov} = \partial W_{it}/\partial GOV_{it} = \beta_0 + \beta_1 h(q_{it};\gamma,c)$ 可知,β_{00} 的估计值为负,说明改革开放以来的四十多年中,地方政府财政收入占 GDP 的比重不断上升,地方政府的财政收入来源发生了显著变化,并伴随着宏观经济周期性的变化,地方政府的适应性行为在带来持续稳定的经济增长的同时也引发了财政行为的剧烈波动,财政分权提高了地方政府的"攫取之手",从而降低地方政府对市场经济的"援助之手",财政收入对我国的产业结构转型升级产生了负向的抑制作用;而 PGDP 超过 18529.14 元时,β_{01} 的估计值正,说明随着我国经济的逐渐发展,这种抑制效用也随之减

小,当转换函数 $h(q_{it};\gamma,c)$ 逐渐增大时,财政收入对我国产业结构转型升级的抑制作用在逐渐减少。$\beta_{00}+\beta_{01}=0.0186$, $\beta_{00}+\beta_{01}>0$,财政收入对我国的产业结构转型升级有正向的促进作用。地方政府意识到要避免落入"中等收入陷阱",必须进行政治体制改革以限制利益集团通过政治权力,获得税收份额的再分配,从而降低其阻止产业升级的能力,从根本上消除政府财政收入对产业结构转型升级的阻力。以居民消费水平为转换变量的财政收入模型,各变量的参数估计符号并没有发生变化,说明得到的财政收入模型实证分析结果比较稳健。

以经济发展水平为转换变量的财政支出模型在参数估计值 19525.96元两侧对产业结构转型升级的影响也存在明显区别。当经济发展水平小于19525.96 元时, β_{00} 的估计值为正,财政支出的产出弹性为 0.7939,这说明财政支出对产业结构转型升级产生了正面效应,反映了地方政府动用财政资源对地方产业发展进行的"父爱式"的引导,对产业结构转型升级形成助力,财政支出附带的技术溢出效应得以充分吸收,此时财政支出对我国的产业结构转型升级具有正向的挤入效应;当转换函数 $h(q_{it};\gamma,c)$ 逐渐增大时,说明随着我国经济的逐渐发展,财政支出对我国产业结构转型升级的促进作用在逐渐减少,而经济发展水平超过 19525.96 元时, β_{01} 的估计值变为负值,这意味着随着经济水平的增长可能造成现阶段我国地方政府之间的竞争态势较为明显,地方政府将大量财政资源投入到在短时间内能够获得经济效益高的第二产业中,而第二产业的快速发展并没有带来大量的技术创新和升级,反而在一定程度上造成了地区间产业同构和产业趋同,进一步加大了地方政府间的产业竞争。此外,地方政府对于需要长期投入才能获得经济效益的第三产业则不愿大量投入,这不利于产业从第二产业向第三产业转变的产业结构升级需要。以居民消费水平为转换变量的财政支出模型,各变量的参数估计符号并没有发生变化,说明得到的财政支出模型实证分析结果比较稳健。

从主要影响变量来看：

（1）固定资产投资因素的回归系数在位置参数值两侧都没有通过10%的显著水平检验，表明固定资产投资对我国产业结构转型升级没有起到明显的作用。中国当前经济发展政府在制定产业政策和财税支持政策，主要偏向于占GDP中的比重较大的房地产行业和制造业等相关行业，而且我国当前的要素禀赋结构升级迟缓使得我国产业结构仍处于价值链的底端环节，要素禀赋结构在整体上并不能适应产业结构升级的需要。此外，固定资本形成对第二产业的影响较大而对第三产业的影响较小。因此，固定资产投资对产业结构调整不具有影响效应。

（2）人力资本回归系数通过了5%的显著性水平检验，人力资本对我国产业结构转型升级的影响为正。说明早期随着我国教育在数量和质量上的增加，为中国产业发展提供了大量高素质的人力资源，人力资本水平的提高为第三产业的发展提供了更为完善的要素条件，从而有利于第三产业的发展和有助于产业结构调整。然而，人力资本的形成对第三产业的影响作用随着人力资源的增加产生了"边际效应"，因而对于产业结构转型升级的作用在逐渐减弱。

（3）技术进步在低体制下影响作用不显著，表明中国在经济发展初期科学技术水平对产业结构变动作用不大，这与中国各地区研发能力不足，并且研发支出资金没有落实和使用效率较低以及科技研发支出所产生的发明专利技术没有能够顺利转化为商品并迅速使之产业化，从而起不到拉动我国高新产业发展和不能达到促进产业结构变动的效果；对于处于"双高"水平的情况下，技术进步因素的回归系数为正且通过了5%的显著性水平检验。近年来，中国大力发展了劳动密集型产业并在市场导向的机制下吸引了国外技术的进入，藉此通过要素和产品的内外交流实施了出口导向的战略方针，成功地推动了我国产业竞争力的高速增长，提高了我国的资源配置效率。因此，技术进步水平间接地对产业结构变动的促进作用日益突显。

（4）居民消费水平的提高有利于中国产业结构变动，在客观上推动了新产业的发展促使产业结构转型升级。中国居民消费占国内生产总值比例约为54%，并且中国消费方向主要集中在三次产业所占比重较大的房地产、教育和医疗等相关行业，这些行业的发展对调节我国产业结构变动起到了较大的作用；此外，居民消费对产业结构升级的作用机制随着经济发展水平的提高而呈现出从第二产业逐渐作用到第三产业的"高级化"变动态势，从而在客观上推动了新产业的发展促使产业结构转型升级。

从控制变量来看：

（1）经济发展水平因素的回归系数没有通过10%的显著水平检验，表明经济发展水平对我国产业结构转型升级没有起到明显的作用。理论上国内人均 GDP 的增长对于产业结构变动应该具有正向效应，我国政府这只"看得见的手"能够引导全社会生产要素在不同产业部门之间的重新配置，影响不同产业的发展及其产业结构之间的相互替代与变迁，有利于促进中国产业结构变动。然而，在地方政府"GDP 数据锦标赛"和我国长期形成的经济增长方式中，地方政府更倾向于能获得短期经济效益的第二产业，然而第二产业的发展在一定程度上加剧了区域之间的产业竞争并造成地区产业趋同，从而抑制了产业结构的转型升级。因此，双重作用下导致我国经济发展水平对产业结构转型升级没有产生相应的调整作用。

（2）财政分权回归系数在低体制下为负且通过了1%的显著性水平检验，说明分权竞争早期阶段的中国地方政府财政行为，呈现出的是规模扩张性和结构偏向性等"预算内软约束"和"预算外基本无约束"的政府行为特征，使得地方政府随时可能向企业伸出"攫取之手"来满足自身的财政收入需求（周光亮，2012）[1]。随着我国财税体制经历了从财政"分灶吃饭"的"以地兴企"到

---

[1]　周光亮：《财政分权、地方政府投资和产业结构调整》，《经济问题》2012 年第 1 期。

分税制改革后的"以地生财"到金融资本异化下的"以地套现",这种抑制效用也随之减小,当转换函数逐渐增大时,财政分权对我国的产业结构转型升级有了正向的促进作用。财政分权使得地方政府尽可能地实施限制利益集团政治权力的政治改革从而促进产业结构转型升级的动力,这种效用可称之为政府干预型产业结构变迁。

(3)城市化水平因素的回归系数没有通过10%的显著水平检验,表明中国城市化对中国产业结构调整的作用不大。2000—2012年中国31个省域城市化率平均值为0.45,"劳动密集型"产业使得大量农村劳动力涌入到城市,农村劳动力从低生产率的农业向高生产率的城市非农业转移,意味着城市化进程中为中国第二、三产业的产业结构变动提供了供给和需求两个方面的劳动力资源,从而达到改善了社会资源配置效率和提高我国生产效率的重要来源;此外,"瓦格纳法则"指出经济发展初期地方财政支出增加能够解决城市化带来的高居住密度拥挤性。然而,我国"城市规模扩张"速度超前于工业化发展水平,使得城市因缺乏创造性而造成"产业积聚"和"产业发展空心化",使得城市存在大量低收入人口而造成"城市贫困",同时农村创造因资源掠夺得不到较好的发展机会而造成"乡村贫困"(何德旭和姚战琪,2008)[①]。因此,城市化水平对我国产业结构转型升级作用并不明显。

(4)经济开放程度通过了1%的显著性水平检验且在低体制下回归系数是负值,表明由于国际贸易内部产业发展导致我国早期对于外贸依存度比较高,并且中国出口贸易的产品大部分是属于第二产业的初级产品和工业制成品,这抑制了第三产业服务业比重的上升。此外,国际市场垄断和产权保护等各种因素在一定程度上阻碍了技术外溢,并且产品出口总额占GDP的比重变化较小,对中国产业结构调整的作用较小,影响了产业结构的转型升级。随着

---

① 何德旭、姚战琪:《中国产业结构调整的效应、优化升级目标和政策措施》,《中国工业经济》2008年第5期。

转换函数的逐渐增大,在高体制下回归系数变为正值。近年来随着我国进出口规模不断扩大,我国政府把国家竞争的目光聚焦在高新技术产业的进出口,资本供给、增强外贸、技术溢出和优化市场结构四方面缓解了产业结构升级中的"结构供需矛盾",从而最终推动了产业结构的优化升级(张同斌和高铁梅,2012)[①]。

表4-17　面板平滑转换估计结果

线性与非对称性部分参数估计			财政收入模型				财政支出模型	
	参数	自变量	转换变量:经济发展	转换变量:居民消费	参数	自变量	转换变量:经济发展	转换变量:居民消费
线性部分参数估计	β_{00}	fiscal-re	-0.1207^{*}	-0.4656^{*}	β_{00}	fiscal-ex	0.7939^{**}	0.6346^{*}
			(0.0866)	(0.3436)			(0.3848)	(0.3274)
	β_{10}	capital	0.8838^{**}	0.9527^{*}	β_{10}	capital	0.6910^{*}	0.7701^{*}
			(0.4678)	(0.7091)			(0.4056)	(0.4850)
	β_{20}	human	0.6643^{**}	0.7989^{***}	β_{20}	human	0.3246	0.3643
			(0.3304)	(0.3779)			(0.4198)	(0.3342)
	β_{30}	techno	-0.0651	-0.2053	β_{30}	techno	-0.0891	-0.0877
			(0.0869)	(0.1423)			(0.0939)	(0.0733)
	β_{40}	consume	0.2575^{**}	0.2832^{**}	β_{40}	consume	0.1607^{*}	0.1876^{*}
			(0.1224)	(0.1342)			(0.0935)	(0.1153)
	β_{50}	pgdp	-0.0679	-0.1427	β_{50}	pgdp	-0.1171	-0.0543
			(0.3287)	(0.3962)			(0.3356)	(0.2939)
	β_{60}	decent	-4.7541^{***}	-5.9111^{***}	β_{60}	decent	-8.5362^{***}	-7.2173^{***}
			(0.1488)	(1.6993)			(2.5382)	(2.1590)
	β_{70}	urban	-0.0395	-1.4880	β_{70}	urban	0.3020	0.0835
			(0.5279)	(1.3528)			(0.5939)	(0.6970)
	β_{80}	open	-1.5169^{***}	-2.9539^{***}	β_{80}	open	-1.6272^{***}	-1.9418^{***}
			(0.5532)	(1.0732)			(0.5655)	(0.5371)

①　张同斌、高铁梅:《财税政策激励、高新技术产业发展与产业结构调整》,《经济研究》2012年第5期。

续表

线性与非对称性部分参数估计			财政收入模型				财政支出模型	
	参数	自变量	转换变量：经济发展	转换变量：居民消费	参数	自变量	转换变量：经济发展	转换变量：居民消费
非对称性部分参数估计	β_{00}	fiscal-re	0.1393*	0.4281*	β_{00}	fiscal-ex	−0.5713**	−0.5292**
			(0.0794)	(0.3501)			(0.3419)	(0.3102)
	β_{10}	capital	−0.5939	−0.6026	β_{10}	capital	−0.3329	−0.4516
			(0.3466)	(0.7180)			(0.6437)	(0.5106)
	β_{20}	human	0.3275**	0.5760**	β_{20}	human	0.0341	0.0277
			(0.1938)	(0.2037)			(0.4311)	(0.3343)
	β_{30}	techno	0.2059**	0.3408**	β_{30}	techno	0.2361**	0.2012***
			(0.0887)	(0.1509)			(0.0976)	(0.0675)
	β_{40}	consume	0.6961***	0.6989***	β_{40}	consume	0.4358**	0.3161**
			(0.3258)	(0.3540)			(0.2675)	(0.2025)
	β_{50}	pgdp	−0.1279	−0.1745	β_{50}	pgdp	−0.0539	−0.0481
			(0.2138)	(0.2891)			(0.2291)	(0.1839)
	β_{60}	decent	2.7271*	5.6262***	β_{60}	decent	5.8908***	6.6585***
			(1.4520)	(2.1620)			(2.2351)	(2.0792)
	β_{70}	urban	0.2037	1.5673	β_{70}	urban	−0.0344	−0.0548
			(0.5672)	(1.2751)			(0.6605)	(0.6441)
	β_{80}	open	1.7806***	3.2185**	β_{80}	open	1.8807***	2.1931***
			(0.5487)	(1.4820)			(0.5758)	(0.5600)
	位子参数 C		18529.140	5319.848	位子参数 C		19525.96	7181.144
	gama		5.3769	6.9929	gama		5.1692	2.5214

注：括号内为标准差；***表示在0.01水平下显著；**表示在0.05水平下显著；*表示在0.1水平下显著。

（三）政策建议

研究结果表明，财政收入、财政支出对我国产业结构转型升级具有非对称性影响效应，并且经济发展水平与居民消费水平在最优值两侧对产业结构转型升级的影响均具有非对称性。目前,我国正处于经济体制改革和政府职能转变的动态过程中,"数据锦标赛"的官员晋升制度促使各级政府为了政治晋升而投入到"为增长而展开的竞争"之中,以及财政收入与财政支出的短期产业结构转型升级弹性效应不明显等因素,导致地方政府合理地认为应该增加自身财政收入和扩大财政支出规模。随着财政分权体制改革和政府支出改革,作为独立经济主体的地方政府拥有更多的经济管理权和财政支配权,为了争夺有限经济和财政资源,导致政府间税收竞争和财政支出竞争愈演愈烈,使得地方政府财政支出更倾向于见效快、增长效应明显的投资性支出,而限制用于有利于公共民生的社会服务性财政支出份额,并且通过完善地区投资环境吸引外部资本投入以期通过乘数效应使得地区经济成倍增长从而达到扩大地区经济总量的目的,进而能够实现自身政治晋升机会和经济社会福利最大化。从长期上来看,经济增长方式的趋同性很容易扭曲社会资源的合理配置,导致产业结构趋同化从而阻碍产业结构转型升级。因此,应当辩证看待地方政府财政收支对产业结构转型升级的影响,即地方政府财政收支对产业结构转型升级既不会产生绝对的正面影响,也不会产生绝对的负向影响,其影响结果更多地取决于当地自身其他因素的影响。促进产业结构转型升级的关键点在于财政分权的合理制定与实施。

第一,应遵循市场机制下"用脚投票"规则,建立"自下而上"的考核机制。扭转考核机制,目的是摒弃地方保护主义、市场封锁,通过推进市场体系改革,维护有利于产业公平竞争的市场环境,构建全国统一的市场体系,在遵循市场机制下进行产业结构优化和升级。同时,应使政府行为回归于对比较利益原则的重视,避免地方政府财政支出竞争导致的"攀比效应",防止各地区在同一产业上进行低水平竞争与产业结构趋同,有效发挥政府配置资源的能力。

第二,可以通过调整影响资本、劳动力、消费和技术的财政分权从而达到促进我国产业结构转型升级的目的。首先,政府可以通过财政收支影响资本投资,调整全社会固定投资占三次产业投资比重,随着经济发展提升至较高水平,地方政府的经济职能应实现由投资性支出向公共服务性支出转变,避免发展出现的经济建设和基础设施等"硬公共品"支出对科教文卫等"软公共品"支出的挤占,充分发挥人力资本优越条件下对产业转型升级的"正外部性"。其次,劳动力在各产业部门之间的分布影响产业结构发展水平。由于目前中国教育投资占 GDP 比重较低,财政分权对教育方面的支持欠缺,劳动力素质对产业结构优化起到的促进作用有限,应继续加大教育投资,尤其是职业教育和高等教育投资,培养技能人才和引导高素质人才向第二、三产业流动,为第二产业的升级和提高第三产业比重提供智力支持。再次,随着中国在当前全球经济处于下滑阶段出口增长受到限制,应改变过去靠投资和进出口拉动产业发展的方式,通过财税手段改变产品的税后价格从而改变产品的供求关系,进而影响经济活动并最终影响到产业结构当中,逐步依靠刺激国内消费和内需升级来促进产业结构转型。最后,政府在制定研发投入强度时,应根据地区产业结构发展水平以及地区经济差异性并考虑财政分权的短期适应性和长期战略性,通过财税激励使得研发投入的溢出效应最大从而带动中国生产结构和经济结构的优化和升级[1]。

---

[1]　毛军、刘建民:《财税政策下的产业结构升级非线性效应研究》,《产业经济研究》2014 年第 6 期。

第五章　中国财政分权对区域金融效率的影响效应研究

通过金融创新来提高金融效率,是突破金融资源及其增长速度有限性的重要途径,在市场经济机制、"用脚投票"机制和金融资源流动性等因素的作用下,区域金融竞争日益表现为金融创新驱动下的金融效率竞争。不同于区域金融机构数量竞争性扩张以及金融业务之间的显性直接竞争,金融效率竞争则主要体现在金融发展模式及其理念上的隐性间接竞争,这种竞争着眼于环境与制度因素,通过解除各种因素的约束来追求金融资源重新调整所带来的空间配置效率。财政分权是影响金融效率的重要制度因素之一,因为财政分权在一定程度上会影响地方政府财政资源充裕程度及地方政府行为,进而对稀缺金融资源的流动及金融创新的区域布局带来影响,一方面以财政分权为核心的制度因素有助于诱发地区之间的技术扩散、创新溢出与竞争效应,在增加金融创新正外部性效应的同时提高区域金融效率;另一方面财政分权制度下的地方政府干预过多或不当会导致金融创新主体地位的丧失(张军和金煜,2005)[1],从而不利于金融效率的提升。在地区之间的金融策略性竞争中,现有财政分权制度究竟会对区域金融效率产生何种影响? 如何通过优化分权

---

[1]　张军、金煜:《中国的金融深化和生产率关系的再检验:1987—2001》,《经济研究》2005年第 11 期。

结构来提高金融效率、促进区域金融均衡发展,值得我们去深入研究。

已有研究从原因、机制、影响等方面对财政分权与区域金融发展进行了探讨。学者们对于由分税制带来的财政分权强化了地方政府对金融部门的干预这一观点基本认同(陈抗等,2002[①];周立和王子明,2002[②];周立,2003[③];周立,2005[④];何恩良和刘文,2011[⑤];豆晓利和王文剑,2011[⑥]),认为在财政分权背景下,地方政府出于自身的财政压力以及地区间 GDP 的竞争,为了在区域竞争中获取稀缺的金融资源,地方政府会直接或间接干预金融机构的资金运用(张璟和沈坤荣,2008)[⑦]。至于政府干预金融部门的后果主要体现在对资源配置效率的影响上,陈刚等(2006)[⑧]、丁骋骋和傅勇(2012)[⑨]认为这种影响是负面的,导致了金融资本配置效率的降低,持相同观点的还有尹希果等(2006)[⑩]、余明桂等(2008)[⑪]、王定祥等(2011)[⑫]、蒋岳

① 陈抗、Arye L.Hillman、顾清扬:《财政集权与地方政府行为变化——从援助之手到攫取之手》,《经济学(季刊)》2002 年第 1 期。

② 周立、王子明:《中国各地区金融发展与经济增长实证分析:1978—2000》,《金融研究》2002 年第 10 期。

③ 周立:《改革期间中国金融业的"第二财政"与金融分割》,《世界经济》2003 年第 6 期。

④ 周立:《渐进转轨、国家能力与金融功能财政化》,《财经研究》2005 年第 2 期。

⑤ 何恩良、刘文:《金融资本、地方政府干预与产业结构——基于中部地区的实证分析》,《经济问题》2011 年第 5 期。

⑥ 豆晓利、王文剑:《中国区域金融发展差异、变动趋势与地方政府行为——兼论分税制改革对中国区域金融差异的影响》,《上海金融》2011 年第 2 期。

⑦ 张璟、沈坤荣:《地方政府干预、区域金融发展与中国经济增长方式转型——基于财政分权背景的实证研究》,《南开经济研究》2008 年第 6 期。

⑧ 陈刚、尹希果、陈华智:《我国金融发展与经济增长关系的区域差异分析——兼论分税制改革对金融发展与经济增长关系的影响》,《金融论坛》2006 年第 7 期。

⑨ 丁骋骋、傅勇:《地方政府行为、财政—金融关联与中国宏观经济波动——基于中国式分权背景的分析》,《经济社会体制比较》2012 年第 6 期。

⑩ 尹希果、陈刚、潘杨:《分税制改革、地方政府干预与金融发展效率》,《财经研究》2006 年第 10 期。

⑪ 余明桂、潘红波:《政府干预、法治、金融发展与国有企业银行贷款》,《金融研究》2008 年第 9 期。

⑫ 王定祥、刘杰、李伶俐:《财政分权、银行信贷与全要素生产率》,《财经研究》2011 年第 4 期。

祥和蒋瑞波(2013)①。杨海文等(2014)②进一步研究发现财政分权改革对金融资源配置效率的影响源于财政分权改革与市场自主性调控的融合度以及地方政府调控能力。至于政府的金融干预强度,会因不同地区所有制经济结构以及财政压力差异而不同(沈能等,2006③;杜秋莹等,2006④;冯涛等,2007⑤)。关于财政分权、金融发展与经济增长之间的关系,陈刚等(2006)⑥、周业安等(2007)⑦一些学者对此进行了探讨,其中,一个较为普遍的观点是财政分权背景下地方政府干预金融体制的行为阻碍了我国金融促进经济增长效应的发挥(Chen Hao,2006⑧;张璟,2011⑨;姚耀军,2010⑩)。目前,财政分权影响金融发展的区域差异效应已成为一个研究重点,王翔和李凌(2012)⑪等通过构建包含金融部门和财政分权安排的内生增长模型,发现财政分权对地区金融发展的影响具有显著的区域差异,在东部具有促进作用,不利影响则体现在中西部;张伟丽和覃成林(2009)⑫通过研究发现财政分权对金融发展促

---

① 蒋岳祥、蒋瑞波:《区域金融创新:效率评价、环境影响与差异分析》,《浙江大学学报(人文社会科学版)》2013 年第 4 期。

② 杨海文、程丽雯、徐晔、齐亚伟:《财政分权背景下的金融资源配置效率测度和影响因素分析——基于超效率 DEA-TOBIT 两步法》,《江西师范大学学报(自然科学版)》2014 年第 6 期。

③ 沈能、刘凤朝、赵建强:《财政分权、金融深化与地区国际贸易发展》,《财贸经济》2006 年第 1 期。

④ 杜秋莹、李国平、沈能:《现行财政体制下金融效率与我国区域产业结构优化》,《新疆社会科学》2006 年第 4 期。

⑤ 冯涛、宋艳伟、路燕:《财政分权、地方政府行为与区域金融发展》,《西安交通大学学报(社会科学版)》2007 年第 5 期。

⑥ 陈刚、尹果希、潘扬:《中国的金融发展、分税制改革与经济增长》,《金融研究》2006 年第 2 期。

⑦ 周业安、马湘君、赵坚毅:《政府行为、金融发展与经济增长》,《河南社会科学》2007 年第 1 期。

⑧ Chen Hao, Development of financial intermediation and economic growth: the Chinese experience, China Economic Review, vol.17(4), 2006, pp.347−362.

⑨ 张璟:《财政分权、区域金融发展与中国经济增长绩效》,南京大学出版社 2011 年版。

⑩ 姚耀军:《政府干预、银行中介发展与经济增长》,《财经问题研究》2010 年第 8 期。

⑪ 王翔、李凌:《财政分权和地区金融发展:基于中央政府视角的理论与实证》,《财政研究》2012 年第 4 期。

⑫ 张伟丽、覃成林:《金融发展、财政分权与地区经济差异》,《经济地理》2009 年第 1 期。

进增长的效应在各地区各不相同,认为给西部和东北地区带来了金融发展促进增长的正效应,而给东部和中部地区带来的是负效应;马颖等(2015)①同样发现各省(区、市)的财政分权、金融发展与经济增长之间的长期关系中呈现出明显的区域差异。为了更进一步反映区域之间的相互影响关系,蒋岳祥和蒋瑞波(2014)②采用效率方法对各省份区域金融创新进行评价与测度,进而采用空间面板计量分析方法对区域金融创新的空间外部效应进行了检验。

本部分将利用中国2003—2012年的城市面板数据对中国金融效率及其区域性特征进行测度,并将财政分权这一制度因素与金融效率纳入统一的分析框架,采用空间计量方法来探究财政分权对区域金融效率的空间外部效应,即财政分权体制下区域金融效率与竞争、区域金融效率与集聚的关系。与以往研究相比,本部分在研究视角、内容与方法上将从以下四个方面加以调整:第一,与以往单纯发现区域间金融效率存在差异的研究不同,我们从探讨不同区域间金融效率互动相关的制度性成因出发,将财政分权这一制度性因素与金融效率纳入统一的分析框架,为理解中国整体区域间金融效率的空间差异提供了一个更为细致的研究视角。第二,大部分学者集中关注的是中央与省级政府间的分权,对我国金融效率的测算也大多集中在省级层面,可能会忽视一些更为细致的微观特征。由于城市层面的指标在地理单元和区域划分选择上更为细致,我们将研究样本定位于城市单元,且与仅从支出角度构建财政分权指标的传统做法不同,我们将同时从支出分权和收入分权两个维度进行考察,从而使研究更加贴近现实。第三,采用考虑非期望产出的非径向、非角度超效率SBM(Slack Based Measure,基于松弛变量计算效率的方法)模型,对区域金融效率进行测度,以解决不考虑非期望产出导致的金融效率分值偏差和

---

① 马颖、李静、陈波:《中国财政分权、金融发展、工业化与经济增长的省际差异》,《经济理论与经济管理》2015年第2期。

② 蒋岳祥、蒋瑞波:《区域金融创新的空间外部效应:金融竞争与金融集聚》,《社会科学战线》2014年第3期。

不能将所有决策单元的金融效率进行全排列的问题。第四,利用综合了空间滞后模型和空间误差模型的空间杜宾模型,考察财政支出分权、财政收入分权对金融效率的区域间溢出效应,并基于直接影响和间接溢出两个角度对其影响路径进行科学识别。

一、金融效率测度及其空间集群格局

金融效率是指金融部门的投入产出比。为了追求经济发展目标,各地区通过对金融资源进行配置与调整,从而实现金融效率的最大化。已有文献对金融效率的测度,主要采用回归分析法、因子分析法和传统 DEA 方法等,我们将运用考虑非期望产出的非径向、非角度超效率 SBM 模型来测算金融效率。与传统的径向 DEA（Data Envelopment Analysis,数据包络分析方法）模型不同,SBM 模型是直接将松弛变量引入目标函数中来计算效率值,其经济解释是使实际利润最大化而不是仅仅得到效益比例最大化（Tone,2002）[1]。SBM 模型首先假设有 n 个决策单元,每个决策单元均由投入、期望产出和非期望产出三个要素构成,其向量形式分别表示为 $x \in R^m$, $y^d \in R^{r_1}$ 以及 $y^u \in R^{r_2}$, X, Y^d 和 Y^u 是矩阵, $X = [x_1, \cdots, x_n] \in R^{m \times n}$、$Y^d = [y_1^d, \cdots, y_n^d] \in R^{s_1 \times n}$ 和 $Y^u = [y_1^u, \cdots, y_n^u] \in R^{s_2 \times n}$。其中, $X > 0$, $Y^d > 0$ 及 $Y^u > 0$,在规模报酬不变条件下生产可能集 P 定义为:

$$P = \{(x, y^d, y^u) \mid x \geq X\lambda, y^d \leq Y^d\lambda, y^u \geq Y^u\lambda, \lambda \geq 0\} \tag{5.1}$$

基于松弛变量下的 SBM 模型表示如下:

$$\rho^* = \min \frac{1 - \frac{1}{m} \sum_{i=1}^{m} \frac{w_i^-}{x_{i0}}}{1 + \frac{1}{s_1 + s_2} \left(\sum_{r=1}^{s_1} \frac{w_r^d}{y_{r0}^d} + \sum_{r=1}^{s_2} \frac{w_r^u}{y_{r0}^u} \right)} \tag{5.2}$$

---

① Tone K., A slacks-based measure of super-efficiency in data envelopment analysis, *European Journal of Operational Research*, vol.143(1), 2002, pp.32–41.

$$s.t.$$

$$x_0 = X\lambda + w^-$$

$$y_0^d = Y^d\lambda - w^d$$

$$y_0^u = Y^u\lambda + w^u$$

$$w^- \geq 0, w^d \geq 0, w^u \geq 0$$

式(5.1)和(5.2)中，s_1、s_2 分别表示投入与产出的松弛量。ρ 为效率评价标准，w^- 和 w^u 分别表示投入过剩与非期望产出过多，w^d 表示产出不足，m 为投入要素种类，λ 表示权重向量。目标函数 ρ 关于 w^-、w^u 和 w^d 严格递减。对于特定的评价单元，当 $w^- = 0$、$w^u = 0$ 和 $w^d = 0$ 时，即 $\rho = 1$ 时 DMU (Decision Making Unit，决策单元)为 SBM 有效率。如果 $\rho < 1$，表明 DMU 为 SBM 非有效，存在投入冗余或产出不足。同时，Tone(2002)还提出了超效率 SBM 模型，超效率 SBM 模型的基本原理是将被评价 DMU 从参照集中排除从而使得求解出的效率值可能大于 1，弥补了不能将所有决策单元效率值计算出来的缺陷。

本部分主要是基于"生产法"对区域金融效率进行测度，即将金融企业视为金融产品和服务的供应者(陆远权和张德纲，2012)[①]。考虑到数据的可得性、准确性和一致性，接下来以劳动、资本和技术等要素作为投入；至于产出指标的选取，一方面以存款和贷款作为期望产出，另一方面则以城乡收入差距作为非期望产出。关于投入、期望产出和非期望产出的相关指标及数据处理说明如下：

(1)金融业劳动投入(labor)。选取金融业单位从业人员数占地区总人口的比重来衡量。

(2)金融业资本投入(capital)。选取固定资产投资额占地区 GDP 的比

[①] 陆远权、张德纲:《我国区域金融效率测度及效率差异研究》,《经济地理》2012 年第 1 期。

重作为代理变量。

（3）信息技术发展水平（*internet*）。选取互联网发展水平作为代理变量，以各城市国际互联网用户数来衡量。

（4）存款期望产出（*deposit*）。采用人均金融机构存款余额来表征，人均金融机构存款余额=金融机构存款余额/地区总人口。

（5）贷款期望产出（*loan*）。采用人均金融机构贷款余额来表征，人均金融机构贷款余额=金融机构贷款余额/地区总人口。

（6）城乡收入差距非期望产出（*igap*）。借鉴姚耀军（2005）[①]的做法，采用城乡收入比率作为其代理变量，城乡收入比率=城市居民人均可支配收入/农村居民人均纯收入。

基于 2003—2012 年间我国 281 个城市的投入产出数据，运用MAXDEA6.4 软件对各地区的金融效率进行测算。从测算结果来看，金融效率的均值为 0.576，标准差为 0.624，差异较大。从区域视角来看，东、中、西部地区金融效率的平均值分别为 0.628、0.503 和 0.604，中部地区的金融效率低于东、西部地区。

为了研究 2003—2012 年间 281 个城市金融效率的空间聚类格局及演变情况，需要进一步采用全域空间自相关方法计算区域金融效率的 Moran's I 指数。Moran's I 指数是观测值与其空间滞后变量的相关系数，其取值范围位于 [-1,1]。若各地区金融效率呈空间正相关，则 Moran's I 指数在 0—1 之间，表明相似观测值的区域在空间集聚分布，且 Moran's I 指数越接近于 1，其空间正相关性越强；反之则表明相似观测值的区域呈离散分布状态。全局 Moran's I 指数的具体的测度公式如下式所示（Li et al.，2014）[②]：

① 姚耀军：《金融发展与城乡收入差距关系的经验分析》，《财经研究》2005 年第 2 期。

② Qian L,Jingping S.,et al.,Economic growth and pollutant emissions in China:a spatial econometric analysis,*Stoch Environ Res Risk Assess*,vol.28,2014,pp.429-442.

$$Moran's\ I = \frac{n\sum_{i=1}^{n}\sum_{j=1}^{n}w_{ij}(x_i - \bar{x})(x_j - \bar{x})}{\sum_{i}^{n}\sum_{j=1}^{n}w_{ij}\sum_{i=1}^{n}(x_i - \bar{x})^2} \qquad (5.3)$$

式(5.3)中, x_i 和 x_j 分别表示地区 i 和 j 的各项指标, n 表示地区数量,这里指 281 个地级市, w_{ij} 表示空间权重,基于稳健性考虑,Moran's I 指数的测度过程中同时选取地理距离权重矩阵和经济—地理距离混合权重矩阵进行计算,两种空间权重矩阵的具体构建方式详见本章第四部分。

表 5-1 列出了基于两种空间权重矩阵下区域金融效率数据的 Moran's I 指数。由计算结果可知,2003—2012 年间区域金融效率基于地理距离权重矩阵和经济—地理距离混合权重矩阵下的 Moran's I 指数均为正值,且通过了 10%的显著性水平检验,这表明金融效率在地理空间上存在显著的正自相关关系(空间依赖性),在空间分布上并非随机散布,而是呈现出某些地区金融效率的相似值之间在空间分布上趋于集群的现象,即金融效率较高的地区倾向于与其他高效率地区相邻、效率较低的地区倾向于与其他低效率地区相邻近的空间关联结构。

表 5-1 2003—2012 年间区域金融效率 Moran's I 统计值

年份	地理距离权重矩阵	经济—地理混合权重矩阵
2003	0. 152***	0. 130***
2004	0. 094***	0. 061***
2005	0. 094***	0. 028*
2006	0. 135***	0. 092***
2007	0. 137***	0. 100***
2008	0. 075***	0. 057***
2009	0. 019***	0. 024***
2010	0. 141***	0. 088***
2011	0. 140***	0. 071***

年份	地理距离权重矩阵	经济—地理混合权重矩阵
2012	0.149***	0.052***

注:***、**、*分别表示在1%、5%、10%的显著性水平。

二、计量模型的设定

为了考察财政分权这一制度因素如何影响到区域金融效率及地区之间的金融发展策略性竞争行为,将模型初步设定如下:

$$fe_{it} = \beta_0 + \beta X_{it} + \mu_i + \nu_t + \varepsilon_{it} \tag{5.4}$$

式(5.4)中, i 和 t 分别表示第 i 个地区和第 t 年, μ_i 为无法观测到的地区性扰动项, ν_t 为无法观测到的时间性扰动项, ε_{it} 为随机扰动项。 fe_{it} 表示金融效率, x_{it} 则包含财政支出分权、财政收入分权和其他控制变量。

资本、技术的跨部门流动及从业人员的交流与合作使得地区间的金融发展具有明显的集聚性和攀比性,这意味着地理相邻的地区或者经济结构相似的地区之间的金融发展状况及其效率并非相互独立,而是存在某种程度的依赖性。考虑到财政分权制度、公共政策的外溢性产生的策略性竞争与"搭便车"行为进一步增强了地区之间金融效率与金融发展的空间关联性,我们认为有必要将地区间的交互依赖关系纳入到空间计量分析框架中,通过构建空间计量模型来反映财政分权制度下金融发展的空间溢出效应。

前面已经通过 Moran 统计分析确定区域金融效率存在空间相关性,因此在一般计量回归模型中引入空间自相关因素从而生成空间计量模型。根据观测值空间相关性的不同冲击方式,空间计量模型可以划分为空间误差模型(SEM)和空间滞后模型(SLM)两种。其中,SEM 模型假设空间相关性来源于邻近地区关于因变量的误差冲击,度量了邻近地区由于被解释变量的误差引起的溢出效应对本地区观测值的影响;SLM 模型假设空间相关性来源于被解释变量,度量了邻近地区的金融效率对本地区金融效率的影响。SEM 模型能够度量因误差项之间的交互作用而产生的间接攀比影响,SLM 模型可以控制不同地区金融效率之间的直接攀比影响。LeSage & Pace(2009)[①]以 SEM 模型和 SLM 模型为基础,构建了同时包含解释变量和被解释变量滞后项的空间杜宾模型(SDM),以此捕捉不同来源所产生的外部性和溢出效应。在这里,我们将以此为基础同时构建财政分权影响区域金融效率的静态空间杜宾模型(Spatial Durbin Model, SDM 模型)和动态空间杜宾模型(Dynamic Spatial Durbin Model, DSDM 模型),同时,为了反映金融发展在现实中可能具有的惯性特征,在自变量中加入了金融效率滞后一期 fe_{it-1} 来测度"自我增强机制"的影响程度,具体形式如下:

$$fe_{it} = \rho W_{ij}fe_{it} + \beta X_{it} + \theta W_{ij}X_{it} + \mu_i + \nu_t + \varepsilon_{it} \tag{5.5}$$

$$fe_{it} = \varphi fe_{it-1} + \rho W_{ij}fe_{it} + \beta X_{it} + \theta W_{ij}X_{it} + \mu_i + \nu_t + \varepsilon_{it} \tag{5.6}$$

式(5.5)和(5.6)中,ρ 为空间滞后系数,反映了邻近地区的金融效率对本地区金融效率观测值的影响方向和程度,该系数大小直接反映了金融效率空间竞争的程度。W_{ij} 为 $NT \times NT$ 的空间权重矩阵,N 为横截面样本个数(281 个城市),T 为样本年度(2003—2012 年);其余参数含义同上式(5.4)。

三、变量选取与数据说明

(一)变量定义与度量

根据研究目的,我们将重点关注财政支出分权和财政收入分权与区域金融效率的关系,已有普遍共识的影响区域金融效率的因素还有地区经济发展

---

① LeSage, J.P. and R.K. Pace, *Introduction to Spatial Econometrics*, Boca Raton, US: CRC Press Taylor & Francis Group, 2009.

水平、城市化水平、产业结构、信息技术发展水平、固定资产投资和对内开放水平等经济社会因素。因此,我们将这些指标作为控制变量纳入实证分析,详细的变量设置与度量方法如下:

1. 被解释变量

被解释变量为金融效率(fe),即前述采用 SBM 模型测度的金融效率值。

2. 核心解释变量

核心解释变量为财政支出分权和财政收入分权。关于财政分权的测度,主要借鉴郭庆旺、贾俊雪(2010)[①]和龚锋、雷欣(2010)[②]的做法,其中,财政支出分权(SD)的测度公式表示为:

$$SD = \frac{PFE_{city}}{PFE_{city} + PFE_{province} + PFE_{nation}} \times \left[1 - \frac{GDP_{city}}{GDP_{nation}} \right] \qquad (5.7)$$

式(5.7)中, PFE_{city} 、 $PFE_{province}$ 和 PFE_{nation} 分别为城市人均财政支出、省级人均财政支出和全国人均财政支出, GDP_{city} 和 GDP_{nation} 分别为各城市国内生产总值和全国国内生产总值, $\left[1 - \frac{GDP_{city}}{GDP_{nation}} \right]$ 为经济规模的缩减因子,该指标同时剔除了人口规模与经济规模的影响。财政收入分权(RD)测度公式则表示为:

$$RD = \frac{PFR_{city}}{PFR_{city} + PFR_{province} + PFR_{nation}} \times \left[1 - \frac{GDP_{city}}{GDP_{nation}} \right] \qquad (5.8)$$

式(5.8)中, PFR_{city} 、 $PFR_{province}$ 和 PFR_{nation} 分别为城市人均财政收入、省级人均财政收入和全国人均财政收入, GDP_{city} 和 GDP_{nation} 分别为各城市国内生产总值和全国国内生产总值,该指标亦同时剔除了人口规模与经济规模的

---

① 郭庆旺、贾俊雪:《财政分权、政府组织结构与地方政府支出规模》,《经济研究》2010 年第 11 期。

② 龚锋、雷欣:《中国式财政分权的数量测度》,《统计研究》2010 年第 10 期。

影响。

3. 控制变量

控制变量包括:①地区经济发展水平($pgdp$)。地区经济基础为金融发展创新提供了必要的物质与非物质软支撑条件,地区经济发展水平越高,越有利于金融效率的提高。我们采用人均实际 GDP 作为代理变量,以反映一个地区对金融产品和金融资源需求方面的特征。为剔除价格因素的影响,各城市 GDP 均采用以 2003 年为基期(2003 年 = 100)的价格指数进行调整。②城市化水平($urban$)。采用人口城市化率(非农业人口占年末总人口比重)作为其代理变量,其中 2003—2008 年的非农业人口数来源于《中国城市统计年鉴》(2004—2009 年) ,2009—2012 年的非农业人口数来源于历年《全国分县市人口统计资料》。③产业结构(itu)。产业结构反映了一个地区的经济结构和发展模式。区域内产业结构的升级和调整,构成了金融发展与创新的软环境,第三产业比重越高,越有利于金融效率的提高。这里采用产业结构升级指数进行表征,其测度公式为:

$$itu = \sum_{j=1}^{n} q(j) * j \tag{5.9}$$

式(5.9)中: $q(j)$ 为第 j 产业占各地区生产总值比重, $n = 3$, itu 的取值范围为 [1,3]。④信息技术发展水平($internet$)。采用各城市国际互联网用户数作为代理变量。⑤固定资产投资(ifa)。采用各城市实际固定资产投资额来表征。⑥对内开放水平($private$)。借鉴樊纲等(2011)[1]的做法,采用私营企业发展程度来考察对内开放水平,认为私营企业发展程度越高,表明当地金融创新活动的灵活性越强,从而越有利于金融效率的提高。以私营和个体从业人员数占当地总人数的比重作为代理变量来估算各地区私营企业发展程度。

---

[1] 樊纲、王小鲁、朱恒鹏:《中国市场化指数:各地区市场化相对进程 2011 年报告》,经济科学出版社 2011 年版。

4.空间权重矩阵

经济发展水平相近的地区往往会发生策略性竞争,同时集聚效应会呈现出随地理距离逐渐衰减的特征(Rosenthal & Strange,2003)[1]。为了综合反映地理信息与经济特征的空间影响效应,准确度量个体间的空间相关关系,构建如式(5.10)所示的经济与地理距离混合权重矩阵:

$$W_{\text{eco-geo}} = \begin{cases} \dfrac{|\bar{Q}_i - \bar{Q}_j|}{d_{ij}{}^2} & i \neq j \\ 0 & i = j \end{cases} \tag{5.10}$$

式(5.10)中,$W_{\text{eco-geo}}$ 为经济—地理混合权重矩阵,$\bar{Q}_i$ 和 $\bar{Q}_j$ 分别表示两个城市人均实际 GDP(样本期均值),d_{ij} 为根据城市行政单位的经纬度数据计算出城市 i 和城市 j 之间的地理距离,其计算公式为:

$$d_{ij} = R \times \arccos(\sin\varphi_A\sin\varphi_B + \cos\varphi_A\cos\varphi_B\cos(\lambda_B - \lambda_A)) \tag{5.11}$$

式(5.11)中,R 为地球大圆半径(6378 公里),λ 和 φ 分别为两个城市行政单位中心的经度和纬度,经纬度数据来源于国家基础地理信息系统。$W_{\text{eco-geo}}$ 矩阵对角线上的元素全部为 0。最终,将所得矩阵进行"归一化"处理,从而使得权重矩阵被标准化为行元素之和为 1。另外,基于统计推断的可靠性和稳健性考虑,在这里将同时构造地理距离权重矩阵加以空间计量检验,并将相应的估计结果进行对比分析。地理距离权重矩阵具体构造方式为:

$$W_{\text{geo}} = \begin{cases} \dfrac{1}{d_{ij}{}^2} & i \neq j \\ 0 & i = j \end{cases} \tag{5.12}$$

式(5.12)中,W_{geo} 为地理距离权重矩阵,同样将所得矩阵进行"归一化"

---

[1]　Stuart S.Rosenthal and William C.Strange,Geography,Industrial Organization,and Agglomeration,*Review of Economics and Statistics*,vol.85(2),2003,pp.377-393.

处理,其他指标含义与式(5.10)一致。

(二)数据来源及说明

考虑到数据可得性和样本一致性,我们以全国 281 个城市(不包括港澳台地区)作为研究样本,其中巴中、资阳、拉萨、金昌、白银和中卫等地区由于数据严重缺失,予以剔除,考察期为 2003—2012 年,所使用数据来源于 2004—2013 年《中国城市统计年鉴》《中国区域经济统计年鉴》及各省市统计年鉴,部分缺失数据采用插值法予以补齐。为了削弱异方差、离群值和异常项对数据平稳性的影响,所有数据均进行取对数处理。具体变量的描述性统计如表 5-2 所示。

表5-2　2003—2012 年间我国 281 个城市面板数据的描述性统计

指标	符号	平均值	标准误	最小值	25%分位数	50%分位数	75%分位数	最大值
金融效率	fe	0.576	0.624	0.133	0.380	0.500	0.653	3.958
财政支出分权	sd	0.368	0.108	0.138	0.294	0.351	0.421	0.888
财政收入分权	rd	0.242	0.146	0.037	0.133	0.202	0.318	0.871
人均实际GDP(元/人)	pgdp	2.7e+04	3.2e+04	1891.200	9837.380	1.7e+04	3.1e+04	4.4e+05
城市化水平(%)	urban	0.345	0.195	0.013	0.202	0.296	0.451	100.000
产业结构	itu	2.203	0.136	1.318	2.110	2.190	2.283	2.797
信息技术发展水平(万户)	internet	41.066	128.506	0.024	8.316	17.139	36.800	5174.000
固定资产投资(万元)	ifa	1.5e+04	1.5e+04	654.299	4606.420	9841.960	2.0e+04	1.7e+05
对内开放水平(%)	private	0.086	0.106	0.003	0.036	0.059	0.096	100.00

为避免模型设定偏差和出现"伪回归",在进行空间计量回归前,综合采用 LLC 和 Fisher-ADF 检验方法,对相关变量进行单位根检验。面板数据的平

稳性检验结果表明,所有变量均至少在 5% 的显著水平下拒绝存在单位根的原假设,因此,总体而言,面板数据具备平稳性,模型回归结果具备较强的可靠性。

四、实证计量检验与结果分析

（一）财政分权对区域金融效率的空间计量检验

由于 SDM 模型同时包含因变量的空间滞后项和自变量的空间滞后项,因此它比 SLM 模型和 SEM 模型能够更全面地反映空间自相关性对回归结果的影响。为此,通过构建 SDM 模型考察财政收支分权对区域金融效率的空间影响效应。空间计量模型估计中 Hausman 检验(豪斯曼检验)的 P 值均小于 0.05,表明固定效应的估计结果优于随机效应的估计结果,因此接下来将选择空间固定效应模型的估计结果进行具体分析。同时运用 DSDM 模型进行稳健性检验,发现 SDM 模型与 DSDM 模型中估计系数的方向相同,估计系数大小和显著性水平也非常接近,表明 SDM 模型的检验结果具有较强的可信度。对比 SDM 和 DSDM 模型的 R^2 和 Log-likelihood 值可知,SDM 模型拟合程度更高,具备更强的解释力,故下文的结果分析主要以 SDM 模型的计量结果为依据。

表 5-3　财政分权对金融效率的空间溢出效应估计结果(经济—地理混合权重矩阵)

模型变量	解释变量:财政支出分权(sd)		解释变量:财政收入分权(rd)	
	SDM 模型	DSDM 模型	SDM 模型	DSDM 模型
fe_{it-1}		0.211 *** (12.83)		0.212 *** (12.83)
$Lnsd$	0.357 *** (6.26)	0.334 *** (5.70)		

续表

模型变量	解释变量:财政支出分权(sd)		解释变量:财政收入分权(rd)	
	SDM 模型	DSDM 模型	SDM 模型	DSDM 模型
Lnrd			0.153*** (4.70)	0.143*** (4.08)
Lnpgdp	0.169*** (4.62)	0.120*** (3.08)	0.138*** (3.60)	0.099** (2.44)
Lnurban	−0.050** (−2.37)	−0.044** (−2.09)	−0.050** (−2.37)	−0.045** (−2.15)
Lnitu	0.433** (2.27)	0.438** (2.15)	0.525*** (2.73)	0.531*** (2.59)
Lninternet	−0.295*** (−29.70)	−0.299*** (−27.16)	−0.292*** (−29.45)	−0.297*** (−26.90)
Lnifa	−0.446*** (−22.98)	−0.386*** (−18.32)	−0.437*** (−23.21)	−0.374*** (−18.06)
Lnprivate	0.038*** (3.22)	0.037*** (2.90)	0.039*** (3.25)	0.038*** (3.02)
WLnsd	0.179 (0.99)	−0.041 (−0.22)		
WLnrd			−0.228** (−2.51)	−0.186* (−1.79)
WLnpgdp	0.016 (0.27)	0.064 (1.01)	0.058 (0.96)	0.097 (1.50)
WLnurban	0.097** (2.36)	0.082** (1.98)	0.107*** (2.59)	0.089** (2.13)
WLnitu	1.159* (1.93)	0.516 (0.82)	0.615 (1.00)	0.228 (0.35)
WLninternet	0.177*** (6.47)	0.181*** (6.22)	0.180*** (6.66)	0.180*** (6.19)
WLnifa	0.237*** (5.39)	0.251*** (5.32)	0.275*** (7.04)	0.260*** (6.00)
WLnprivate	0.065* (1.85)	0.045 (1.15)	0.083** (2.32)	0.060 (1.53)
ρ	0.420*** (11.65)	0.462*** (12.51)	0.429*** (12.05)	0.463*** (12.66)
R^2	0.448	0.443	0.441	0.438

续表

模型变量	解释变量:财政支出分权(sd)		解释变量:财政收入分权(rd)	
	SDM 模型	DSDM 模型	SDM 模型	DSDM 模型
Log L	599.812	595.228	595.228	587.624
observations	2810	2529	2810	2529

注:表中括号内的数值表示相应估计系数的 t 统计值,***、**、* 分别表示在 1%、5%、10%的显著性水平。

　　根据表5-3可知,四种模型下所有样本的整体空间相关系数ρ均为正值,且均通过 1%的显著性水平检验,表明金融效率与相邻地区金融效率之间确实存在正向的空间依赖关系(正向空间溢出效应),即地理邻近或经济水平相似地区的经济活动对本地区金融效率具有明显的溢出效应。一方面,地理的邻接性及经济发展水平的相似性,便利了金融企业之间的协作、共享基础设施、信息交流与沟通、知识技术的创新与扩散,提高金融资源在辖区间的流动性,进而引起地区间金融发展和创新的竞相模仿及策略性竞争(Park,1989)[1];另一方面,金融业受交通运输成本的制约较小,而且互联网技术的大力发展使得金融交易与创新的行为能够跨区域发生,从而进一步扩大了金融发展的集聚网络效应、规模经济效应和空间溢出效应。财政支出分权和财政收入分权 DSDM 模型中的金融效率滞后项系数均为正值,分别为 0.211 和0.212,且均通过了 1%的显著性水平检验,说明前一期的生产投入与产出会通过金融效率增长来表现,并作用于后一期(或多期)的产出效率,金融效率增长是一个动态的系统过程。各个变量对金融效率的具体影响及原因分析如下:

　　财政支出分权(Lnsd)和财政收入分权(Lnrd)的估计系数均在 1%的显著性水平上为正,表明财政支出分权和财政收入分权对本地区的金融效率具有

---

　　① Park Yoon S., *International Banking and Financial Centers*, Boston:Kluwer Academic Publishers,1989.

显著的正向促进作用。在弥补财政收支缺口与政治晋升的双重压力下,坚持以经济发展为己任的地方政府对流动性较强的稀缺要素具有近乎本能的强烈兴趣(乔宝云等,2005)[1],金融资源作为资本、人才、技术、管理、营销的优良结合体,自然成为地方政府展开激烈争夺的重要对象。财政支出分权和财政收入分权的扩大使得地方政府可以采用财政补贴、税费优惠、政府采购等政策工具展开对金融资源的争夺,吸引包括金融资金、人力资本和技术创新在内的金融资源流向本地区,从而促进本地区金融创新行为的发生和金融效率的提高。财政支出分权的影响系数为 0.357,大于财政收入分权的影响系数 0.153,表明财政支出分权和财政收入分权对区域金融效率的影响具有非均衡性特征,可能的原因是由于省以下地方政府获得的税收自主权十分有限,财政收入分权往往低于财政支出分权。此外,在资本推动型的经济增长模式下,资本的流向对地区的基础设施水平往往具有很高的要求(王文剑等,2008)[2],所以金融资源流入以及金融创新行为更多地发生在经济发展水平较高、投资环境较优、消费能力较强的地区,这势必要求地方政府通过加大各项财政支出来增强相关的基础配套设施的供给能力,相较而言,欠发达地区的税费优惠等利好条件的吸引力不如发达地区所具有财政支出能力更强的优势。

进一步分析财政支出分权和财政收入分权空间滞后项的估计系数和显著性水平,考察邻近地区引起的策略性金融效率竞争效应。财政支出分权的空间滞后项(WLnsd)未通过显著性检验,表明支出分权的空间溢出效应并不明朗,有待进一步检验;而财政收入分权的空间滞后项(WLnrd)在 5% 的显著性水平上为负,估计系数为-0.228,表明随着财政收入分权度的提高,其对金融发展与创新的负外部性将逐渐凸显,抑制了邻近地区金融效率的提高。可能

---

① 乔宝云、范剑勇、冯兴元:《中国的财政分权与小学义务教育》,《中国社会科学》2005 年第 6 期。

② 王文剑、覃成林:《地方政府行为与财政分权增长效应的地区性差异——基于经验分析的判断、假说及检验》,《管理世界》2008 年第 1 期。

的原因是在国内金融资本流动性受制于当前金融体制,以及户籍体制改革进程缓慢限制了人口跨区域流动的双重不利背景下,地方政府强烈的收入追求动机将进一步制约区域间金融资源的自由流动,进而直接影响其他地区金融效率。

对比其他控制变量的估计系数,发现并非所有变量的空间溢出效应均显著,但总体而言,众多经济活动对金融效率有着错综复杂的直接和间接影响,并推动了地区间的策略性金融竞争。其中:(1)对内开放水平不仅能够显著提高本地区的金融效率,同时也能相应提高邻近地区的金融效率。作为转型过程中的市场内生力量,私营企业对各类金融产品和服务的强烈需求激励了金融创新,提高了金融市场的资源配置效率。(2)城市化水平、信息技术发展水平与固定资产投资抑制了本地区金融效率的提高,但对邻近地区金融效率的提高却具有正向促进作用。城市化进程的加速推进、互联网技术的普及应用以及固定资产投资所带来的交通基础设施完备化,促进了地区之间的经济交流与合作,使得金融发展与创新的空间溢出效应越发显著。(3)另外,地区经济发展水平和产业结构虽然在总体上明显促进了本地区金融效率的提升,但是地区之间的溢出效应却并不十分明显。

(二)财政分权对区域金融效率的影响效应分解

变量间是否真实存在溢出效应,仅仅依靠 SDM 模型和 DSDM 模型中的空间滞后系数容易导致模型估计结果被错误解释,可以进一步将影响效应分解为直接效应、间接效应(溢出效应)和总效应,其中,间接效应表示的是解释变量通过空间交互作用对其他所有地区被解释变量的影响。因此,进一步采用偏微分矩阵分析方法来检验溢出效应是否存在。表 5-4 给出了财政支出分权和财政收入分权在 SDM 模型下的直接效应、间接效应和总效应。结果显示,各解释变量直接效应的估计系数与表 5-3 中 SDM 模型估计系数的方向相同,估计系数大小和显著性水平也非常接近。

表 5-4 SDM 模型直接效应、间接效应和总效应分解

模型变量	财政支出分权(sd)			财政收入分权(rd)		
	直接效应	间接效应	总效应	直接效应	间接效应	总效应
Lnsd	0.368*** (7.50)	0.560* (1.95)	0.928*** (3.10)			
Lnrd				0.146*** (5.29)	−0.283* (−1.95)	−0.137* (−1.92)
Lnpgdp	0.175*** (4.35)	0.132 (1.53)	0.307*** (3.59)	0.145*** (3.46)	0.187** (2.18)	0.332*** (3.92)
Lnurban	−0.046** (−2.07)	0.127** (2.00)	0.081 (1.30)	−0.045** (−2.04)	0.146** (2.26)	0.101 (1.58)
Lnitu	0.486*** (2.75)	2.321** (2.37)	2.807*** (2.92)	0.559*** (3.15)	1.488 (1.51)	2.047** (2.11)
Lninternet	−0.291*** (−30.55)	0.086* (1.90)	−0.205*** (−4.32)	−0.288*** (−30.29)	0.091** (2.00)	−0.197*** (−4.10)
Lnifa	−0.441*** (−22.60)	0.087 (1.49)	−0.353*** (−5.94)	−0.430*** (−22.54)	0.154*** (2.83)	−0.276*** (−4.94)
Lnprivate	0.041*** (3.19)	0.134** (2.35)	0.175*** (2.85)	0.042*** (3.27)	0.166*** (2.83)	0.208*** (3.30)

根据表 5-4 中 SDM 模型的估计结果可知,财政支出分权对区域金融效率的直接效应、间接效应及总效应均为正值且通过了 10% 的显著性水平检验。其中,直接效应的回归系数为 0.368,间接效应的回归系数为 0.560,总效应的回归系数为 0.928,这表明财政支出分权度每增加 1%,将导致区域金融效率提高 0.928%。财政支出分权对金融发展及金融效率的提高具有显著的正面影响,这与王翔、李凌(2012)[①]的研究结论相反,可能的原因是由于样本选取、指标构建的不同所导致的差异性。其中,本地区财政支出分权导致金融效率增加了 0.368%,而邻近地区财政支出分权导致金融效率增

① 王翔、李凌:《财政分权和地区金融发展:基于中央政府视角的理论与实证》,《财政研究》2012 年第 4 期。

加了 0.560%,因而财政支出分权明显推动了地区间金融发展和创新的竞争。地方政府财政支出自主权的扩大,增强了地方政府的自主调控能力,也有利于市场化改革进程的加快,进而实现财政体制与市场机制在金融资源配置中的有机融合,为金融发展及金融创新行为的发生创造了有利的制度环境,也更有利于金融资源在辖区间自由流动,极大地促进金融效率的提高。

财政收入分权对区域金融效率的直接效应显著为正,溢出效应显著为负,表明收入分权对区域金融效率的影响具有"双刃剑"特征,即财政收入分权对本地区的金融效率有显著的正面影响,但对其他地区的金融效率却存在显著的负向溢出效应。直接效应的回归系数为 0.146,间接效应的回归系数为 -0.283,总效应的回归系数为 -0.137,这表明财政收入分权度每增加 1%,将导致区域金融效率降低 0.137%。其中,本地区财政收入分权的提高导致金融效率增加 0.146%,而邻近地区财政收入分权的提高则导致金融效率降低了 0.283%。对比直接效应与间接效应的估计系数可以发现,财政收入分权的负向溢出效应明显大于直接的规模效应,因而财政收入分权对金融效率的负外部性超过正外部性。为了获得优质的金融资源,一方面,辖区之间很可能会忽视自身与其他地区之间在经济发展水平、要素禀赋等方面的差异,刻意模仿其他地区的政策及手段,进而引发其他地区的引资连锁反应;另一方面,当邻近辖区或经济发展水平相近的地区采取某种政策手段来吸引流动性要素时,在标尺竞争的驱动下,本辖区的地方政府也会采取类似的政策来避免要素流出,从而导致竞争策略趋同(Brueckner,2003[①];Revelli,2005[②])。地方政府基于自身所拥有的财政收入自主权限,通过提供税收优惠、减免相关费用等方

---

①　Brueckner J.,Strategic Interaction Among Governments:An Overview of Empirical Studies,*International Regional Science Review*,vol.26,2003,pp.175-188.

②　Revelli,On Spatial Public Finance Empirics,*International Tax and Public Finance*,vol.12,2005,pp.475-492.

式来吸引金融资源必将成为辖区政府间竞相模仿的重要竞争手段。然而,这种为争夺资源要素而展开的地方政府竞争方式将会耗损地方财政资源,削弱地方政府供给公共产品与服务的能力,最终不利于为金融创新的发生及金融效率的提高提供健康稳定、可持续的经济发展环境。

(三)稳健性检验

为保证检验结果的稳健可靠,将采用地理距离权重矩阵计算空间滞后项,并以金融效率作为被解释变量进行计量回归,以此对比分析不同权重设置下对估计结果的影响差异。稳健性检验结果如下表 5-5 所示:

表 5-5　财政分权对金融效率的空间溢出效应估计结果(地理距离权重矩阵)

模型变量	解释变量:财政支出分权(sd)		解释变量:财政收入分权(rd)	
	SDM 模型	DSDM 模型	SDM 模型	DSDM 模型
fe_{it-1}		0.202 *** (12.76)		0.200 *** (12.55)
Lnsd	0.364 *** (6.36)	0.348 *** (5.92)		
Lnrd			0.173 *** (5.22)	0.161 *** (4.58)
Lnpgdp	0.268 *** (7.35)	0.225 *** (5.78)	0.242 *** (6.37)	0.209 *** (5.22)
Lnurban	−0.026 (−1.12)	−0.026 (−1.12)	−0.028 (−1.20)	−0.027 (−1.15)
Lnitu	0.465 ** (2.46)	0.478 ** (2.38)	0.527 *** (2.78)	0.542 *** (2.69)
Lninternet	−0.295 *** (−30.38)	−0.300 *** (−27.99)	−0.292 *** (−30.05)	−0.298 *** (−27.71)
Lnifa	−0.484 *** (−24.79)	−0.427 *** (−20.24)	−0.472 *** (−24.48)	−0.417 *** (−19.88)
Lnprivate	0.036 *** (3.12)	0.035 *** (2.84)	0.035 *** (3.07)	0.035 *** (2.88)

续表

模型变量	解释变量:财政支出分权(sd)		解释变量:财政收入分权(rd)	
	SDM 模型	DSDM 模型	SDM 模型	DSDM 模型
WLnsd	−0.264 (−1.49)	−0.418** (−2.25)		
WLnrd			−0.277*** (−3.70)	−0.241*** (−2.76)
WLnpgdp	−0.269*** (−4.27)	−0.286*** (−4.28)	−0.237*** (−3.69)	−0.267*** (−3.94)
WLnurban	0.053 (1.47)	0.059* (1.67)	0.059 (1.63)	0.062* (1.73)
WLnitu	0.104 (0.20)	−0.085 (−0.16)	−0.205 (−0.39)	−0.290 (−0.51)
WLninternet	0.217*** (8.38)	0.239*** (8.53)	0.214*** (8.31)	0.235*** (8.41)
WLnifa	0.434*** (10.52)	0.464*** (10.54)	0.433*** (11.65)	0.450*** (11.29)
WLnprivate	0.062* (1.87)	0.038 (1.06)	0.081** (2.41)	0.050 (1.39)
ρ	0.547*** (18.58)	0.580*** (19.38)	0.541*** (18.39)	0.570*** (18.98)
R^2	0.444	0.428	0.443	0.430
Log L	659.741	665.804	665.804	659.509
observations	2810	2529	2810	2529

　　表5-5中估计结果显示财政支出分权和财政收入分权的回归系数与表5-3模型中相应变量的系数符号保持一致,模型的回归结果与表5-3结论基本一致。比较两种权重的估计结果,会发现两种财政分权变量指标影响系数大小有一定的差异,表明地区之间经济发展水平的差距会对财政分权作用于区域金融效率的效果产生影响。一方面,在财政分权体制下,由于地区经济发展水平的异质性,各地方政府的财政收支匹配能力和程度不同,面临的财政压力也就不同,从而对区域市场环境的干预程度具有差异性,而这也导致了金融

效率存在一定程度的区域差异性(张璟,2011)[1]。另一方面,金融创新行为的发生有赖于经济基础提供的支撑条件,经济社会环境的不同会导致金融创新活动越来越集中于具有金融区位优势的地区,从而造成地区之间金融效率的非均衡性(沈能和何婷英,2006)[2]。在以 GDP 为主要绩效指标的考核方式下,地方政府相互竞争时除了会考虑邻近辖区的政策行为外,往往还会考虑经济发展水平相近地区的政策行为。此外,经济发展水平相似的地区之间更容易产生跨区域的知识扩散、技术外溢和人力资本流动,使得地区之间的金融交流与联系越紧密。这也从另一个角度说明了在考察财政分权对区域金融创新空间效应的过程中,除了要考虑地理距离因素的影响,还要考虑经济距离因素的影响。

主要结论

基于 2003—2012 年我国 281 个城市的面板数据,借助超效率 SBM 模型对区域金融效率进行测度,并将反映地区相似性的地理距离权重矩阵及经济地理混合权重矩阵引入空间杜宾模型,分别考察了省以下财政支出分权和财政收入分权对地区金融效率的空间效应以及由此引致的策略性金融竞争。基于前面实证分析的结果,我们可以得出以下基本结论与政策含义:

第一,我国区域金融效率在地理分布上具有明显的“时间惯性”和“空间依赖”特征,空间效应在金融发展和创新过程中客观存在并日趋明显。首先,一个地区的金融效率与其所处的地理位置及周边城市经济发展状况密切相关,一个地区的金融效率不仅受到周边邻近城市区域金融发展和创新的影响,而且还受到区域间结构性差异的冲击,在这种情况下,打破地方利益保护主义的行政垄断、实行“富邻”的区域金融发展政策是各地方政府发展地区经济的

---

①　张璟:《财政分权、区域金融发展与中国经济增长绩效》,南京大学出版社 2011 年版。

②　沈能、何婷英:《财政分权视野的金融效率与区域经济增长》,《改革》2006 年第 1 期。

首选,地方政府在制定金融发展政策时需要综合考虑自身所处的经济发展环境及邻近地区经济特征,加强与周边地区的沟通协调,避免地区之间金融发展政策之间可能存在的矛盾与冲突。此外,区域金融效率的空间溢出效应有全局地理溢出效应和局域地理溢出效应之分,应根据空间效应的层次性以及溢出效应的程度明确政府与市场、中央和地方政府以及各级地方政府之间在区域金融发展及创新中的角色定位,从而更好地促进金融效率的提高。

第二,以财政分权体制为主的制度因素对金融效率的影响不容忽视,对金融资源配置与金融创新的区域布局具有决定性的导向作用。财政体制与金融发展之间存在一个双向互动机制,这种互动会影响地方政府的行为与资源配置,最终作用于宏观经济运行(丁骋骋和傅勇,2012)[1]。在财政分权体制下,地方政府间的策略性竞争行为显著影响到金融资源的流动性和金融创新行为的发生,地方政府的财政支出扩张和财政收入缺口成为各地区竞相争夺金融资源的主要动力。财政分权水平的提高将有利于本地吸引更多的金融资源,从而促进金融效率的提升;而邻近辖区财政自主能力的提高将降低本地金融资源的流入,抑制了本地区金融创新行为的发生。为了更好地发挥财政分权制度下财政竞争机制的激励和约束作用,避免地区间恶性策略性金融竞争行为对地区经济发展带来的负面影响,必须严格规范各级地方政府的短视行为,积极推进以互利共赢为核心的跨区域金融合作。

第三,财政支出分权和财政收入分权对区域金融效率的影响效果具有非均衡性特征。一是财政支出分权与收入分权对本地区金融效率影响的非对称性。财政支出分权可以促进财政支出结构优化,而财政收入分权可增加地方政府收入份额从而提供正向激励(刘建民等,2014)[2],均对本地区金融效率的

---

①　丁骋骋、傅勇:《地方政府行为、财政—金融关联与中国宏观经济波动——基于中国式分权背景的分析》,《经济社会体制比较》2012 年第 6 期。

②　刘建民、胡小梅、吴金光:《省以下财政收支分权影响省域内产业转型升级的门槛效应研究——基于湖南省 14 市(州)数据的检验》,《财政研究》2014 年第 8 期。

提高起到正面促进效果,但这种正面促进效果在很大程度上还取决于支出分权和收入分权之间的对称性。如果分权后拥有的财权与其承担的支出职责不对称,地方政府可能会从满足自身财政资源诉求出发过度干预地区金融资源的配置。二是财政支出分权与财政收入分权对邻近地区金融效率影响的非一致性。较之于财政支出分权,收入分权对邻近辖区金融效率的抑制效应更为明显。因此,构建一个科学合理的财政分权框架将是有效加速推动区域金融效率提高的重要力量,我国未来省以下财政分权体制改革应适应金融发展新常态,进一步理顺省及省以下财政分权体制,保证财政支出分权和收入分权的适度均衡。一方面通过降低由地方政府财力和支出责任不匹配所造成的财政压力,弱化地方政府对金融体制的负面干预;另一方面积极发挥财政制度对金融发展与创新的靶向调整功能,充分发挥财政在促进区域间金融资源高效流动与合理配置、推动区域金融均衡发展与金融效率提高中的作用。

第六章 中国财政分权对区域经济发展质量的影响效应研究：基于环境质量的分析

改革开放以后,中国经济迅速崛起,取得了举世瞩目的成就。2011年中国的经济总量已经超越日本,成为仅次于美国的第二大经济体。1978—2018年,中国经济总量平均增长速度为9.6%,创造了经济发展的"中国奇迹",在世界范围内引起广泛的关注。中国的高速发展离不开工业化推动,徐斌和林斌(Xu B.、Lin B.,2015)①的研究表明中国的人口中有一半以上居住在城市,除了工业化进程的拉动,学术界普遍认为,经济增长的内在源泉,更深层次的决定因素是一个国家的制度安排(周黎安,2007)②。伊斯特利(Easterly,2001)③对比了世界多个国家经济增长的经验,认为制度安排为经济高速增长提供了强大的激励。中国特有的政府治理结构调动了各地方政府发展当地经济的积极性,从而展开"为经济增长而竞争"的模式(张军,2005)④,造成这种

---

① Xu B.,Lin B.,How industrialization and urbanization process impacts on CO_2 emissions in China:Evidence from nonparametric additive regression models,*Energy Economics*,2015,48,pp.188-202.

② 周黎安:《中国地方官员的晋升锦标赛模式研究》,《经济研究》2007年第7期。

③ Easterly W.,*The elusive quest for growth:economists' adventures and misadventures in the tropics*,MIT press,2001.

④ 张军:《中国经济发展:为增长而竞争》,《世界经济文汇》2005年第1期。

形式的主要原因就是中国特色的财政分权体制。财政分权使得地方政府拥有较强的经济决策权,地方政府具备大力发展经济、推动经济增长的基本条件。同时,以 GDP 为主要绩效的考核机制使得地方政府形成自上而下的标尺竞争(张晏、龚六堂,2005)[①],为了能在"晋升锦标赛"中获胜,地方政府有足够的激励去发展当地经济,比如大规模兴建基础设施、采取优惠政策吸引外商投资等。

环境作为公共物品,往往是地方政府发展当地经济的牺牲品,在很大程度上决定着经济发展质量。长期以来,依靠高投入、高消耗、高排放的粗放型经济发展模式使得我国为经济增长付出了巨大的环境与资源代价。2005 年中国经济增长的资源环境成本为 32665 亿元,而 2010 年这一成本增长为 49471 亿元,比 2005 年增加 51.5%,年均增速为 8.7%,虽然略低于同期的 GDP 增长率,但这一结果警示人们,如果不重视转变这种粗放型经济发展方式,降低对资源消耗的过度依赖,持续高速的经济增长速度将很难继续[②]。现有分税制的财政体制下,很难保证地方政府的各种行为是环境友好的,且我国目前环境税体系不完善(邓子基、杨志宏,2011)[③],在这种环境污染不断加剧的情况下,环境问题日益引起国家相关部门的高度重视。党的十八大提出了包括生态文明建设在内的"五位一体"总体布局,十八届三中全会进一步指出要完善环境治理,用制度保护生态环境。2014 年政府工作报告明确提出出重拳强化污染防治,坚决向污染宣战,更是将环境治理提升到国家战略的高度,十八届五中全会指出要坚持绿色发展、坚持保护环境的基本国策,强调"铁腕治理"环境污染。十九大进一步强调了要推进绿色发展、着力解决突出环境问题。十九届四中全会指出,要"坚持和完善生态文明制度体系,促进人与自然和谐共

---

① 张晏、龚六堂:《分税制改革、财政分权与中国经济增长》,《经济学(季刊)》2005 年第 4 期。

② 石敏俊:《中国经济绿色转型的轨迹——2005—2010 年经济增长的资源环境成本》,科学出版社 2014 年版。

③ 邓子基、杨志宏:《低碳经济与税制改革》,《财政研究》2011 年第 8 期。

生",体现了党中央推进生态文明建设的坚定决心和践行"绿水青山就是金山银山"的理念。由于环境具有公共物品属性,改善和治理环境问题离不开政府的参与,环境污染治理和政府行为策略之间的关系引起了众多学者的广泛关注,本章在众学者研究的基础上,根据当前环境污染现状,从提升经济发展质量的需要出发,探究财政分权体制下政府行为与环境质量的关系。

一、环境质量地区差异现状分析

(一)我国当前面临的环境问题

当前我国污染物排放总量依然很大,环境污染形势严峻。2014年,中国的二氧化硫排放总量为1974.42万吨,其中工业二氧化硫排放量为1740.35万吨,占二氧化硫排放总量的88.14%。氮氧化物排放总量为2078.00万吨,其中工业氮氧化物排放量为1404.79万吨,占氮氧化物排放总量的67.60%。烟(粉)尘排放总量为1740.75万吨,其中工业烟(粉)尘排放量为1456.13万吨,占烟(粉)尘排放总量的83.65%。废水排放总量为716.18亿吨,其中工业废水排放量为205.34亿吨,占总的废水排放量的28.67%。化学需氧量排放总量为2294.59万吨,其中工业化学需氧量排放总量为311.35万吨,占化学需氧量排放总量的13.57%。氨氮排放总量为238.53万吨,其中工业氨氮排放量为23.16万吨,占氨氮排放总量的9.71%。全国工业固体废物产生量为325620.0万吨,工业固体废弃物综合利用量为204330.25万吨,工业固体废物处置量为80387.54万吨,工业固体废弃物综合利用率为62.75%。

2015年,中国的二氧化硫排放总量为1859.12万吨,其中工业二氧化硫排放量为1556.74万吨,占二氧化硫排放总量的83.74%。氮氧化物排放总量为1851.87万吨,其中工业氮氧化物排放量为1180.90万吨,占氮氧化物排放总量的63.77%。烟(粉)尘排放总量为1538.01万吨,其中工业烟(粉)尘排放量为

1232.60 万吨,占烟(粉)尘排放总量的 80.14%。废水排放总量为 735.32 亿吨,其中工业废水排放量为 199.50 亿吨,占总的废水排放量的 27.13%。化学需氧量排放总量为 2223.50 万吨,其中工业化学需氧量排放总量为 293.45 万吨,占化学需氧量排放总量的 13.20%。氨氮排放总量为 229.91 万吨,其中工业氨氮排放量为 21.74 万吨,占氨氮排放总量的 9.46%。全国工业固体废物产生量为 327079 万吨,工业固体废弃物综合利用量为 198807 万吨,工业固体废物处置量为 73034 万吨,工业固体废弃物综合利用率为 60.78%[①]。

以上分析可以看出,工业二氧化硫、工业烟(粉)尘和工业氮氧化物是空气污染的主要来源。与 2014 年相比,2015 年我国的二氧化硫、氮氧化物、氨氮、化学需氧量等污染物排放总量有一定程度的降低,但总体来看我国的污染物排放总量巨大,环境问题凸显。以下从大气污染、水污染和工业固体废弃物污染等方面来具体阐述。

1.大气污染问题

"十二五"期间,虽然全国二氧化硫排放量有所下降,但是,中国仍是世界二氧化硫排放大国。2013 年,全国二氧化硫排放总量为 2043.9 万吨,氮氧化物排放总量为 2227.3 万吨,全国酸雨污染面积约占国土面积的 10.6%。2013 年全国平均霾日数为 35.9 天,比 2012 年增加 18.3 天,创 1961 年以来的最高值,按照《环境空气质量标准》,256 个尚未执行新标准的地级及以上城市环境空气质量达标比例仅占 69.5%。《2016 年中国环境状况公报》数据显示,2016 年中国 338 个地级及以上城市中,空气质量达标的仅 84 个,占全部城市数量的 24.9%,空气质量超标的城市为 254 个,占全部城市数量的 75.1%。338 个地级及以上城市平均优良天数比例为 78.8%,平均超标天数比例为 21.2%。发生重度污染 2464 天次、严重污染 784 天次。474 个监测降水的城市(区、

---

① 数据来源:《中国环境年鉴》《中国统计年鉴》。

县)中,酸雨频率平均值为 12.7%,出现酸雨的城市占总监测城市的 19.8%,酸雨类型依然表现以硫酸为主。

2. 水污染问题

2013 年中国 4778 个地下水环境质量中,水质优良的监测点比例为 10.4%,良好的监测点比例为 26.9%,较好的监测点比例为 3.1%,较差的监测点比例为 43.9%,极差的监测点比例为 15.7%。2014 年 3 月 14 日,环境保护部发布的首个全国性研究结果显示,中国有 2.5 亿居民的住宅区靠近重点排污企业和交通干道,有 2.8 亿居民使用不安全饮用水。2016 年,全国 1940 个地表水监测断面(点位)中,Ⅳ、Ⅴ及劣Ⅴ类水质断面达到 16.8%、6.9% 和 8.6%。6124 个地下水监测点位中,水质为较差级和极差级的监测点分别占 45.4% 和 14.7%。地级及以上城市 897 个集中式生活饮用水水源监测断面(点位)中,不达标的有 86 个,占 9.6%。

3. 固体废弃物污染

目前,中国每年产生的工业废物和生活垃圾达 10 亿多吨,呈逐年上升趋势。每年约有 3000 吨工业危险废物被排放到环境中,全国 600 多座城市中,有 200 余座处于垃圾包围之中,由此造成的污染和二次污染事故时有发生。2013 年,全国工业固体废弃物产生量为 327701.9 万吨,2015 年全国工业固体废弃物产生量为 327079 万吨①。

(二)环境污染综合指数测算

由于单一的污染指标很难客观地反映一个地区的环境污染情况,这里综合考虑工业废水、工业二氧化硫、工业烟(粉)尘和工业固体废弃物排放量。

---

① 由于噪音污染不具有持续性,本书中的环境污染均不包含噪音污染。

为了避免人为主观因素对环境污染评价的干扰,借鉴杨万平(2010)的研究,运用纵横向档次拉开法对我国不同区域的环境污染情况进行综合评价[①],该方法充分运用多种污染物排放指标,从而能够更加准确地反映一个地区的环境污染总体水平。

1. 数据标准化处理

不同的指标具有不同的测量单位,对数据进行标准化,能够消除量纲的影响,从而使结果具有可比性。标准化处理公式如(6.1)所示。

$$x_{ij}{}'(t_k) = \frac{x_{ij}(t_k) - \overline{x_j(t_k)}}{s_j(t_k)} \ , \ i = 1,2,\ldots,m \ , \ j = 1,2,\ldots,n \ , \ k = 1,2,\ldots,T$$

$$(6.1)$$

其中 i 表示地级及以上城市, j 表示污染指标, k 表示年份;$\{x_{ij}(t_k)\}$ 表示污染指标集合;$x_{ij}(t_k)$ 表示 t_k 年第 i 市的第 j 个污染指标原值;$x_{ij}{}'(t_k)$ 为 $x_{ij}(t_k)$ 标准化之后的值;$\overline{x_j(t_k)}$ 和 $s_j(t_k)$ 分别表示第 j 个污染指标在 t_k 年的均值与标准差。

2. 计算实对称矩阵

实对称矩阵 H_k 的定义为

$$H_k = X_k^t X_k \ (\ k = 1,2,\ldots,T \ ) \tag{6.2}$$

其中 $X_k = \begin{bmatrix} x_{11}'(t_k) & \ldots & x_{1n}'(t_k) \\ \ldots & \ldots & \ldots \\ x_{m1}'(t_k) & \ldots & x_{mn}'(t_k) \end{bmatrix}$, $k = 1,2,\ldots,T$ 。

3. 求解实对称矩阵 H 的最大特征值及对应的特征向量 α

其中

---

① 杨万平:《中国省际环境污染的动态综合评价及影响因素》,《经济管理》2010 年第 8 期。

$$H = H_1 + H_2 + \ldots + H_k \ (\ k = 1, 2, \ldots, T\ ) \tag{6.3}$$

4.计算不同污染指标的权重

将最大特征值对应的特征向量 α 进行归一化处理，确定各个污染指标对应的组合权重 w_j。

5.根据计算出的组合权重 w_j 计算环境污染综合指数 P

$$P_i(t_k) = \sum_{j=1}^{n} w_j x_{ij}^{'}(t_k) \ (\ i = 1, 2, \ldots, m\ ,\ k = 1, 2, \ldots, T\ ,) \tag{6.4}$$

w_j 为第 j 种污染物的权重值，环境污染指数越大，表示当地的环境污染越严重。

（三）环境污染综合评价：基于省级层面

本节选取 31 个省（市）的工业废水、工业二氧化硫、工业烟（粉）尘和工业固体废弃物排放量作为环境污染综合评价指标，考察的时间为 2003—2015 年，数据来源于 2004—2016 年《中国环境年鉴》。

根据环境污染综合评价模型计算出的实对称矩阵 H 为：

$$H = \begin{bmatrix} 406.38 & 249.40 & 160.61 & 120.57 \\ 249.40 & 407.96 & 333.09 & 299.28 \\ 160.61 & 333.09 & 414.03 & 325.23 \\ 120.57 & 299.28 & 325.23 & 399.67 \end{bmatrix}$$

实对称矩阵 H 的最大特征值为 1170.3，其所对应的特征向量为：

$\alpha = (0.3756 \quad 0.5576 \quad 0.5421 \quad 0.5041)^T$

将最大特征向量归一化处理可得到权重：

$\alpha^{'} = (0.1897 \quad 0.2817 \quad 0.2739 \quad 0.2547)^T$

即工业废水、工业二氧化硫、工业烟（粉）尘和工业固体废弃物对应的权

重分别为 $w_1 = 0.1897$、$w_2 = 0.2817$、$w_3 = 0.2739$ 和 $w_4 = 0.2547$。

根据权重矩阵计算出我国 31 个省(市)2003—2015 年的环境污染综合指数 $P_i(t_k)$,为了便于直观比较,又不失一般性,将 $P_i(t_k)$ 分别向右平移 2 个单位,结果如表 6-1 所示:

表 6-1 2003—2015 年中国 31 个省(市)环境污染综合指数

地区	2003	2004	2005	2006	2007	2008	2009	2010	2011	2012	2013	2014	2015
北京	0.97	0.98	0.90	0.84	0.82	0.78	0.76	0.78	0.81	0.81	0.78	0.75	0.71
天津	1.09	1.07	1.09	1.02	1.02	1.00	1.00	1.03	1.01	1.00	0.99	1.00	0.95
河北	3.50	3.87	3.63	3.52	3.58	3.53	3.63	3.60	4.41	4.34	4.37	4.20	3.83
山西	3.58	3.40	3.37	3.41	3.35	3.33	3.46	3.24	3.47	3.52	3.48	3.44	3.27
内蒙古	2.36	2.46	2.78	2.81	2.93	2.93	3.06	3.29	2.92	3.07	3.00	3.03	3.14
辽宁	2.80	2.59	2.90	3.03	3.14	3.24	3.36	2.97	3.04	3.08	2.98	3.27	3.47
吉林	1.35	1.43	1.55	1.58	1.58	1.59	1.64	1.58	1.58	1.41	1.44	1.48	1.53
黑龙江	1.90	1.82	1.83	1.88	1.90	1.94	2.04	1.88	1.70	1.81	1.80	1.65	1.59
上海	1.35	1.34	1.26	1.21	1.19	1.14	1.14	1.08	1.10	1.09	1.07	1.08	1.05
江苏	3.21	3.19	3.21	3.22	3.04	3.05	3.18	3.09	2.91	2.83	2.88	2.96	3.00
浙江	2.19	2.21	2.14	2.17	2.15	2.17	2.24	2.23	2.11	2.05	2.09	2.04	2.07
安徽	1.83	1.77	1.77	1.83	1.87	1.99	2.05	1.97	1.96	1.94	1.94	2.05	2.11
福建	1.65	1.66	1.72	1.70	1.68	1.70	1.72	1.76	1.80	1.73	1.76	1.69	1.70
江西	2.01	1.96	1.95	1.95	1.90	1.88	1.91	1.84	1.96	1.94	1.96	1.93	2.11
山东	3.50	3.34	3.35	3.38	3.32	3.42	3.54	3.48	3.52	3.46	3.45	3.74	3.87
河南	2.96	3.09	3.36	3.37	3.39	3.36	3.54	3.32	2.93	2.89	2.97	2.95	3.01
湖北	2.05	2.02	1.90	1.94	1.86	1.88	1.93	1.84	1.93	1.88	1.88	1.92	1.94
湖南	2.37	2.39	2.25	2.19	2.21	2.14	2.24	2.08	2.01	1.96	1.97	1.94	1.98
广东	2.44	2.52	2.63	2.62	2.70	2.74	2.87	2.63	2.22	2.28	2.27	2.32	2.26
广西	2.66	2.62	2.56	2.43	2.51	2.61	2.72	2.49	1.79	1.88	1.78	1.77	1.73
海南	0.75	0.77	0.75	0.70	0.69	0.67	0.65	0.68	0.75	0.74	0.73	0.72	0.71
重庆	1.68	1.69	1.62	1.61	1.56	1.55	1.59	1.51	1.42	1.41	1.42	1.41	1.42
四川	3.30	3.21	2.92	2.80	2.66	2.49	2.56	2.57	2.20	2.12	2.11	2.18	2.18
贵州	1.82	1.75	1.72	1.96	1.91	1.75	1.79	1.71	1.84	1.85	1.83	1.81	1.71
云南	1.59	1.59	1.58	1.63	1.66	1.70	1.72	1.60	2.09	2.09	2.08	1.92	1.93
西藏	0.69	0.72	0.70	0.64	0.64	0.62	0.60	0.63	0.70	0.68	0.67	0.66	0.65

续表

地区	2003	2004	2005	2006	2007	2008	2009	2010	2011	2012	2013	2014	2015
陕西	1.91	1.96	1.97	1.96	2.02	1.94	1.99	1.80	1.98	1.96	2.01	1.99	2.02
甘肃	1.45	1.39	1.36	1.30	1.27	1.28	1.29	1.36	1.48	1.44	1.43	1.48	1.49
青海	0.82	0.88	0.90	0.86	0.88	0.89	0.89	0.93	1.24	1.27	1.28	1.24	1.37
宁夏	1.10	1.07	1.11	1.09	1.14	1.14	1.16	1.28	1.30	1.29	1.30	1.24	1.24
新疆	1.15	1.25	1.23	1.32	1.44	1.56	1.61	1.76	1.83	2.16	2.29	2.10	1.96

从表6-1可以看出,2003年到2015年我国各省(市)的环境污染状况可以得出以下结论:广西和四川的污染状况有明显的好转;内蒙古、辽宁、山东和新疆的环境污染加剧;其他省(市)的环境质量变动幅度相对较小。

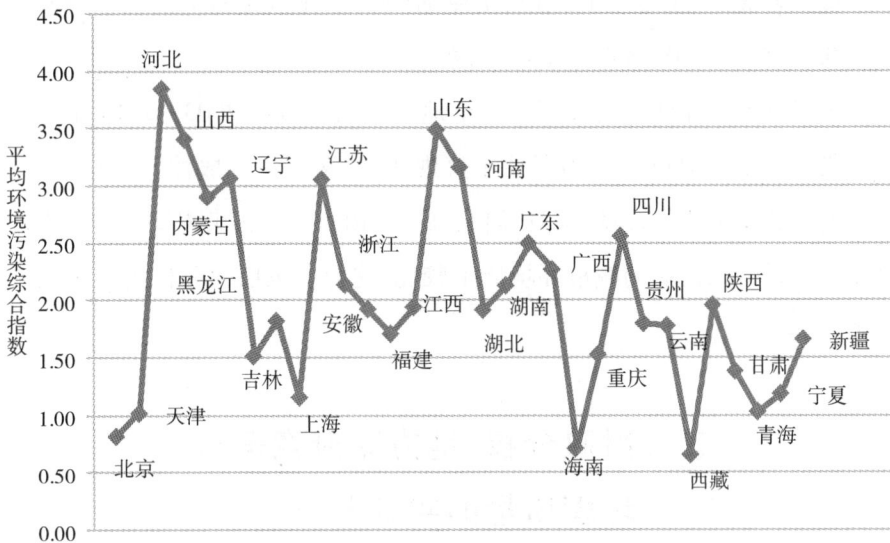

图6-1　2003—2015年平均污染物排放指数

(四)环境污染综合评价:基于地级市层面

鉴于部分城市的数据严重缺失,本节选取272个地级及以上城市的工业废水、工业二氧化硫、工业烟(粉)尘排放量作为环境污染综合评价指标,考察的时间为 2003—2015 年,数据来源于 2004—2016 年《中国城市统计年鉴》。

根据前文环境污染综合评价模型计算出的实对称矩阵 H 为:

$$H = \begin{bmatrix} 3523 & 1647.80 & 676.53 \\ 1647.80 & 3523 & 1724.95 \\ 676.53 & 1724.95 & 3522 \end{bmatrix}$$

实对称矩阵 H 的最大特征值为 6270.11,其所对应的特征向量为:

$$\alpha = (0.5266 \quad 0.6557 \quad 0.5412)^T$$

将最大特征向量归一化处理可得到权重:

$$\alpha' = (0.3055 \quad 3805 \quad 0.3140)^T$$

即工业废水、工业二氧化硫、工业烟(粉)尘排放量对应的权重分别为 $w_1 = 0.3055$、$w_2 = 0.3805$、$w_3 = 0.3140$。

根据权重矩阵计算出我国 272 个地级及以上城市 2003—2015 年的环境污染综合指数 $P_i(t_k)$。为了便于直观比较,又不失一般性,将 $P_i(t_k)$ 分别向右平移 2 个单位,总体来看,河北、山西、山东环境污染程度较为严重的城市集聚,海南、西藏的城市环境质量较优,这与省级层面分析的结果基本一致。

二、财政分权、地方政府竞争与
环境质量的实证分析

(一)面板分位数回归模型

分位数回归的思想最早是由科恩克和巴瑟(Koenker and Bassett,1978)[1]

---

[1] Koenker R.,Bassett Jr G.,Regression quantiles,*Econometrica:journal of the Econometric Society*,1978,pp.33-50.

提出的。科恩克(Koenker,2004)①认为由于分位数回归模型能够考虑到参数的异质性,具有纠正传统固定效应模型造成偏差,不需要对数据的分布类型做特别的假定,且在数据出现异常值时具有稳健性等优点,在截面数据和面板数据的分析处理中都得到了广泛的应用,面板分位数回归模型基本表达如式(6.5)。

$$Q_{Y_{it}}(\tau_j \mid X_{it}, \alpha_i) = X'_{it}\beta(\tau_j) + \alpha_i \qquad (6.5)$$

其中,$Q_{Y_{it}}(\tau_j \mid X_{it}, \alpha_i)$ 表示在解释变量取值为 X_{it} 的条件下,被解释变量 Y_{it} 的 τ_j 分位数的期望;α_i 为不随时间和分位点变化的不可观测的个体效应。系数 $\beta(\tau_j)$ 满足约束关系

$$\{ [\hat{\beta}(\tau_j, \lambda)]_{j=1}^J, \quad [\hat{\alpha}(\lambda)]_{i=1}^N \} = \underset{\beta, \alpha}{\operatorname{argmin}} \sum_{j=1}^J \sum_{t=1}^T \sum_{i=1}^N \omega_j \rho_{\tau_j}(y_{it} - x'_{it}\beta(\tau_j) - \alpha) + \lambda \sum_{i=1}^N |\alpha_i|,$$

$\rho_{\tau_j}(u) = u(\tau_j - I(u \leq 0))$ 是分位损失函数,$I(\ )$ 为示性函数,运用面板数据的 bootstrap 方法来估计系数的标准误②。

(二)全国层面分析

为了避免伪回归现象,在回归之前对数据的平稳性进行检验。由于这里所用面板数据属于典型的短面板,这里采用 LLC 检验、HT 检验和 Fisher-ADF 检验三种方法对各变量进行单位根检验,检验结果如表 6-2 所示。从表 6-2 可以看出,三种检验方法均在 5% 及以上水平拒绝原假设,因此所有回归变量均为平稳变量。

---

① Koenker R., Quantile regression for longitudinal data, *Journal of Multivariate Analysis*, 2004, 91(1), pp.74-89.

② Lamarche C., Robust penalized quantile regression estimation for panel data, *Journal of Econometrics*, 2010, 157(2), pp.396-408.

表6-2　单位根检验结果

变量	LLC 检验		HT 检验		Fisher-ADF	
	统计量(t)	概率值	统计量(z)	概率值	统计量(z)	概率值
P	−11.4668	0.0000	−11.0059	0.0000	−6.1197	0.0000
FD	−9.8352	0.0000	−9.1387	0.0000	−7.0490	0.0000
FDI	−9.8771	0.0000	−2.0726	0.0000	−5.6175	0.0000
SEC	−5.8545	0.0956	−3.6375	0.0000	−4.3264	0.0000
PGDP	−11.0482	0.0000	−4.8013	0.0451	−4.9188	0.0000

由于分位数回归可以排除极端值的干扰,更加全面地反映出条件分布的整体特征,这里通过31个省(市)数据的分位数回归进一步验证不同分位点财政分权、地方政府竞争对环境污染的影响是否存在差异,选取具有代表性的五个分位点(0.1、0.25、0.5、0.75、0.9)进行说明,具体的回归结果如表6-3所示。

表6-3　财政分权、地方政府竞争与环境污染的分位数回归结果(全国层面)

	变量	系数(coef)	标准误	T统计量	P>|t|	95%的置信限 [95%conf.interval]	
Q10	CONS	−18.5686***	3.6331	−5.11	0.000	−25.7113	−11.4260
	WP	0.1272	0.1050	1.21	0.226	−0.0792	0.3336
	FD	8.3497***	0.7517	11.11	0.000	−9.8276	−6.8718
	WFD	0.8680	0.7674	1.13	0.259	−0.6407	2.3768
	FDI	8.4334	10.2765	0.82	0.412	−11.7703	28.6373
	WFDI	−13.7477***	4.2414	−3.24	0.001	−22.0865	−5.4089
	FD*FDI	−16.6171	11.6975	−1.42	0.156	−39.6145	6.3804
	SEC	1.6465***	0.2613	6.30	0.000	1.1328	2.1603
	PGDP	4.3650***	0.7130	6.12	0.000	2.9631	5.7669
	PGDP^2	−0.1823***	0.0348	−5.23	0.000	−0.2508	−0.1137

续表

	变量	系数(coef)	标准误	T统计量	P>|t|	95%的置信限 [95%conf.interval]	
Q25	CONS	-24.9803	5.6042	-4.46	0.000	-35.9984	-13.9622
	WP	0.1622	0.1124	1.44	0.150	-0.0587	0.3832
	FD	-9.1786***	0.9418	-9.75	0.000	-11.0303	-7.3270
	WFD	0.0113	1.1725	0.01	0.992	-2.2938	2.3164
	FDI	13.5943	14.8577	0.91	0.361	-15.6162	42.8049
	WFDI	-14.8293***	3.8770	-3.82	0.000	-22.4462	-7.2015
	FD*FDI	-24.2891	17.5391	-1.38	0.167	-58.7713	10.1931
	SEC	2.0099***	0.3299	6.09	0.000	1.3612	2.6587
	PGDP	5.7771***	1.2208	4.73	0.000	3.3770	8.1773
	$PGDP^2$	-0.2460***	0.0578	-4.25	0.000	-0.3597	-0.1322
Q50	CONS	-30.7259***	7.6227	-4.03	0.000	-45.7123	-15.7395
	WP	0.2278**	0.0912	2.50	0.013	0.0485	0.4072
	FD	8.8088***	1.3962	6.31	0.000	-11.5539	-6.0637
	WFD	-3.6892**	1.5240	-2.42	0.016	-6.6854	-0.6928
	FDI	4.8972	21.7284	0.23	0.822	-37.8214	47.6158
	WFDI	-21.9728***	5.0092	-4.39	0.000	-31.8205	-12.1238
	FD*FDI	-12.1950	28.4768	-0.43	0.669	-68.1810	43.7909
	SEC	1.7891***	0.5471	3.27	0.001	0.7133	2.8649
	PGDP	7.2611***	1.6471	4.41	0.000	4.0228	10.4994
	$PGDP^2$	-0.3063***	0.0799	-3.83	0.000	-0.4634	-0.1492
Q75	CONS	-22.8112**	11.0623	-2.06	0.040	-44.5599	-1.0625
	WP	0.5571***	0.1100	5.06	0.000	0.3407	0.7734
	FD	6.8637***	1.8094	3.79	0.000	-10.4211	-3.3063
	WFD	-2.7862	2.8375	-0.98	0.327	-8.3648	2.7923
	FDI	34.8702	30.4360	1.15	0.253	-24.9676	94.7081
	WFDI	-31.2139**	10.3415	-3.02	0.003	-51.5455	-10.8822
	FD*FDI	-47.0526	38.6622	-1.22	0.224	-123.0633	28.9580
	SEC	3.2747***	0.9627	3.40	0.001	1.3820	5.1675
	PGDP	5.1827**	2.3675	2.19	0.029	0.5280	9.8374
	$PGDP^2$	-0.2083*	0.1134	-1.84	0.067	-0.4314	0.0146

续表

	变量	系数（coef）	标准误	T统计量	P>|t|	95%的置信限 [95%conf.interval]	
Q90	CONS	−17.1492	13.2179	−1.30	0.195	−43.1359	8.8374
	WP	0.4870***	0.0860	5.66	0.000	0.3178	0.6562
	FD	7.6489***	1.3860	5.52	0.000	−10.3739	−49240
	WFD	0.0587	1.5580	0.04	0.970	−3.0043	3.1218
	FDI	12.5543	26.9215	0.47	0.641	−40.3740	65.4826
	WFDI	−16.8785**	6.7535	−2.50	0.013	−30.1561	−3.6009
	FD*FDI	−16.8785	33.3870	−0.63	0.528	−86.7309	44.5480
	SEC	3.5087***	1.0146	3.46	0.001	1.5139	5.5036
	PGDP	3.9906	2.7106	1.47	0.142	−1.3384	9.3198
	PGDP^2	−0.1611	0.1275	−1.26	0.207	−0.4119	0.0896

注：***、**、*分别表示在1%、5%和10%水平下显著。

由表6-3的检验结果可以看出：

首先分析财政分权度对环境质量的影响效应。在不考虑相邻地方政府间的策略互动时,财政分权（FD）对环境污染的影响系数除0.25分位数外均为正且在1%的水平通过显著性检验,表明财政分权度的提高对环境污染起到促进作用,与郭志仪、郑周胜（2013）[①]的研究结果一致。随着财政分权分位数水平由低分位点到高分位点变动,财政分权的系数呈上升趋势。这意味着随着财政分权度的提升,进一步加剧了环境质量的恶化,印证了财政分权体制下的"竞争到底"效应。考虑到地方政府间的财政策略互动效应时,财政分权的空间滞后项（WFD）对环境污染的影响效应随着分位点由低到高呈现出"U"型的变化趋势,但系数均没有通过显著性检验,这表明相邻地区政府的财政政策对本地区环境质量没有显著稳定的影响效应。

进而分析以外商直接投资衡量的地方政府竞争对环境质量的影响效应。

① 郭志仪、郑周胜:《财政分权、晋升激励与环境污染:基于1997～2010年省级面板数据分析》,《西南民族大学学报（人文社会科学版）》2013年第3期。

在不考虑相邻地方政府间的策略互动时,FDI 对环境质量的影响系数在 4.89到 34.87 之间变动,这表明从全国的层面分析,外商直接投资确实加剧了环境污染;考虑到相邻地区的外商直接投资对本地区环境污染的影响时,FDI 的空间滞后项(WFDI)对环境污染的影响系数为负且均在 5% 及以上水平通过显著性检验,这表明一个地区引进外资并不会加剧与之相邻地区的环境污染,我国外商直接投资没有形成"与邻为壑"的使用格局;财政分权与外商直接投资的交叉项(FD*FDI)的估计系数为负,说明分权体制下地方政府的外商投资竞争行为,并没有进一步加深财政分权对环境质量的负面影响,这与怀尔德森(Wildasin,1989)[1]的研究结论一致,随着财政分权水平的不断提高,FDI 的引入在一定程度上会阻碍环境质量的进一步恶化,主要由于外商直接投资更倾向于使用较为先进的生产技术和污染排放系统,优化区域的产业结构升级,降低单位产出的资源消耗量和污染排放量(许和连、邓玉萍,2012)[2]。

环境污染空间滞后项(WP)均为正且在 1% 的水平上通过显著性检验,环境污染存在空间溢出效应,容易形成污染集聚的俱乐部现象。随着分位点的增加环境污染空间滞后项呈拟几何增加趋势,表明邻近区域环境污染越严重,对本地环境污染的促进作用越明显,进一步印证了环境污染集聚理论。

从控制变量来看,以第二产业比重表示的产业结构(SEC)对环境污染呈正向影响作用,且均在 1% 的水平通过显著性检验,随着分位点由低到高增加,产业结构对环境污染的影响系数逐渐增大,第二产业比重越高,对当地环境污染的影响效应越大。第二产业是污染排放的主要来源,虽然 2013年我国第三产业产值比重首次超过第二产业,但目前我国经济发展的主导动力源于第二产业,如何引导产业结构转型升级,实现我国第二产业从一般

---

[1]　Wildasin D.E.,Interjurisdictional capital mobility:Fiscal externality and a corrective subsidy,*Journal of urban economics*,1989,25(2),pp.193-212.

[2]　许和连、邓玉萍:《外商直接投资导致了中国的环境污染吗?》,《管理世界》2012 年第2 期。

加工向研发、高端设计和高附加值制造业领域拓展是进一步亟需解决的问题。除0.9分位点外,人均GDP的估计系数正,其平方项的估计系数为负,验证了环境库兹涅茨假说,即人均GDP与环境污染程度之间呈现倒"U"型的关系。

(三)区域层面分析

这里从东、中、西三大区域的角度来分析财政分权对环境质量的影响,三大区的划分,采用统计局网站上公布的划分方式,东部地区指辽宁、北京、天津、河北、山东、江苏、上海、浙江、福建、广东、广西和海南;中部地区包括山西、内蒙古、吉林、黑龙江、安徽、江西、河南、湖北、湖南;西部地区的省份为陕西、甘肃、青海、宁夏、新疆、四川、重庆、云南、贵州和西藏。

同全国层面的分析一样,选取具有代表性的五个分位点(0.1、0.25、0.5、0.75、0.9)进行说明,东部地区、中部地区和西部地区的具体的回归结果分别如表6-4、表6-5、表6-6所示。

表6-4 财政分权、地方政府竞争与环境污染的分位数回归结果(东部地区)

变量		系数(coef)	标准误	T统计量	P>|t|	95%的置信限 [95%conf.interval]	
Q10	CONS	−15.9098	15.1124	−1.05	0.294	−45.7771	13.9574
	WP	0.2885	0.2049	1.41	0.161	−0.1165	0.6936
	FD	−14.5521***	2.1831	−6.67	0.000	−18.8667	−10.2375
	WFD	−6.0458**	2.8741	−2.10	0.037	−11.7261	−0.3656
	FDI	−7.8205***	2.4538	−3.82	0.000	−11.8629	−3.7781
	WFDI	0.4050	6.3291	0.06	0.949	−12.1035	12.9136
	FD*FDI	81.6682***	24.0929	3.39	0.001	34.0721	129.3042
	SEC	1.2298*	0.7369	1.67	0.097	−0.2267	2.6863
	PGDP	5.3324*	2.8628	1.86	0.065	−0.3255	10.9903
	PGDP^2	−0.2038	0.1316	−1.55	0.124	−0.4640	−0.0562

续表

	变量	系数(coef)	标准误	T统计量	P>|t|	95%的置信限 [95%conf.interval]	
Q25	CONS	−23.2250*	13.6611	−1.70	0.091	−50.2242	3.7741
	WP	0.1663	0.1898	0.88	0.382	−0.2088	0.5415
	FD	−15.9192***	1.7674	−9.01	0.000	−19.4123	−12.4260
	WFD	−5.5299**	2.1974	−2.52	0.013	−9.8728	−1.1869
	FDI	−68.2729***	16.6159	−4.11	0.000	−101.1118	−35.4341
	WFDI	−2.3880	5.9689	−0.40	0.690	−14.1847	9.4085
	FD*FDI	68.6547***	19.4113	3.54	0.001	30.2911	107.0182
	SEC	1.2528***	0.3978	3.15	0.002	0.4665	2.0391
	PGDP	6.8998***	2.4910	2.77	0.006	1.9767	11.8229
	PGDP^2	−0.2749**	0.1158	−2.37	0.019	−0.5038	−0.0459
Q50	CONS	−45.2639**	18.4994	−2.45	0.016	−81.8251	−8.7027
	WP	0.3883***	0.1414	2.75	0.007	0.1088	0.6679
	FD	−18.2402***	2.1057	−8.66	0.000	−22.4019	−14.0784
	WFD	−5.4742***	1.8571	−2.95	0.004	−9.1446	−1.8038
	FDI	−5.7163*	30.1757	−1.89	0.060	−116.8015	2.4741
	WFDI	−5.7253	4.7536	−1.20	0.230	−15.1203	3.6695
	FD*FDI	56.3403	35.4452	1.59	0.114	−13.7120	126.3921
	SEC	1.8074**	0.8665	2.09	0.039	0.0947	3.5201
	PGDP	11.1932***	3.6087	3.10	0.002	4.0610	18.3254
	PGDP^2	−0.4697***	0.1668	−2.82	0.006	−0.7994	−0.1400
Q75	CONS	−28.3506	24.9360	−1.14	0.257	−77.6329	20.9316
	WP	0.3472***	0.1170	2.97	0.004	0.1159	0.5785
	FD	−17.0858***	2.4199	−7.06	0.000	−21.8686	−12.3031
	WFD	−2.0501	1.7627	−1.16	0.247	−5.5339	1.4336
	FDI	−55.3573	30.2806	−1.83	0.070	−115.2024	4.4876
	WFDI	−3.7845	4.5381	−0.83	0.406	−12.7535	5.1844
	FD*FDI	66.1001*	38.5639	1.71	0.089	−10.1155	142.3160
	SEC	4.0155***	1.1980	3.35	0.001	1.6477	6.3833
	PGDP	7.2200	5.0001	1.44	0.151	−2.6617	17.1018
	PGDP^2	−0.2875	0.2322	−1.23	0.220	−0.7484	0.1734

续表

	变量	系数(coef)	标准误	T统计量	P>|t|	95%的置信限 [95%conf.interval]	
Q90	CONS	−25.5812	25.7974	−0.99	0.323	−76.5659	25.4033
	WP	0.4795***	0.1395	3.44	0.001	0.2037	0.7553
	FD	−11.8171*	6.1970	−1.91	0.058	−24.0646	0.4304
	WFD	0.3782	2.5397	0.15	0.882	−4.6410	5.3976
	FDI	−19.2125	46.3095	−0.41	0.679	−110.7362	72.3110
	WFDI	3.3151	8.5743	0.39	0.700	−13.6306	20.2609
	FD*FDI	17.2651	60.8988	0.28	0.777	−103.0921	137.6223
	SEC	6.1116***	1.8843	3.24	0.001	2.3873	9.8358
	PGDP	5.5494	5.2597	1.06	0.293	−4.8456	15.9444
	PGDP^2	−0.2211	0.2429	−0.91	0.364	−0.7012	0.2589

注:***、**、*分别表示在1%、5%和10%水平下显著。

对于东部地区,由表6-4的检验结果可以看出:

首先分析财政分权度对环境质量的影响效应。在不考虑相邻地方政府间的策略互动时,财政分权(FD)对环境污染的影响系数均为负且在10%及以上水平通过显著性检验,这与全国层面的结论不一致,主要原因可能是东部地区经济发展水平较高,财政分权度的提高有利于地方政府更有效地配置本地的资源,目前环境污染日益成为整个社会关注的焦点,地方政府有主动提高当地环境质量的激励。考虑到地方政府间的财政策略互动效应时,财政分权的空间滞后项(WFD)对环境污染的影响效应随着分位点由低到高呈现出逐渐上升的变化趋势,但高分位点系数没有通过显著性检验,这表明相邻地区政府的财政政策对本地区环境质量没有显著稳定的影响效应。

进而分析以外商直接投资衡量的地方政府竞争对环境质量的影响效应。在不考虑相邻地方政府间的策略互动时,FDI对环境质量的影响系数在−68.2729到−5.7163之间变动,这与全国层面的分析差别较大,主要可能是由于东部地区开放的时间较早,且当地的经济发展水平较高,形成了较为完善的引进外资准则,以"高、精、尖"为主,从而外资的使用在一定程度上能够缓解环境污染;考虑到相邻地区的外商直接投资对本地区环境污染的影响时,FDI的空间滞后项(WFDI)对环境污染的影响系数为负,在所有的分位点均没有通过显著性检验,表明FDI的环境溢出效应不明显,与全国层面的分析一致;财政分权与外商直接投资的交叉项(FD*FDI)的估计系数为正,这与全国层面的分析有所差异,对东部地区而言,说明分权体制下地方政府的外商投资竞争行为,存在着抢占更优资本的竞争。

环境污染空间滞后项(WP)均为正,环境污染存在空间溢出效应,容易形成污染集聚的俱乐部现象,进一步印证了环境污染集聚理论。

从控制变量来看,以第二产业比重表示的产业结构(SEC)对环境污染呈正向影响作用,且均在10%及以上水平通过显著性检验,随着分位点由低到高增加,产业结构对环境污染的影响系数逐渐增大,第二产业比重越高,对当地环境污染的影响效应越大,这与全国层面的分析一致。此外,人均GDP及其平方项的估计系数符合环境库兹涅茨假说。

表6-5 财政分权、地方政府竞争与环境污染的分位数回归结果(中部地区)

	变量	系数(coef)	标准误	T统计量	P>|t|	95%的置信限 [95%conf.interval]	
Q10	CONS	−34.7957*	19.5484	−1.78	0.078	−73.5483	3.9568
	WP	0.5702	0.3983	1.43	0.156	−0.2195	1.3599
	FD	−7.7457	5.0192	−1.54	0.126	−17.6958	2.2044
	WFD	−1.9594	4.1127	−0.48	0.635	−10.1124	6.1935
	FDI	−10.0727	6.4621	−1.56	0.122	−22.8832	2.7377
	WFDI	−31.0045	19.6750	−1.58	0.118	−70.0075	7.9992
	FD*FDI	146.1971*	81.4993	1.79	0.076	−15.3837	307.7421
	SEC	2.3626**	1.1659	2.03	0.045	0.0512	4.6741
	PGDP	7.8461*	4.1281	1.90	0.060	−0.3373	16.0297
	PGDP^2	−0.3628*	0.1981	−1.83	0.070	−0.7557	0.0300

续表

	变量	系数(coef)	标准误	T统计量	P>|t|	95%的置信限 [95%conf.interval]	
	CONS	−0.4074	28.1071	−0.01	0.998	−56.1264	55.3116
	WP	1.2743***	0.3872	3.29	0.001	0.5066	2.0420
	FD	−1.8229	4.6782	−0.39	0.698	−11.0971	7.4511
	WFD	−6.4527	3.9689	−1.63	0.107	−14.3206	1.4152
Q25	FDI	−61.9709	57.5655	−1.08	0.284	−176.0879	52.1459
	WFDI	−44.9906***	16.8686	−2.67	0.009	−78.4307	−11.5504
	FD*FDI	98.7551	77.2520	1.28	0.204	−54.3880	251.8984
	SEC	3.6822***	1.2346	2.98	0.004	1.2346	6.1298
	PGDP	0.3572	5.9389	0.06	0.952	−11.4159	12.1305
	PGDP^2	0.0114	0.2890	0.04	0.969	−0.5616	0.5844
	CONS	−51.1718	35.7865	−1.43	0.156	−122.1146	19.7708
	WP	0.7453**	0.3126	2.38	0.019	0.1256	1.3650
	FD	−2.5609	3.2610	−0.79	0.434	−9.0256	3.9037
	WFD	−9.8444**	3.8447	−2.56	0.012	−17.4663	−2.2226
Q50	FDI	26.8096	62.3204	0.43	0.668	−96.7333	150.3527
	WFDI	−40.8021***	15.1893	−2.69	0.008	−70.9133	−10.6909
	FD*FDI	−48.7190	90.7477	−0.54	0.592	−228.6158	131.1777
	SEC	4.3405***	1.2530	3.46	0.001	1.8564	6.8246
	PGDP	10.5374	7.4363	1.42	0.159	−4.2043	25.2792
	PGDP^2	−0.4481	0.3602	−1.24	0.216	−1.1622	0.2660
	CONS	−58.9781***	22.1902	−2.66	0.009	−102.9677	−14.9886
	WP	1.1699***	0.2129	5.49	0.000	0.7477	1.5921
	FD	−0.1002	2.8191	−0.04	0.972	−5.6888	5.4883
	WFD	−14.0348***	2.4357	−5.76	0.000	−18.8635	−9.2062
Q75	FDI	−0.4000	75.5909	−0.01	0.996	−150.2504	149.4503
	WFDI	−20.7384	17.6274	−1.18	0.242	−55.6827	14.2059
	FD*FDI	−15.5087	99.183	−0.16	0.876	−212.1274	181.1100
	SEC	2.8737***	1.0160	2.83	0.006	0.8594	4.8879
	PGDP	12.3509***	4.4040	2.80	0.006	3.6205	21.0814
	PGDP^2	−0.5408**	0.2161	−2.50	0.014	−0.9694	−0.1123

续表

	变量	系数（coef）	标准误	T统计量	P>|t|	95%的置信限 [95%conf.interval]	
Q90	CONS	−62.9880***	17.5831	−3.58	0.001	−97.8455	−28.1305
	WP	1.1506***	0.1666	6.90	0.000	0.8202	1.4810
	FD	0.7997	2.1358	0.37	0.709	−3.4344	5.0338
	WFD	−15.1837***	1.9720	−7.70	0.000	−19.0931	−11.2744
	FDI	79.4880	81.6451	0.97	0.332	−82.3638	241.3401
	WFDI	−19.5129*	10.6392	−1.83	0.069	−40.6039	1.5780
	FD*FDI	−116.6376	101.7395	−1.15	0.254	−318.3242	85.0490
	SEC	2.7217***	0.7416	3.67	0.000	1.2515	4.1918
	PGDP	13.0467***	3.4633	3.77	0.000	6.1810	19.9124
	PGDP^2	−0.5662***	0.1682	−3.37	0.001	−0.8998	−0.2327

注：***、**、*分别表示在1%、5%和10%水平下显著。

对于中部地区，由表6-5的检验结果可以看出：

首先分析财政分权度对环境质量的影响效应。在不考虑相邻地方政府间的策略互动时，除0.9分位点外，财政分权（FD）对环境污染的影响系数均为负，但均没有通过显著性检验，这与全国层面的结论不一致，说明对中部地区来说，财政分权度对环境污染的影响作用不大，这可能是由于中部地区处于经济发展水平高和低的过渡区域，一方面地方政府有降低门槛引进外资的激励，另一方面地方政府又面临提高当地环境质量从而吸引优质外资的压力。考虑到地方政府间的财政策略互动效应时，财政分权的空间滞后项（WFD）对环境污染的影响效应随着分位点由低到高呈现出逐渐上升的变化趋势，但低分位点系数没有通过显著性检验，同东部地区的分析一样，表明相邻地区政府的财政政策对本地区环境质量没有显著稳定的影响效应。

进而分析以外商直接投资衡量的地方政府竞争对环境质量的影响效应。在不考虑相邻地方政府间的策略互动时，FDI对环境质量的影响系数处于正负交替的状态，但均没有通过显著性检验，这与东部地区的结论类似，由此可见，在引进外资的策略上，中部地区和东部地区有很大的相似性；考虑到相邻地区的外商直接投资对本地区环境污染的影响时,FDI 的空间滞后项(WFDI)对环境污染的影响系数为负,只有在少数的分位点通过显著性检验,表明 FDI 的环境溢出效应不明显,这与全国层面及东部地区的分析一致;同全国层面的结论一样,财政分权与外商直接投资的交叉项(FD*FDI)的估计系数为负,这与东部地区的分析存在差异,中部地区分权体制下地方政府的外商投资竞争情况更贴近全国总体水平。

环境污染空间滞后项(WP)均为正,且除 0.1 分位点外均通过显著性检验,同全国层面及东部地区的分析一样,表明环境污染存在空间溢出效应,容易形成污染集聚的俱乐部现象,中部地区的环境状况也印证了环境污染集聚理论。

从控制变量来看,实证结论与全国层面和东部地区的分析基本一致,以第二产业比重表示的产业结构(SEC)对环境污染呈正向影响作用,且均在 10% 及以上水平通过显著性检验,随着分位点由低到高增加,产业结构对环境污染的影响系数逐渐增大,第二产业比重越高,对当地环境污染的影响效应越大,这与全国层面的分析一致。此外,人均 GDP 及其平方项的估计系数符合环境库兹涅茨假说。

表 6-6　财政分权、地方政府竞争与环境污染的分位数回归结果(西部地区)

	变量	系数(coef)	标准误	T 统计量	P>|t|	95%的置信限 [95%conf.interval]	
Q10	CONS	−4.2453	8.0962	−0.52	0.601	−20.2752	11.7845
	WP	0.0930	0.1364	0.68	0.497	−0.1770	0.3631
	FD	7.0851***	1.5018	4.72	0.000	−10.0587	−4.1116
	WFD	3.2447**	1.2951	2.51	0.014	0.6803	5.8090
	FDI	68.7996	76.3341	0.90	0.369	−82.3366	219.9359
	WFDI	−6.3354	13.0333	−0.49	0.628	−32.1406	19.4691
	FD*FDI	−83.4391	91.7987	−0.91	0.365	−265.1943	98.3159
	SEC	−0.1256	0.7430	−0.17	0.866	−1.5967	1.3454
	PGDP	1.2849	1.6738	0.77	0.444	−2.0290	4.5989
	PGDP^2	−0.0408	0.0844	−0.48	0.629	−0.2081	0.12630

续表

	变量	系数(coef)	标准误	T统计量	P>|t|	95%的置信限 [95%conf.interval]	
Q25	CONS	3.7858	8.8833	0.43	0.671	−513.8026	21.3743
	WP	−0.1827	0.2135	−0.86	0.394	−0.6055	0.2400
	FD	7.1611***	1.2143	5.90	0.000	−9.5656	−4.7567
	WFD	3.6219***	1.1491	3.15	0.002	1.3467	5.8970
	FDI	160.1146*	85.8947	1.86	0.065	−9.9509	330.1802
	WFDI	0.1816	16.4245	0.01	0.991	−32.3378	32.7011
	FD*FDI	−189.829*	100.4957	−1.89	0.061	−388.8035	9.1454
	SEC	−0.7985	0.6506	−1.23	0.222	−2.0867	0.4896
	PGDP	−0.3704	1.8263	−0.20	0.840	−3.9864	3.2456
	PGDP^2	0.0493	0.0933	0.53	0.598	−0.1353	0.2341
Q50	CONS	16.2320*	8.1205	2.00	0.048	0.1539	32.3101
	WP	0.6742***	0.2319	2.91	0.004	−1.1334	−0.2150
	FD	7.6344***	1.2459	6.13	0.000	−10.1014	−5.1675
	WFD	3.0010***	1.0188	2.95	0.004	0.9837	5.0183
	FDI	152.0618	104.1123	1.46	0.147	−54.0733	358.1969
	WFDI	35.5379***	9.4280	3.77	0.000	16.8711	54.2048
	FD*FDI	−179.6870	122.238	−1.47	0.144	−421.7097	62.3358
	SEC	1.1255*	0.5677	−1.98	0.051	−2.2496	−0.0015
	PGDP	−2.6287	1.6633	−1.58	0.117	−5.9220	0.6645
	PGDP^2	0.1674**	0.0835	2.00	0.047	0.0019	0.3328
Q75	CONS	23.0617**	9.6827	2.38	0.019	3.8906	42.2328
	WP	0.9626***	0.1734	5.55	0.000	−1.3061	−0.6192
	FD	7.2216***	1.2683	5.69	0.000	−9.7328	−4.7104
	WFD	2.1525*	1.2767	1.69	0.094	−0.3754	4.6804
	FDI	147.9423	106.6365	1.39	0.168	−63.1905	359.0751
	WFDI	44.8243***	7.8890	5.68	0.000	29.2045	60.4440
	FD*FDI	−173.0776	123.577	−1.40	0.164	−417.7515	71.5963
	SEC	−0.8151	0.5416	−1.51	0.135	−1.8876	0.2572
	PGDP	−3.8338*	2.1258	−1.80	0.074	−8.0428	0.3750
	PGDP^2	0.2263**	0.1069	2.12	0.036	0.0145	0.4381

续表

变量		系数(coef)	标准误	T统计量	P>ltl	95%的置信限 [95%conf.interval]	
Q90	CONS	12.4306	13.6137	0.91	0.363	-14.5237	39.3849
	WP	1.0216***	0.2181	4.68	0.000	-1.4536	-0.5896
	FD	7.2900***	1.6022	4.55	0.000	-10.4623	-4.1178
	WFD	3.1062*	1.8513	1.68	0.096	-0.5593	6.7718
	FDI	159.1448	153.8814	1.03	0.303	-145.5296	463.8193
	WFDI	31.1126***	10.7109	2.90	0.004	9.9057	52.3195
	FD*FDI	-181.2908	176.0369	-1.03	0.305	-529.8317	167.2501
	SEC	-0.7387	0.5525	-1.34	0.184	-1.8327	0.3551
	PGDP	-1.5119	3.1246	-0.48	0.629	-7.6986	4.6746
	$PGDP^2$	0.0928	0.1572	0.61	0.541	-0.2149	0.4075

注:***、**、*分别表示在1%、5%和10%水平下显著。

对于西部地区,由表6-6的检验结果可以看出:

首先分析财政分权度对环境质量的影响效应。在不考虑相邻地方政府间的策略互动时,财政分权(FD)对环境污染的影响系数均为正且在1%的水平通过显著性检验,财政分权对环境污染起到显著的促进作用,这与全国层面的分析一致,有众多研究支持这一"竞次"观点,比较有代表性的有钱颖一和温加斯特(Qian and Weingast,1997)[1]、刘建民等(2015)[2]。但这与东部地区和中部地区的分析结论不一致,主要原因在于西部地区的经济发展水平较低,拥有一定程度的财政自主权,地方政府最大的激励主要表现在促进当地的经济发展,环境质量在以GDP为主要考核指标的晋升机制中起到的作用较为微弱,面临发展的压力,当地政府存在着以环境换取经济增长的激励。同全国层面的分析一样,考虑到地方政府间的财政策略互动效应时,财政分权的空间滞

---

[1] Qian Y.,Weingast B.R.,Federalism as a commitment to perserving market incentives,*The Journal of Economic Perspectives*,1997,11(4),pp.83~92.

[2] 刘建民、陈霞、吴金光:《财政分权、地方政府竞争与环境污染——基于272个城市数据的异质性与动态效应分析》,《财政研究》2015年第9期。

后项（WFD）对环境污染的影响效应随着分位点由低到高呈现出"U"型的变化趋势，但系数均没有通过显著性检验，这表明相邻地区政府的财政政策对本地区环境质量没有显著稳定的影响效应。

进而分析以外商直接投资衡量的地方政府竞争对环境质量的影响效应。在不考虑相邻地方政府间的策略互动时，FDI对环境污染的影响系数为正，这与东部地区和中部地区的情况有所不同，主要原因可能是西部地区经济发展水平较低，地方政府有更大的激励来促进当地的经济发展，有些甚至会以降低环境准入门槛来换取资金的注入。考虑到相邻地区的外商直接投资对本地区环境污染的影响时，FDI的空间滞后项（WFDI）对环境污染的影响系数主要为正，且多数通过显著性检验，这与东部地区及中部地区的情况也有所差异，主要原因在于环境污染通常具有显著的空间溢出特征，西部地区引进的外资中污染较为严重企业占比较高。财政分权与外商直接投资的交叉项（FD*FDI）的估计系数为负，这与全国层面及中部地区的情况较为相似。

环境污染空间滞后项（WP）的系数在0.1和0.25分位点没有通过显著性检验，在其他分位点显著为正，表明环境污染存在空间溢出效应，这与其他地区的分析一致。

从控制变量来看，实证结论与全国层面和东部地区的分析基本一致，以第二产业比重表示的产业结构（SEC）对环境污染呈正向影响作用，且均在10%及以上水平通过显著性检验，随着分位点由低到高增加，产业结构对环境污染的影响系数逐渐增大，第二产业比重越高，对当地环境污染的影响效应越大，这与全国层面的分析一致。此外，人均GDP及其平方项的估计系数符合环境库兹涅茨假说。

主要结论

本章基于2003—2015年中国31个省（市）的数据，运用工业废水、工业废

气和工业烟(尘)排放构建的环境污染综合指数,分析了财政分权、地方政府竞争对环境污染的影响效应,实证结果表明:

第一,我国环境污染存在时间惯性和正向的空间溢出特征,前期遗留污染对当期环境质量具有明显的影响,邻近区域环境污染越严重,对本地环境污染的促进作用越明显,我国的环境污染存在"局域俱乐部"现象。

第二,财政分权对环境污染的影响效应具有显著的区域差异。对东部地区和中部地区,财政分权对环境污染的直接影响作用不大,但是对西部地区,财政分权对环境污染具有明显的"竞次"效应,且随着财政分权度的提升,环境质量将进一步恶化,但相邻地区政府的财政政策不会直接加剧本地的环境污染状况。

第三,地方政府存在着为吸引外商直接投资而降低本地环境质量标准的情况,地方政府竞争对本地的环境污染具有显著的加剧作用,邻近地区的外资使用情况没有加剧本地的环境污染,目前我国地方政府竞争更多地体现在引进外资的竞争上,并没有形成"与邻为壑"的外资使用格局。财政分权与外商直接投资的交叉项的估计系数为负,即分权体制下地方政府的外商投资竞争行为,并没有进一步加深财政分权对环境质量的负面影响。

第四,第二产业比重越高,对当地环境污染的影响效应越大,第二产业是污染排放的主要来源,人均 GDP 与环境污染程度之间呈现出库兹涅茨倒"U"型曲线。

第七章　中国财政分权对市场一体化
发展的影响效应研究

改革开放以来,随着国家区域发展总体战略的相继实施,我国区域内基础设施体系得到实质性的改善,高效的通讯及道路基础设施已初步形成,各区域市场分割程度都呈现出显著且稳定的下降趋势(Poncet,2003)[1],我国市场一体化程度在不断上升(桂琦寒等,2006)[2]。"十三五"规划纲要提出:"加快形成统一开放、竞争有序的市场体系,建立公平竞争保障机制,打破区域分割和行业垄断,着力清除市场壁垒,促进商品和要素自由有序流动、公平交换。"目前,我国经济发展步入了以调整带动发展的"三期叠加"新阶段,市场分割正逐渐成为制约规模经济效应的重要因素,实现地方政府跨区域基础设施一体化程度、公共服务的均衡发展和打破"以邻为壑"的市场一体化政策是我国经济发展"新常态"的现实选择。因此,研究财税竞争对我国市场一体化存在的"空间溢出效应"和"空间关联效应"具有重要意义。

现有研究大都把市场分割的深层原因归结为我国的行政性分权和地方政

---

① Poncet,Sandra,Measuring Chinese domestic and international integration,*China Economic Review*,2003.

② 桂琦寒、陈敏、陆铭、陈钊:《中国国内商品市场趋于分割还是整合:基于相对价格法的分析》,《世界经济》2006年第2期。

府行为(银温泉和才婉茹,2001)①。1994年我国的分税制改革,中央将部分资源配置权下放到地方政府,地方政府为了获得独立经济利益目标和资源配置权限,通过以各种财税优惠政策吸引外部资源流入本地区,从而构建地区贸易壁垒和行业垄断对市场进行分割。地方政府会出于保护本地区弱势产业、获取国企高额税收(白重恩等,2004)②、追求经济效益最大化和社会稳定等动机采取地方保护主义行为,并且市场分割确实能够带来经济增长(陈敏等,2007)③。然而,我国国内市场是一个具有分割性质的经济体(Cellular Units),伴随着市场分割以及不平等程度的不断加深,市场分割对经济绩效会产生负效应(张如庆和张二震,2009)④。具体而言,地方政府间面临博弈时,本地方政府通过"以邻为壑"政策,限制外地产品流入和本地资源流出,从而实施扶持本地经济的占优策略。然而,在市场分割的"囚徒困境"中,区域整体经济会付出"规模不经济"的代价(刘小勇,2011)⑤。陆铭和陈钊(2009)⑥指出,分割市场对经济增长具有"倒U型"的影响,市场分割程度不同,对本地经济增长影响会有所差异。阻碍我国市场一体化的影响因素包括对外开放程度、国有经济比重和技术差距等(范爱军等,2007)⑦。黄玖立和李坤望(2006)⑧指出,随着经济全球化的快速发展,公平竞争能使国内市场产生规模经济和收获

---

① 银温泉、才婉茹:《我国地方市场分割的成因和治理》,《经济研究》2001年第6期。

② 白重恩、杜颖娟、陶志刚、仝月婷:《地方保护主义及产业地区集中度的决定因素和变动趋势》,《经济研究》2004年第4期。

③ 陈敏、桂琦寒、陆铭、陈钊:《中国经济增长如何持续发挥规模效应?》,《经济学(季刊)》2007年第1期。

④ 张如庆、张二震:《市场分割、FDI与外资顺差——基于省际数据的分析》,《世界经济研究》2009年第2期。

⑤ 刘小勇:《市场分割对地方财政收入增长影响的跨地区和跨时效应》,《财贸研究》2011年第2期。

⑥ 陆铭、陈钊:《分割市场的经济增长——为什么经济开放可能加剧地方保护?》,《经济研究》2009年第3期。

⑦ 范爱军、李真、刘小勇:《国内市场分割及其影响因素的实证分析——以我国商品市场为例》,《南开经济研究》2007年第5期。

⑧ 黄玖立、李坤望:《出口开放、地区市场规模和经济增长》,《经济研究》2006年第6期。

更高的资源回报率,从而有利于加快国内一体化进程。刘小勇(2013)[1]通过将空间因素引入到市场一体化分析当中发现,市场分割对经济增长产生直接效应、回响效应和溢出效应,这为研究我国市场一体化变动提供新的视角。

综上所述,现有研究大多分析我国市场一体化和市场分割的空间集聚特征和空间的"相邻效应",而忽视财税竞争对我国市场一体化的"空间关联效应"与"空间非线性关系"。其次,空间计量方法基于"属性数据",考察的是我国市场一体化"量"的效应,考虑到空间网络分析方法运用的是"关系数据",将空间网络方法运用于我国市场一体化的研究可使分析结论得到进一步丰富。最后,需要引入空间关联效应和区域异质性对我国市场分割程度的空间差异性以及市场一体化趋势进行分析,拓展已有的分析视野。因此,本章利用空间网络分析方法测算出 2000—2016 年我国市场一体化的空间关联关系,采用空间滞后半参数面板模型研究财税竞争对市场分割与市场一体化发展的空间非线性效应,为促进我国市场一体化水平均衡发展的财税政策制定提供实证依据。

一、中国市场一体化空间关联网络分析

(一)中国市场一体化测度

为了考察我国市场一体化的水平,需要构建和测算市场分割指数,它能比较准确地反映出国内市场的整合情况:若市场分割指数越大,则反映出国内市场一体化水平越低,反之亦然。目前对市场分割指数的测度方法主要有贸易流量法和价格指数法。贸易流量法是基于国家间(或地区间)贸易流量数据。然而,贸易流量法因缺少理论基础而遭到质疑,而价格指数法是通过分析地区

---

① 刘小勇:《市场分割对经济增长影响效应检验和分解》,《经济评论》2013 年第 1 期。

间商品价格的差异来测度市场分割的情况,"冰山成本"模型提出由于在交易过程中存在交易成本,商品价值在运输过程中会有一定程度的损失。地区间的相对价格 P_i/P_j(其中 i 和 j 表示地区)在特定区间内波动,可以认为地区 i 和地区 j 的市场是整合的。鉴于此,我们将借鉴盛斌和毛其淋(2011)[①]、邓明(2014)[②]的价格指数法来测算中国各个省份 2000—2016 年与其他省份之间的市场分割指数和市场一体化指数。为了测算相对价格方差首先需要构造三维($t \times i \times k$)面板数据,其中,t 表征时间,i 表征地区,k 表示商品,文章选取粮食、服装鞋帽、饮料烟酒、文化体育用品、药品、书报杂志、日用品及燃料等 8 类商品的 14 年和 30 个省份的数据,具体计算步骤如下:

首先,由于是使用商品零售价格的环比指数作为原始数据,所以计算相邻地区 i 和 j 一阶差分形式的相对价格绝对值 $|\Delta Q^k{}_{ijt}|$,表达式如下:

$$|\Delta Q^k{}_{ijt}| = \ln(P^k_{it}/P^k_{jt}) - \ln(P^k_{it-1}/P^k_{jt-1}) = \ln(P^k_{it}/P^k_{it-1}) - \ln(P^k_{jt}/P^k_{jt-1})$$

$$(7.1)$$

其次,地区间的市场环境差异会对相对价格绝对值 $|\Delta Q^k{}_{ijt}|$ 产生影响,同时商品异质性的不可加效应使得实际市场分割指数被高估。文章通过去均值法(De-mean)剔除系统偏误,假设 $|\Delta Q^k{}_{ijt}|$ 是由 a^k 与 ε^k_{ijt} 所引起变动,即 $|\Delta Q^k_{ijt}| = a^k + \varepsilon^k_{ijt}$。其中,$a^k$ 为 k 类由于商品自身特性所引起的价格变动,而 ε^k_{ijt} 为 i 和 j 地区市场环境所引起的价格变动。此外,通过年份 t 和商品 k 的 $|\Delta Q^k{}_{ijt}|$ 在相邻地区间求均值 $\overline{|\Delta Q^k_t|}$,再用 $|\Delta Q^k{}_{ijt}|$ 减去 $\overline{|\Delta Q^k_t|}$,即可消除固定效应产生的系统偏误 a^k。q^k_{ijt} 就是相对价格的变动部分,表达式如下:

$$q^k_{ijt} = e^k_{ijt} - \overline{e^k_{ijt}} = |\Delta Q^k_{ijt}| - \overline{|\Delta Q^k_t|}$$

$$(7.2)$$

再次,计算地区间商品相对价格波动 q^k_{ijt} 的方差 $\mathrm{var}(q^k_{ijt})$,从而计算各地

---

① 盛斌、毛其淋:《贸易开放、国内市场一体化与中国省际经济增长》,《世界经济》2011 年第 11 期。

② 邓明:《中国地区间市场分割的策略互动研究》,《中国工业经济》2014 年第 2 期。

区组合的相对价格方差值,通过按照合并数据得到各地区与全国其他地区间的市场分割指数 $segm = \mathrm{var}(q_{nt}) = (\sum_{i \neq j} \mathrm{var}(q_{ijt}))/N$,其中,$n$ 表示地区,N 表示合并地区数。

最后,理论分析可知,市场分割指数与市场一体化程度之间呈反向关系。因此,在计算得到的市场分割指数上,用市场分割指数倒数的平方根来刻画我国地区市场一体化程度: $integ = \sqrt{1/segm}$ 。

(二)市场一体化的空间分布格局

以 2016 年我国市场一体化数据,运用地理信息系统(GIS)的可视化方法,采用自然断点法(Natural Breaks Jenks)对数据进行划分,绘制出我国市场一体化的空间分布格局,用来描述市场一体化的空间非均衡特征。同时,运用地理统计分析中的趋势分析工具对我国地方市场一体化的空间分布趋势进行画图。将市场一体化程度作为高度属性值(Z 值),图 7-1 中每根竖线代表各个区域市场一体化在东西方向和南北方向正交平面上的投影。我国市场一体化的最优拟合线在东西呈现中部略高的拱形曲线,南北呈现向下的曲线,说明我国市场一体化东西部较为均衡,北部高于南部地区。综上可知,我国市场一体化程度呈现出空间的非均衡分布格局。

(三)空间溢出关系识别及空间关联网络结构特征分析

空间关联网络分析以"关系"作为基本单位,针对"关系数据"描述关系模式对结构整体的影响。考察空间溢出来源的关键在于识别中国市场一体化的空间溢出关系。由于地区间行政边界的存在而导致区域市场产生"边界效应",采用引力方程(Gravity Equation)来测算我国市场一体化的区域分布情况。文章综合考虑区域经济增长存在的空间影响及区域间经济影响力对市场一体化的空间溢出影响,选择修正的引力模型确定中国市场一体化空间溢出

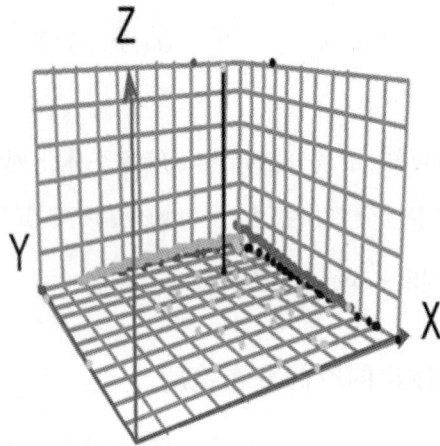

图 7-1 中国市场一体化的空间分布格局及趋势图

关系,修正的引力模型如式(7.3)所示。其中,R_{ij} 为地区 i 和地区 j 间市场一体化程度的引力;i 和 j 代表地区;P_i 和 P_j 分别为地区 i 和地区 j 的年末人口数;G_i 和 G_j 分别为地区 i 和地区 j 的 GDP;k_{ij} 为地区 i 对于两个地区 i 和 j 间市场一体化联系的贡献率;N_i 和 N_j 分别为地区 i 和地区 j 的市场一体化程度。以地区 i 和 j 间的距离(D_{ij})与地区 i 和 j 人均 GDP 的差值($g_i - g_j$)的比值来表示"距离"。

$$R_{ij} = k_{ij} \frac{\sqrt[3]{P_i G_i N_i} \sqrt[3]{P_j G_j N_j}}{[D_{ij}/(g_i - g_j)]^2}, k_{ij} = \frac{N_i}{N_i + N_j} \tag{7.3}$$

通过计算区域间市场一体化的空间关联矩阵,构建了以 30 个省份为节点的中国市场一体化空间网络关联图(如图 7-2 所示)。我国市场一体化呈现出复杂的、多线程的空间溢出关系,其中,我国市场一体化关联关系较多的省份有河南、山东、湖北、湖南、江苏、安徽、新疆、陕西 8 个省份。这说明我国区域市场一体化发展水平不仅受到当地经济发展水平和人口密集等因素的影响,还受到其他区域有可能存在的溢出关系的影响,为我国市场一体化政策的制定带来挑战。因此,在制定市场一体化改革政策时,需要综合考虑地理近邻效应和跨地区市场间的差异,探索不同来源的空间溢出效应对我国市场一体化的影响,为我国区域市场跨区域协同治理的实施带来机遇。

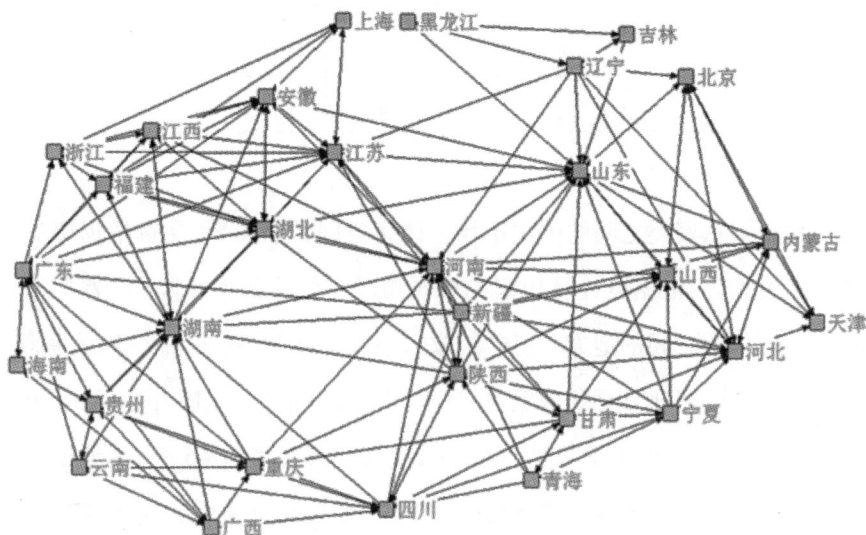

图7-2　中国市场一体化的空间溢出网络图

（四）空间关联网络的块模型分析

块模型分析法是研究各地区市场一体化在网络中的角色和联动网络的内部结构状态。基于地方政府非税收入角色位置,采用CONCOR方法对空间网络板块关联关系进行刻画选取分割深度为2,把中国30个省份划分为四个板块。通过测算可知不同模块间的关联关系数量为70,模块内自身的关系数为129,说明模块间存在显著的空间关系。

表7-1　中国市场一体化空间关联板块的溢出效应

板块	接收关系数合计（个）		发出关系数合计（个）		期望内部关系比例（％）	实际内部关系比例（％）
	板块内	板块外	板块内	板块外		
板块Ⅰ	46	30	46	7	31	87

续表

板块	接收关系数合计(个)		发出关系数合计(个)		期望内部关系比例(%)	实际内部关系比例(%)
	板块内	板块外	板块内	板块外		
板块 II	12	4	12	32	14	27
板块 III	42	25	42	12	24	78
板块 IV	29	11	29	19	21	60

为清晰揭示聚类之间的中国市场一体化空间关联关系,文章依据聚类测算得出密度矩阵,依据已计算得出的中国市场一体化的像矩阵(见表7-2),刻画出不同聚类之间的地方政府非税收入空间关联关系(见图7-3)。板块 I 包括北京、天津、河北、山西、内蒙古、辽宁、吉林、黑龙江、河南、山东共 10 个省份,第 I 模块中的溢出关系数量为 53 个,模块内部关系有 46 个,其他模块溢出关系有 30 个,期望值内部关系比例为 31%,实际内部关系比例为 87%。本模块中的区域主要分布在京津冀、环渤海地区,属于"净受益角色"。板块 II 包括青海、陕西、新疆、宁夏、甘肃共 5 个省份,第 II 模块中的溢出关系数量有 44 个,属于模块内部关系的有 12 个,接受其他模块溢出关系为 4 个,期望值内部关系比例为 14%,实际内部关系比例为 27%。此模块中的区域位于中国西部,属于"净溢出角色"。板块 III 有江苏、湖北、湖南、浙江、安徽、福建、江西、上海共 8 个省份,第 III 板块的溢出关系数量为 54 个,模块内部关系有 42 个,其他板块溢出关系数量为 25 个。期望值内部关系比例为 24%,实际内部关系比例为 78%。本模块的区域位于华东地区,这里经济发达,与其他区域的市场交流密切,在市场一体化空间网络中有中介的作用,因此属于"经纪人角色"。板块 IV 含有贵州、云南、广东、广西、海南、重庆、四川共 7 个省份,第 IV 模块中的溢出关系为 48 个,属于模块内部的有 29 个,接受其他模块溢出关系数为 11 个,期望值内部关系比例为 21%,实际内部关系比例为 60%。这个模块中的区域位于西南地区和北部湾经济圈,其中广东、广西、海南面向东

南亚,邻近港澳,是西南、中南地区的出海大通道,故此板块内部的联系比较多,属于"双向溢出角色"。综上所述,模块 I 和模块 III 不仅存在自身内部的市场一体化关联关系,还分别接受来自模块 II 和模块 IV 的溢出,说明经济发达的京津冀、环渤海地区、华东地区更加需要其他经济较落后地区的市场溢出。第 II 模块和第 III 模块,由于受西部大开发、长江经济带等的区域发展战略影响,市场经济发展迅速,成为了市场一体化空间关联网中的"纽带"。综上所述,在我国市场一体化发展中,不仅要关注经济发达地区的市场优势,更要关注偏远地区,避免市场失衡,统筹兼顾,达到全国市场一体化。

表7-2 中国市场一体化的关联密度矩阵与像矩阵

模块	密度矩阵				像矩阵			
	模块 I	模块 II	模块 III	模块 IV	模块 I	模块 II	模块 III	模块 IV
模块 I	0.511	0.020	0.075	0.000	1	0	0	0
模块 II	0.380	0.600	0.125	0.229	1	1	0	1
模块 III	0.112	0.000	0.750	0.054	0	0	1	0
模块 IV	0.029	0.086	0.250	0.690	0	0	1	1

注:"1"表示存在行指向列的关联关系,"0"表示没有关联关系。

二、空间滞后半参数面板模型设定与实证检验

(一)模型设定

运用格点插值和三维立体曲面图模拟财政分权、财政支出竞争与国内市场一体化水平的关系。从图 7-4 中发现,曲面的倾斜度变化比较明显,说明随着财政分权和财政支出竞争的变化,中国市场一体化水平会产生显著变化过程。曲面上财政分权与市场一体化水平呈现出平面投影向上的斜线,表明财政分权与市场一体化水平间存在明显的负向关系,中国市场一体化程度随

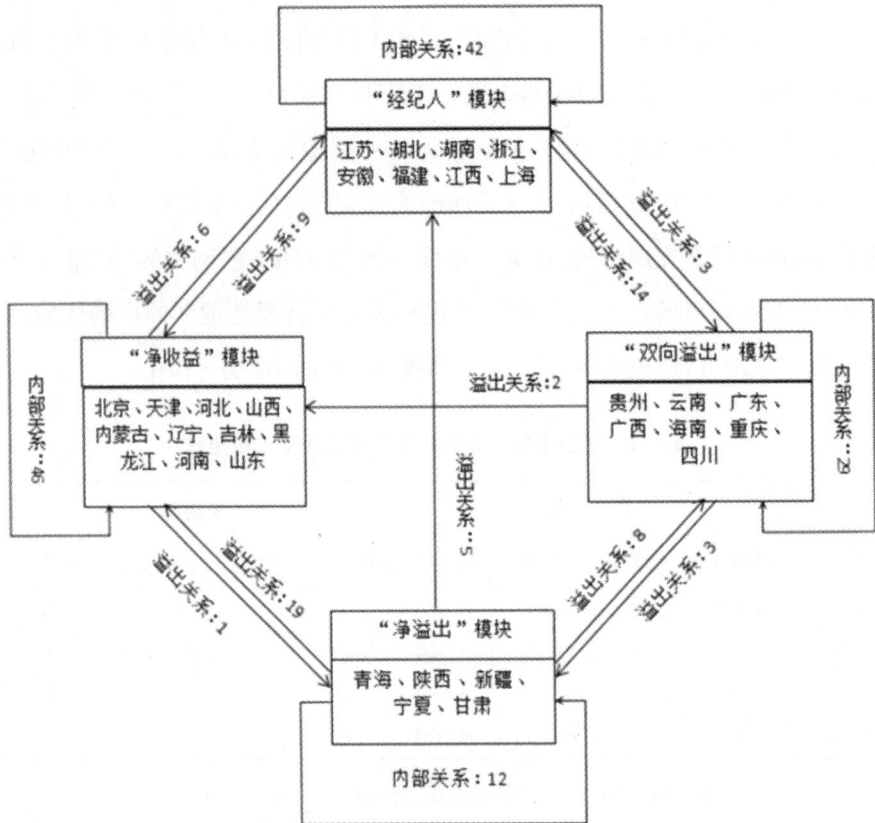

图7-3 中国市场一体化四大模块的关联关系图

着财政分权的增强而降低。税收政策是政府参与经济活动的重要途径,抑制
了市场在资源配置中的作用,财政分权越强,地方政府越可能采取地方保护的
策略,阻碍国内市场一体化进程。曲面上财政支出竞争与市场一体化水平呈
现出平面投影向上的抛物线,表明财政支出竞争与市场一体化水平间存在正
向关系,中国市场一体化程度随着财政支出竞争的增强而提高。政府间的财
政支出竞争导致地方政府提高了财政支出用于建设和改良基础设施等公共产
品和公共服务,良好的基础设施和公共服务可以提高企业生产率、降低生产成
本,并且吸引外部投资进入本地区,提高本地经济的发展速度和产业聚集程

度,形成一定的地区规模经济,进而提高国内市场一体化水平。

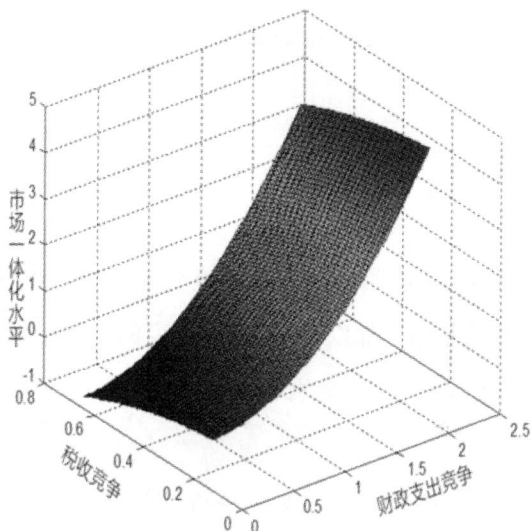

图 7-4　财政分权、财政支出竞争与市场一体化关系的 3D 图

地方政府竞争会带来市场分割的"逆市场"和"市场一体化"的"顺市场"的双重力量。在加入监督机制和多方博弈等政府竞争,在一定程度上提高区域间的理性合作,区域间政府财税竞争与市场分割程度呈现出空间差异性特征。所以,需要考虑利用空间计量模型来分析财税竞争对中国市场一体化水平的空间异质性和非线性关系。文章借鉴叶阿忠等(2015)[①]空间滞后半参数面板模型(SLSM),在分析财税竞争影响我国市场一体化水平中引入空间非线性因素,模型设定如下:

$$y_{it} = \alpha_i + \rho \sum_{j \neq i} W y_{it} + \beta x_{it} + G(z_{it}) + u_{it},$$

$$i = 1, 2, \cdots, N; t = 1, 2, \cdots, T \tag{7.4}$$

其中, i 和 t 分别代表地区和时间, α_i 为个体扰动项, μ_{it} 为随机扰动项,

---

① 叶阿忠、吴继贵、陈生明:《空间计量经济学》,厦门大学出版社 2015 年版。

$G(z_{it})$ 是未知函数的非参数部分，z_{it} 为非参数部分的解释变量，包括财政分权和财政支出竞争。被解释变量 y_{it} 包括市场一体化水平和市场分割程度，控制变量包括对外开放程度、国有经济比重和技术差距。W 为空间权重矩阵，表达式如下：

$$W_d = \begin{cases} (\overline{Q_i} \times \overline{Q_j})/d_{ij}^2, & i \neq j \\ 0, & i = j \end{cases} \tag{7.5}$$

其中，d_{ij} 为省份间的地理距离，商品的流动是会受到空间距离"天然"屏障的限制，在空间权重系数中加以考虑（地理距离的单位为平方公里，数据来自于中国行政区划网）；$\overline{Q_i}$ 和 $\overline{Q_j}$ 分别表示两个省份实际人均 GDP（样本期均值）。

若式（7.4）中的 $E[G(z_{it})] \neq 0$，则可将其归入 α_i；假设 $E[G(z_{it})] = 0$，则当参数部分的解释变量出现内生变量而非参数部分的解释变量都是外生变量时，需要对式（7.4）的参数分量 α_i, ρ, β 和非参数分量 $G(\cdot)$ 进行估计：

$$G(z_{it}) = E(y_{it} \mid z_{it}) - \alpha_i - \rho E(Wy_{it} \mid z_{it}) - \beta[E(x_{it} \mid z_{it})] \tag{7.6}$$

于是，得到非参数分量 $G(\cdot)$ 的初步估计：

$$\hat{G}(z_{it}; \alpha_i, \rho, \beta) = E(y_{it} \mid z_{it}) - \alpha_i - \rho E(Wy_{it} \mid z_{it}) - \beta[\hat{E}(x_{it} \mid z_{it})] \tag{7.7}$$

通过初步估计法对式（7.7）中非参数分量进行替代，得到消除 α_i 的参数模型如下：

$$y_{it} - \hat{E}(y_{it} \mid z_{it}) = \rho[Wy_{it} - \hat{E}(Wy_{it} \mid z_{it})] + \beta[x_{it} - \hat{E}(x_{it} \mid z_{it})] + u_{it} \tag{7.8}$$

再利用工具变量的广义矩阵估计得到参数 ρ, β 的估计 $\hat{\rho}, \hat{\beta}$，由于 $E[G(z_{it})] = 0$，可以得到个体扰动项 α_i 的估计以及非参数分量 $G(\cdot)$ 和一阶偏导数的估计：

$$\hat{\alpha_i} = E(y_{it}) - \hat{\rho}E(Wy_{it}) - \hat{\beta}[E(x_{it})] \tag{7.9}$$

$$\hat{G}(z_{it}) = \hat{G}(z_{it};\hat{\alpha}_i,\hat{\rho},\hat{\beta}) \tag{7.10}$$

$$\frac{\partial \hat{G}(\cdot)}{\partial z_{it}} = \frac{\hat{G}(z_{it};\hat{\alpha}_i,\hat{\rho},\hat{\beta})}{\partial z_{it}} \tag{7.11}$$

其中,空间滞后半参数面板模型可以利用偏导数值 $\partial \hat{G}(\cdot)/\partial z_{it}$ 构成偏导数图,反映的是财政分权对市场一体化水平与财政支出竞争对市场分割程度的空间非线性影响。

（二）数据说明

财税政策作为地方政府活动在空间上的承载手段,会通过本地区的经济活动与邻近地区形成较强的空间溢出效应,本地区的财税政策对邻近地区还具有一定的回流效应,从而有可能对本地区市场一体化水平产生抑制作用;也可能对邻近地区产生扩散效应,导致对本地区市场一体化水平产生促进作用。我们选择财政分权(tax)和财政支出竞争($fiscal$)作为财税政策变量。其中,我国地方政府没有自行制定税率的决策权,基于地区间差异化的产业定位和发展战略,地方政府通过税率优惠和税收优惠政策吸引资本和生产要素流入,地方政府间的财政分权主要表现为财政分权手段和力度的差异,从而导致地区间宏观税负水平的不同。因此,采用本地区宏观税负与相邻地区平均宏观税负的比值来刻画财政分权程度(邵明伟等,2015)[1]。地方政府通过在政府消费环节中优先采购本地区产品促进经济发展,限制其他地区供应商进入到本地市场。采用本地区财政支出与相邻地区平均财政支出的比值来刻画财政支出竞争程度(任志成等,2015)[2]。

影响我国市场一体化进程的因素主要包括对外开放程度、国有经济比重

---

[1]　邵明伟、钟军委、张祥建:《地方政府竞争:税负水平与空间集聚的内生性研究》,《财经研究》2015 年第 6 期。

[2]　任志成、巫强、崔欣欣:《财政分权、地方政府竞争与省级出口增长》,《财贸经济》2015 年第 7 期。

和技术差距。对外开放程度(open):随着我国对外开放程度水平的提高,整体关税的降低使得地方政府面临着竞争激烈的市场环境,采取分割市场和地方保护主义政策的成本在不断提高;此外,外商投资的准入门槛降低和企业的形式变得多样化,跨区域的合资、合营企业集团促使地方政府间加强区域经济的合作,最终促使地方政府逐渐减少分割市场的活动。我们用各地区进出口占该地区生产总值比重来度量,由于进出口数据的单位为美元,因此使用各年度汇率对进出口数据进行换算,得到人民币的进出口数据。国有经济比重(state):以国有单位职工人数占地区职工总人数的比例来衡量。技术差距(techn):技术相对落后地区可能会选择不按静态的比较优势加入全国市场分工体系,而是通过市场分割和地方保护主义来促进本地区"战略产业"的发展,以期提高地区在分享地区间分工利益的谈判中的"威胁点",因此技术相对落后的地区将更有激励加强对本地产业特别是战略性产业的保护。采用本地区发明、实用新型和外观设计三项专利的年授权数与相邻省份的授权量来衡量技术的地区差距。比值越低表明一个地区相对于相邻地区技术水平越是落后,采取分割市场策略的可能性更大;反之,如果一个地区相对于相邻地区越是技术水平高,采取促进市场一体化策略的可能性更大。

选取除港澳台、西藏地区以外的全国 30 个省(市、自治区)2000—2016 年作为数据样本,相关原始数据来源于《中国统计年鉴》《中国财政年鉴》《中国税务年鉴》《中国科技统计年鉴》及各省统计年鉴。以 2000 年为基期对各变量均利用价格指数进行平减,以剔除研究期间的通货膨胀或通货紧缩情况的影响;同时对变量做对数处理以消除数据存在的非平稳性计量问题。

(三)实证检验与拟合结果

采用 LLC 检验和 PP-Fisher 检验对各变量进行单位根检验,检验结果表明回归变量均通过 10% 的显著性检验,Pedroni 和 Kao 的面板协整检验结果在 10% 的显著性水平上显著,说明变量间存在协整关系,面板数据具备平稳性,可以通过半参数面板空间滞后模型进行实证检验。采用固定效应模型(FE)、空间滞后模型(SLM)和空间滞后的半参数模型(SLSM)对模型进行回归估计,从模型估计结果可知,空间自回归系数(W_lnteg)和(W_Segm)都通过了1%的显著性水平检验,说明本地区市场一体化水平(市场分割)与相邻省份市场一体化水平(市场分割)存在正的空间溢出效应;此外,空间滞后的半参数模型(SLSM)的变量方向基本与 SLM 模型估计结果一样,说明研究检验结果具有可信度。

财政分权(tax)对市场一体化水平在 FE 模型通过了5%的显著性水平检验,在 SLM 模型通过了1%的显著性水平检验,且估计系数都为负。说明我国的财政分权越高市场一体化水平越低,阻碍了市场一体化的发展,且相邻地区的税收收入增加将会降低本地的市场一体化水平。此外,通过偏导数图(见图 7-5)反映财政分权对中国市场一体化水平的空间非线性影响,偏导数图的横坐标表示财政分权变量,纵坐标表示其对市场一体化水平的导数,即每提高一个单位的财政分权引起市场一体化水平的变化率。从偏导数图 7-5 可知,财政分权对中国市场一体化存在非线性溢出效应,近似服从"W"形分布情况。1994 年分税制改革制度强化地方政府财政创收激励,在以增值税为主体税种的地方政府,国有企业成为地方经济的重要主体,地方政府为了保护本地区的财政收入,凭借行政规制权力实行地区封锁和经济割据,设置制造贸易进入壁垒或流出壁垒,重复建设和产业同构趋同,减少本地区国有企业的竞争对手,导致不顾规模经济和技术发展的要求,降低了资源配置效率,进一步削弱我国市场一体化程度。因此,政府需要考虑溢出所处的阶段和轨迹,制定促进地区市场一体化的税收政策。

财政支出竞争($fiscal$)对市场分割在 FE 模型通过了5%的显著性水平检验,在 SLM 模型通过了10%的显著性水平检验,且估计的系数都为正。说明财政支出竞争对市场分割有着正向的影响,近邻地区财政支出增加会促进本地区的市场分割。此外,通过偏导数图(见图 7-6)反映财政支出竞争对市

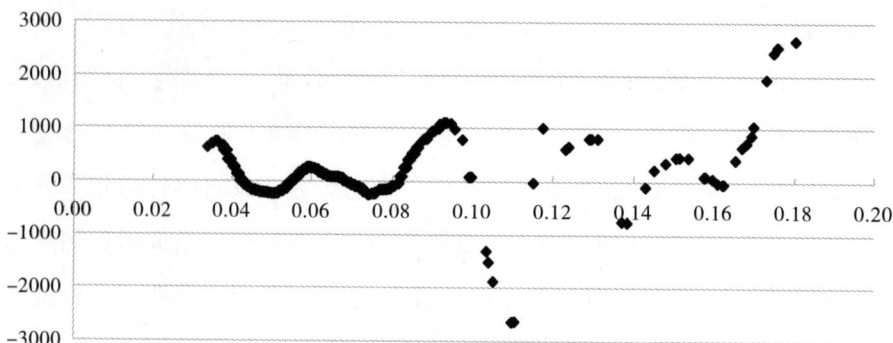

图7-5 财政分权对市场一体化的偏导数图

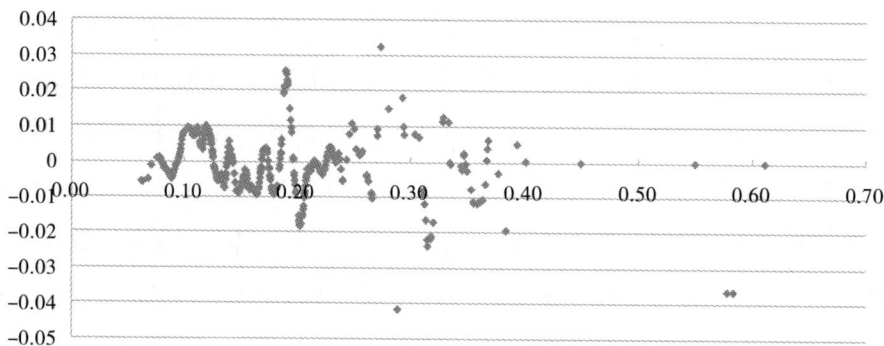

图7-6 财政支出竞争对市场分割的偏导数图

场分割的空间非线性影响,偏导数图的横坐标表示财政支出竞争变量,纵坐标表示其对市场分割的导数,即每提高一个单位的财政支出竞争引起市场分割的变化率。通过财政支出竞争对市场分割的空间非参数拟合曲线可知,财政支出水平处于低水平时,有助于抑制本地市场分割;而随着地方政府财政支出水平的提高,地方政府间往往会选择"相机抉择"行为而放弃"逐顶竞争"策略,处于"标杆竞争"中的地方政府往往会限制外部地区的商品进入本地区的市场,实施限制策略来保护自身利益,以邻为壑的回响效应会拉大地区间的差异和市场分割水平(任志成等,2014)①。

---

① 任志成、张二震、吕凯波:《贸易开放、财政分权与国内市场分割》,《经济学动态》2014年第12期。

表7-3　半参数面板空间滞后模型回归结果

变量	市场一体化模型			变量	市场分割模型		
	固定效应模型（FE）	空间滞后模型（SLM）	空间滞后的半参数模型（SLSM）		固定效应模型（FE）	空间滞后模型（SLM）	空间滞后的半参数模型（SLSM）
tax	-13.61** (-2.21)	-7.24*** (-2.56)	见偏导数散点图7-1	fiscal	0.07** (1.97)	0.06* (1.70)	见偏导数散点图7-2
open	6.46** (1.99)	4.46* (1.85)	6.73** (2.27)	open	-0.04*** (-3.83)	-0.03*** (-3.05)	-0.36*** (-3.36)
state	-17.53*** (-3.55)	-21.58*** (-5.56)	-16.02*** (-3.15)	state	0.02*** (7.09)	0.07*** (4.41)	0.05*** (3.38)
techn	-0.02* (-1.73)	-0.03** (-2.24)	-0.00 (-0.10)	techn	1.12** (2.00)	-0.72 (-1.40)	-0.73 (-1.45)
W_Integ		0.74*** (23.92)	0.24*** (18.09)	W_Segm		0.30*** (6.48)	0.12*** (7.59)
截距项	1.93*** (4.16)	2.72*** (8.36)	1.17** (2.12)	截距项	0.52** (2.39)	0.36** (2.34)	0.20** (2.54)
R-squared	0.660	0.390	0.615	R-squared	0.388	0.291	0.327

注：*、**、***分别代表在10%、5%和1%的统计水平上显著，括号内为t值。

对外开放程度（open）在市场一体化水平模型通过10%的显著性水平检验，且估计系数为正；在市场分割模型通过了1%的显著性水平检验，且估计系数为负。外商直接投资对中国经济增长发挥了重要作用，为了增强投资吸引力，地方政府通过推出各种显性的和隐蔽的优惠政策，使得不同地区的市场产生联动效应，从而对我国市场一体化水平产生正向作用。国有经济比重（state）在市场一体化水平模型通过1%的显著性水平检验，且估计系数为负；在市场分割模型通过了1%的显著性水平检验，且估计系数为正。在中国经济转型过程中，受到产品市场竞争压力增加和就业下调的粘性约束等因素，导致国有企业存在大量隐性失业人员。因此，国有经济比重越高的地区意味着地方政府为了保护本地国有企业的利益有激励推行市场分割策略，从而阻碍市场一体化的发展。技术差距($techn$)对市场一体化水平的估计系数在 FE 模型和 SLM 模型通过 10% 的显著性检验,且估计系数为负;技术差距 ($techn$)对市场分割的估计系数在 FE 模型通过 5% 的显著性水平检验。在新兴高技术产业的冲击下,技术相对落后地区的地方政府为了加强对本地产业特别是战略性产业的保护,会实行市场分割和地方保护主义等措施,进而会加深市场分割;相反,一个地区的技术水平比相邻地区高,更有可能采取促进市场整合的策略,促进市场一体化的发展。

主要结论

在我国市场一体化不断推进过程中,随着地方政府对市场的管束手段呈现出多元化和隐蔽化的特点,地方政府采用由直接的硬性规定为主转变为间接隐蔽的"软"形式或建立"市场准入壁垒",通过使用财政杠杆和实施减免税或税收返还政策对本地国有企业采取父爱式的关怀,严重束缚市场机制的"自发性"作用,地方政府间的财税竞争导致较为严重的市场分割和市场一体化发展缓慢。本章利用空间网络分析方法测算出 2000—2016 年我国市场一体化的空间关联关系,研究发现我国市场一体化水平呈现出复杂的、多线程的网络结构,形成了净溢出板块、经纪人板块、双向溢出板块、净受益板块分布状态,不同省份在网络结构中分别扮演着"引导"角色、"桥梁"角色、内部和外部双向"引导"角色以及"跟随"角色。此外,采用空间滞后半参数面板模型研究发现,地区间财政分权会阻碍我国市场一体化的发展,近似服从"W"形分布情况;地区间财政支出竞争加剧了国内市场分割和阻碍我国市场一体化的进程。因此,我国市场一体化均衡发展的关键点在于需要考虑空间因素下的财税政策合理制定与实施①。

第一,我国经济处于转型发展的关键时期,由于各地区经济发展水平存在

---

① 毛军、梁宏志:《财税竞争、空间关联与我国市场一体化发展》,《财经论丛》2019 年第 11 期。

差异,地方政府采取的政策措施和地区融合效果不尽相同。中西部地区市场发展中的规模效应和技术外溢等因素没有能够得到有效发挥,致使中西部省份的政策选择陷入"囚徒困境",干扰了市场一体化的进程。东部沿海地区市场一体化的格局已基本形成,如珠三角、长三角、京津唐以及环渤海经济区等,区域经济集聚的"锁定效应"使得市场分割的成本大大增加,京津冀一体化、成渝城市群以及长江中游城市群等发展战略更是提升了我国市场一体化程度。近年来,国家实施以"西部大开发、振兴东北、中部崛起、东部率先发展"为核心内容的区域发展战略以来,多管齐下的区域发展战略政策的实施促进各区域间市场发展的关联。

第二,通过财税政策促进地方市场配置资源作用的充分发挥,形成城市带、城市圈以及城市集群等区域性市场体系。单边模式的区域市场一体化会由于与非中心地区间的信息不对称而存在效率非最优现象。地方政府充分利用信息优势协调区域市场政策:当市场一体化水平对双方的重要程度差异较小时,采取平行模式会让地区间市场发展政策自发进行协调;当市场一体化水平对双方的重要程度差异较大时,发挥经济发达地区在区域市场一体化过程中的领导者角色,符合区域整体经济收益最大化原则。因此,探索非毗邻地区的跨区域市场合作机制,地方政府市场调控政策应点面结合、数量与结构结合、局部与整体结合的多层次网络型市场发展的财税政策体系,促进区域市场一体化发展。

第三,地方政府通过税收优惠等财政分权政策导致地区间税收收入的横向转移,而我国税制问题形成税收与税源背离,从而可能会使某些地方政府的税收优惠政策成为企业避税的乐园。财政分权加剧了国内市场分割程度,阻碍了我国市场一体化进程。中央应当给予地方政府一定的税收政策制定权,实现各地区的税收政策与该地区的实际情况相匹配,但是为了避免地方政府间的恶性竞争,破坏整体税收格局,制约地区间的公平竞争和自由发展,阻碍市场一体化的发展,中央也应该加强对地方政府的监管,建立统一、规范有序的税收管理秩序,逐步取消税收返还,让财政分权正向影响我国的市场一体化。此外,我国市场一体化的财政支出政策效果一样存在地区性差异,政府转移支付能有效弱化地区间市场分割的策略互动,地区间转移支付可以缩小区域间的收入差距。因此,应该提高外溢效应较强地区的财政支出力度,打破当前市场分割"囚徒困境"的僵局,使得财政支出对市场一体化的正向空间外溢效应得到充分发挥。

第八章 中国财政分权对区域减贫的经济影响效应

财政分权主要是按照"事权→财权→财力"在不同层级政府间实现财力均等化。改革开放初期,为适应市场经济改革和经济快速增长,我国采用提高地方政府财政收入自主权和"财政包干"的完全财政分权形式,这极大地提高了地方政府发展经济的积极性。然而,地方经济发展带动了财政收入的快速增长,使得地方政府财政收入规模远远高于中央政府财政收入规模,这造成了我国区域经济的不均衡发展和财政收入分权程度的不断提高。在此背景下,1994年开始实施了分税制改革的部分财政分权,我国确定了以流转税、所得税等主要税种为主的中央税和中央地方共享税,这使得财政收入分权程度有所下降。同时,改革开放后我国贫困发生率也分为两个阶段。改革开放初期,我国经济发展水平较低且贫富差距较小,贫困发生率较高,财政分权和经济增长能够有效地解决贫困问题,此时的贫困发生率以10%左右的速度快速下降。1994年开始,随着地区经济增长和不断增加的地区贫富差距,财政分权"不利于穷人"的经济增长性质呈现出来,财政分权对贫困减少产生不利影响,贫困率下降处于停滞时期,此时的贫困发生率迅速下降到3%并稳定下来。因此,研究财政分权改革和经济增长是否有利于减缓贫困具有重要意义。

财政分权被世界各国政府视为公共财政减贫的有效手段之一。财政分权改革后,地方政府为了在“用脚投票”中占据优势地位,在财政激励作用中获得收益而相互竞争,而政府间的相互竞争确保地方政府更加“贴近民众”,能够增进公共部门责任感、改善政府治理能力、提高社会治理的公众参与程度,因而能够提供更加有效的公共服务,拥有更高的责任心代表选民履行职责(Bird,1993)①。此外,财政分权改革后,地方政府增加了教育、卫生和农业等公共方面的财政投入,使得贫困居民的生活水平和收入水平得到一定程度的改善(Faguet,2004)。② 然而,政府官员通过“政治献金”和政治影响力等方式获得公共服务优先权(Bardhan and Mookherjee,2005)③。王韬和底偃鹏(2010)④研究发现,由于地方政府在减贫政策实施中会存在虚增成本和地下交易行为,在减贫政策实施中,地方政府容易偏向利益集团,从而使得公共支出结构不能产生亲贫式结果,进而减贫效果有所下降(Crawford,2008)⑤。此外,尽管财政分权并未赋予地方政府再分配职责,但是地方政府拥有再分配政策的参与权,进而会间接影响再分配政策的实施效果(Brown and Oates,1987)⑥。另一方面,财政分权加剧地方政府间的相互竞争意识,进而会扭曲公共支出结构,导致实现减贫目标的速度有所放缓(许树华,2014)⑦。同时,也有学者认为财政分权对减贫的作用具有局限性。不同辖区间财政分权对减

① Bird,Richard M.,Threading the Fiscal Labyrinth:Some Issues in Fiscal Decentralization,*National Tax Journal*,1993.

② Faguet J.,Does decentralization increase government responsiveness to local needs?:Evidence from Bolivia,*Journal of Public Economics*,2004.

③ Bardhan P.,Mookherjee D.,Decentralizing antipoverty program delivery in developing countries,*Journal of Public Economics*,2005.

④ 王韬、底偃鹏:《发展中国家财政分权下的减贫政策瞄准机制研究》,《管理学报》2010 年第 5 期。

⑤ Crawford G.,Decentralization and the limits to poverty reduction:Findings from Ghana,*Oxford Development Studies*,2008.

⑥ Brown,C.C.,Oates W.E.,Assistance to the Poor in a Federal System,*Journal of Public Economics*,1987.

⑦ 许树华:《减贫视角下的财政分权改革研究》,《经济问题探索》2014 年第 7 期。

贫效应存在差异性。Rowland(2001)[1]认为经济发达地区有较少的经济冲击,财政分权通过增加亲贫式支出的配置效率,有利于改善减贫项目的瞄准性,从而实现减贫目标;贫困地区因土地不均等程度和偏远程度,更加依赖中央政府的转移支付,无从获得消费者效率(张克中等,2010)[2]。储德银和赵飞(2013)[3]研究发现,财政分权与减少贫困间存在着外部因素的门槛效应。

综上所述,现有文献对财政分权和经济增长是否有利于减缓贫困进行了分析,然而缺少了将空间因素纳入到实证分析当中。由于我国地区财政分权、经济增长与贫困程度存在较大差距,为了全面考察我国财政分权、经济增长与贫困之间所具有的空间溢出效应,文章基于我国 2000—2015 年的相关数据,采用极化指数对我国区域财政收入分权的地区差距进行分解;为了有效避免内生性问题,文章运用空间面板分位数计量模型实证检验财政分权对贫困减少的直接影响效应,财政分权通过经济增长的交互作用对贫困减少产生间接影响效应,以期揭示我国财政分权对贫困减少的空间非线性影响效应,为地方政府减少贫困提供全新视角。

一、模型设定

我国城乡二元结构决定着贫困人口主要集中在农村地区,农村地区的基础设施水平落后,且缺乏政府财政的社会保障支持,城镇贫困人口的社会保障问题则得到了较好的解决。地方政府为吸引流动性要素而相互竞争,财政收入分权的提高意味着地方政府能够提供更多的财力实施减贫工作;财政支出

---

[1] Rowland,A.M.,Population as a Determinant of Local Outcomes under Decentralization:Illustrates from Small Municipalities in Bolivia and Mexico,*World Development*,2001.

[2] 张克中、冯俊诚、鲁元平:《财政分权有利于贫困减少吗? ——来自分税制改革后的省际证据》,《数量经济技术经济研究》2010 年第 12 期。

[3] 储德银、赵飞:《财政分权、政府转移支付与农村贫困——基于预算内外和收支双重维度的门槛效应分析》,《财经研究》2013 年第 9 期。

分权的提高意味着具有信息优势的地方政府在提供公共服务时,有效解决政府税收、公共服务供给与居民偏好相匹配的问题,减贫工作更加符合辖区居民的偏好并更加具有效率。财政分权通过公共支出、税收竞争以及公共就业对贫困减少的直接影响效应;财政分权还通过与经济增长的交互作用,进而对贫困减少产生间接影响效应。

此外,由于我国地区财政分权、经济增长和居民贫困存在较大差距,为了全面考察我国财政分权、经济增长与贫困之间所具有的空间溢出效应,笔者通过空间收敛模型和空间面板分位数模型进行实证研究。

(一) σ 收敛

文章使用 σ 收敛指数来测度各地区农村贫困程度和城镇贫困程度随时间变化的非均衡程度,公式如下所示。其中,$poverty_{it}$ 表示地区 i 在 t 期的贫困程度,$\overline{poverty_t}$ 为地区贫困程度的算术平均数,N 为所考察的地区个数。

$$\sigma = \sqrt{\frac{1}{N} \sum_i \left(poverty_{it} - \overline{poverty_t} \right)^2} \tag{8.1}$$

(二) 绝对 β 收敛和空间绝对 β 收敛

由于我国各地区农村贫困程度($rural_{it}$)和城镇贫困程度($city_{it}$)表现出不同程度的波动,采用 β 收敛对结果进行稳健性检验,绝对 β 收敛和空间滞后面板绝对 β 收敛检验模型设定如下:

$$rural_{it}/rural_{it-1} = \alpha + \beta rural_{it-1} + \varepsilon_{it} \tag{8.2}$$

$$city_{it}/city_{it-1} = \alpha + \beta city_{it-1} + \varepsilon_{it} \tag{8.3}$$

$$rural_{it}/rural_{it-1} = \alpha + \beta rural_{it-1} + \rho Wrural_{it}/rural_{it-1} + \varepsilon_{it} \tag{8.4}$$

$$city_{it}/city_{it-1} = \alpha + \beta city_{it-1} + \rho Wcity_{it}/city_{it-1} + \varepsilon_{it} \tag{8.5}$$

(三) 条件 β 收敛和空间条件 β 收敛

条件 β 收敛是根据不同区域初始所存在的差异,各地区在收敛后的稳态存在差异和发展趋势。条件 β 收敛和空间条件 β 收敛模型设定如下：

$$rural_{it}/rural_{it-1} = \alpha + \beta rural_{it-1} + \sum_{j}^{n} \lambda_j X_{jit} + \varepsilon_{it} \qquad (8.6)$$

$$rural_{it}/rural_{it-1} = \alpha + \beta rural_{it-1} + \sum_{j}^{n} \lambda_j X_{jit} + \rho W rural_{it}/rural_{it-1} + \varepsilon_{it} \qquad (8.7)$$

$$city_{it}/city_{it-1} = \alpha + \beta city_{it-1} + \sum_{j}^{n} \lambda_j X_{jit} + \varepsilon_{it} \qquad (8.8)$$

$$city_{it}/city_{it-1} = \alpha + \beta city_{it-1} + \sum_{j}^{n} \lambda_j X_{jit} + \rho W city_{it}/city_{it-1} + \varepsilon_{it} \qquad (8.9)$$

其中，α 为常数项，β 显著为负表示存在绝对 β 收敛，ε_{it} 为随机误差项，ρ 为空间效应系数。W 为 $N \times N$ 维空间加权矩阵，包括地理权重矩阵、经济权重矩阵和混合权重矩阵。地理权重矩阵 $W_d = 1/d_{ab}^2, a \neq b$，否则为 0；经济权重 $W_e = 1/|gdp_a - gdp_b|, a \neq b$，否则为 0；混合空间权重矩阵 $W_m = W_d \cdot W_e$。

（四）空间面板分位数模型

面板分位数回归是根据加权绝对残差最小估计方法，考察因变量的条件均值分布受自变量的影响过程，为实证检验财政分权对贫困程度的空间溢出影响效应，空间面板分位数的固定效应模型设定如下：

$$Q_{yi}(\tau \mid \alpha_i, \varepsilon_t, Wy_{it}, x_{it}, Wx_{it}) = \alpha_i + \varepsilon_t + \rho_\tau Wy_{it} + \gamma_\tau x_{it} + \eta_\tau Wx_{it} \qquad (8.10)$$

其中，y_{it} 表示贫困程度，包括农村贫困（$rural_{it}$）和城镇贫困（$city_{it}$）。x_{it} 表示第 i 个地区第 t 年的影响变量，包括财政分权变量和控制变量。财政分权变量为财政收入分权和财政支出分权；控制变量包括经济发展水平、产业结构、对外开放程度、城市化水平和技术进步水平。W 为地理与经济权重的嵌套权重矩阵，参考张征宇和朱平芳（2010）[1]，$W_n(\varphi) = (1 - \varphi)W_d + \varphi W_e$，$W_n$ 的取值在 0 到 1 之间。W_n 越接近 0，说明空间权重与地理距离因素越相关；W_n 越接近 1，说明空间权重与经济距离因素越相关。

---

[1]　张征宇、朱平芳：《地方环境支出的实证研究》，《经济研究》2010 年第 5 期。

二、数据来源及变量说明

选取除港澳台地区以外的全国 31 个省(市、自治区)2000—2015 年作为数据样本,数据来源于《中国统计年鉴》《中国农村统计年鉴》《中国农村贫困检测报告》《中国科技统计年鉴》《中国财政年鉴》及各省统计年鉴。为了增强实证检验结果的可信度,所有变量均利用价格指数进行平减(2000=100)。为了消除异方差,对所有变量取自然对数,以进一步增加数据的平稳性。此外,按照相关变量每年水平值计算数据中涉及的比值。基于数据可得性,我们从收入角度对我国农村贫困和城镇贫困状况进行测度。财政分权因素包括财政收入分权(FD_re)和财政支出分权(FD_ex),财政收入分权(FD_re)= 省级人均预算内本级财政收入/(省级人均预算内本级财政收入+中央人均预算内本级财政收入);财政支出分权(FD_ex)= 省级人均预算内本级财政支出/(省级人均预算内本级财政支出+中央人均预算内本级财政支出)。控制变量:用人均 GDP 来表示经济发展水平($pgdp$);用第二产业产值占地区生产总值的比值来表示产业结构($industry$);用各地区进出口贸易总额占 GDP 的比值来表示对外开放程度($open$);用各地区城镇人口占当地总人口来表示城市化水平($urban$);用发明、实用新型和外观设计三项专利的年授权数来表示技术进步水平($techno$)。

三、计量结果分析

我们测算了 2000—2015 年我国区域农村贫困程度和城镇贫困程度的 σ 收敛指数(如图 8-1 所示)。总体而言,我国区域农村贫困程度和城镇贫困程度的 σ 收敛指数整体上呈现出下降态势。其中,2000—2006 年,σ 系数值呈现出微弱的上升趋势,在 2006 年分别达到最大值 0.3931 和 0.2459。2006—2015 年,σ 系数值随时间推移而呈现出持续的下降趋势。此外,农村贫困程

度的 σ 收敛指数要远远高于城镇贫困程度的 σ 收敛指数。

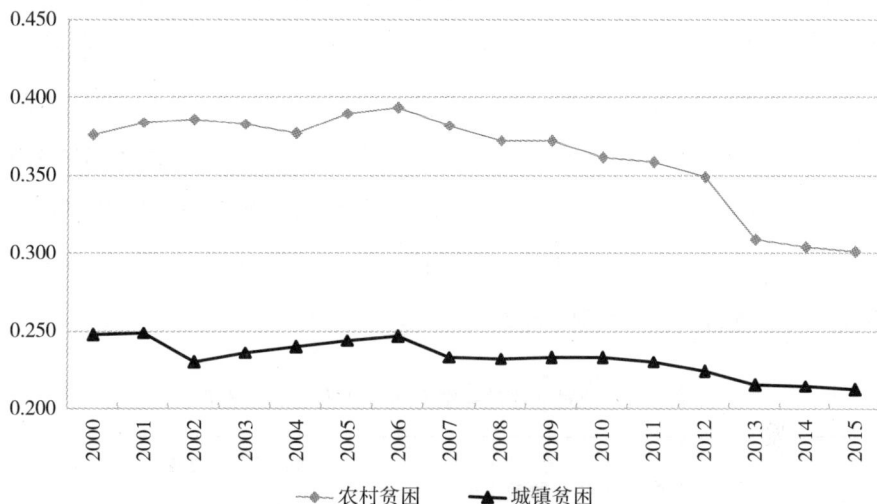

图 8-1　2000—2015 年中国贫困的 σ 收敛指数

　　我们对我国区域农村贫困程度和城镇贫困程度进行绝对 β 收敛检验和空间绝对 β 收敛检验。分别运用地理权重矩阵、经济权重矩阵和混合权重矩阵对模型进行估计,研究发现回归系数符号并无显著差异,说明计量模型检验结果比较稳健。表 8-1 给出了绝对 β 收敛检验和空间绝对 β 收敛检验的固定效应估计结果。由表 8-1 结果可知,回归系数 β 显著为负,说明我国农村贫困程度和城镇贫困程度的地区分布在整体上存在绝对 β 收敛和空间绝对 β 收敛,表明我国农村贫困程度和城镇贫困程度存在显著的收敛趋势。ρ 为空间效应系数显著为正,说明邻区农村贫困程度(或城镇贫困程度)对本地区农村贫困程度(或城镇贫困程度)具有一定的影响作用,区域间农村贫困程度(或城镇贫困程度)存在空间依赖作用,空间距离对邻近地区行为具有空间溢出效应。我国呈现出政府公共服务的减贫工作具有地域性特征,地方政府通过公路等基础性公共服务、信贷政策等经济性公共服务和教育、医疗等社会性公共服务在地区间进行关联,从而实现减贫政策的总体效果。此外,农村贫困程度的 ρ

系数值略高于城镇贫困程度的 ρ 系数值,由于贫困人口间差异较小,地区间差异与地区贫困人口数量出现直接的相关关系。目前,我国农村人口较多且大多从事与农业相关的工作,农村地区基础设施落后、生产力低下和缺乏规模效应,国家贫困线标准严重低估现实中的农村贫困状况(储德银和赵飞,2013)①。城镇地区政府发挥区域信息优势、多样性优势、规模优势和技术优势,贫困人口生产能力相对较强,能够通过自身的努力从而脱离贫困,进而解决基本的生存需求和温饱问题。这就造成了政府减贫的"贫困地区的恶性循环"和"富裕地区的良性循环"现象。

表 8-1　绝对 β 收敛和空间绝对 β 收敛检验结果

地区	变量	普通绝对 β 收敛	空间绝对 β 收敛		
			地理矩阵	经济矩阵	混合矩阵
农村贫困	ρ		0.989*** (31.52)	0.926*** (26.45)	0.909*** (30.69)
	α	0.036*** (9.53)	0.090*** (5.00)	0.016*** (2.84)	0.030** (2.00)
	β	-0.194*** (-6.11)	-0.030*** (-13.00)	-0.110*** (-6.67)	-0.012** (-2.50)
	R-square	0.438	0.730	0.710	0.725
	Log L		111.893	109.738	111.034
城镇贫困	ρ		0.750*** (14.38)	0.799*** (14.31)	0.661*** (11.92)
	α	0.019*** (6.05)	0.044* (1.75)	0.049* (1.95)	0.042* (1.72)
	β	-0.054** (-2.00)	-0.019* (-1.94)	-0.030* (-1.91)	-0.072* (-1.79)
	R-square	0.438	0.311	0.301	0.338
	Log L		104.341	104.271	101.856

注:*、**、***分别代表在10%、5%和1%的统计水平上显著,括号内为t值。下同。

① 储德银、赵飞:《财政分权与农村贫困——基于中国数据的实证检验》,《中国农村经济》2013 年第 4 期。

接下来,对我国区域农村贫困程度和城镇贫困程度进行条件 β 收敛和空间条件 β 收敛检验(如表8-2所示)。条件 β 收敛和空间条件 β 收敛是将控制变量引入到模型当中,检验农村贫困程度和城镇贫困程度的空间差异是否会随着时间推移而逐渐缩小,各地区能否趋向于各自的稳定值。为保证计量模型检验结果的稳健性,分别用财政收入分权和财政支出分权对农村贫困减少和城镇贫困减少的地区分布进行实证检验。表8-2给出了条件 β 收敛和空间条件 β 收敛的固定效应估计结果。由表8-2结果可知,回归系数 β 显著为负,说明我国农村贫困程度和城镇贫困程度的地区分布在整体上存在条件 β 收敛和空间条件 β 收敛。此外,财政收入分权对农村贫困减少和城镇贫困减少显著为负。我国具有税收管辖权与税款支配权的特征,地方政府拥有税收征收管理权和部分税收优惠减免权,不同层级政府间的职能与税收责任的错配将会不利于贫困减少;居民流动性促使地方间产生税收竞争,这导致地方政府通过实行更低税率或更多的税收优惠,通过不同的税收制度累进性改变可支配收入的分配状况,这会使得对高收入人群征收较高的税收,而对低收入人群进行较高的补贴,进而导致穷人迁移到本地和富人向外迁移。此外,地方政府进行辖区竞争成为促进经济发展的常用手段,税收管理和监督相对偏松以及发生"寻租腐败",这在一定程度上减弱了财政收入分权的减贫效果。财政支出分权对农村贫困减少和城镇贫困减少显著为正。地方政府是农村贫困和城镇贫困的资金筹集和管理者,扶贫支出需要得到同级人民代表大会和上级政府批准,从而可以确保地方政府支出及时到位以实现减贫目标;此外,地方政府具有要素流动性的再分配能力,再分配政策所需的公共支出是由地方政府提供的"归属原则",使得地方政府能够在公共产品与公共服务的供给上作出符合帕累托效率的公共支出决策。与促进地方经济快速增长的投资性支出相比,地方政府主要是以提供社会效应为主的财政支出,从而解决不同层级政府之间支出责任和相匹配的财权划分问题。地方政府在税收收入相对有限的情况下,基于政绩考核压力,实施向穷人或弱势群体倾斜的公共就业政策,或者增加医疗卫生、教育和新农村建设等民生性支出。因此,现阶段我国财政支出分权在一定程度上能够改变地方政府公共支出行为,进而可以产生减贫效果。经济发展水平对农村贫困减少和城镇贫困减少显著为正。宏观经济增长、宏观经济稳定等因素是影响贫困减少的重要因素,在财政分权与贫困减少的关系作用中起到了传导媒介作用。经济增长可为贫困人口创造更多、更好的就业和增收机会,从而政府更有能力去帮助低收入者等弱势群体,能更好地根据消费者偏好提供公共产品和公共服务。贫困人口可以从经济增长"涓滴效应"中受益,经济增长所产生的"涓滴效应"有利于贫困减少。此外,地区经济增长具有收敛性,有助于缩小居民收入差距。因此,经济快速增长是实现有效减贫途径的外部重要条件。

表8-2　条件 β 收敛和空间条件 β 收敛检验结果

模型　变量	条件 β 收敛（农村贫困模型）		空间条件 β 收敛（农村贫困模型）		条件 β 收敛（城镇贫困模型）		空间条件 β 收敛（城镇贫困模型）	
ρ			0.874 *** (23.42)	0.884 *** (24.59)			0.685 *** (11.53)	0.705 *** (11.95)
α	-0.134 *** (-3.30)	-0.065 * (-1.86)	-0.010 * (-1.94)	-0.028 ** (-1.97)	0.334 *** (5.23)	0.254 *** (3.82)	0.197 *** (3.46)	0.156 *** (2.67)
β	-0.134 *** (-5.94)	-0.129 *** (-5.58)	-0.050 *** (-3.30)	-0.047 *** (-3.09)	-0.108 *** (-4.39)	-0.068 *** (-3.01)	-0.077 *** (-3.55)	-0.056 *** (-2.86)
FD_re	-0.231 *** (-4.75)		-0.029 * (-1.86)		-0.182 *** (-3.79)		-0.094 ** (-2.19)	
FD_ex		0.127 *** (3.65)		0.084 * (1.78)		0.102 * (1.84)		0.044 * (1.78)
pgdp	0.148 *** (8.28)	0.121 *** (6.18)	0.046 *** (3.54)	0.032 ** (2.44)	0.082 *** (4.22)	0.050 *** (2.90)	0.054 *** (3.15)	0.037 ** (2.44)
industry	-0.001 (-0.30)	-0.005 (-0.77)	-0.003 (-0.75)	-0.001 (-0.34)	0.007 (1.31)	0.004 (0.78)	0.012 (1.48)	0.010 (1.19)
open	0.019 * (1.73)	0.022 * (1.65)	0.031 * (1.77)	0.018 * (1.85)	0.041 *** (3.11)	0.040 *** (3.04)	0.031 *** (2.70)	0.031 *** (2.66)
urban	-0.018 (-0.43)	-0.001 (-0.04)	-0.010 (-0.38)	-0.011 (-0.41)	0.065 (1.71)	0.054 (1.41)	0.040 (1.13)	0.032 (0.95)
human	0.031 * (1.67)	0.052 *** (2.77)	-0.007 (-0.57)	-0.007 (-0.62)	0.037 ** (2.21)	0.066 *** (4.18)	-0.001 (-0.12)	-0.011 (-0.78)
techno	0.053 (0.64)	0.067 (0.94)	0.018 (1.58)	0.082 (1.56)	0.061 (0.82)	0.088 (1.17)	0.012 (1.08)	0.013 (1.05)

模型 变量	条件 β 收敛 （农村贫困模型）		空间条件 β 收敛 （农村贫困模型）		条件 β 收敛 （城镇贫困模型）		空间条件 β 收敛 （城镇贫困模型）	
R-squared	0.355	0.439	0.724	0.717	0.325	0.486	0.330	0.369
Log L			113.597	113.729			105.503	105.274

注：此处的空间权重为地理与经济权重的嵌套权重矩阵。

参数估计是对整个样本分布上的平均水平分析，而无法揭示参数在样本分布不同分位点上的变化路径，参数估计值的不显著有可能因为在高中低分位数上正负相抵而造成的。因此，我们采用空间面板数据对不同分位点上进行估计，表 8-3 给出了 $\varphi = 0, 0.2, 0.4, 0.8, 1$ 下所得到的回归系数、t 统计量和拟合优度。由表 8-3 结果可知，在不同空间权重下，模型的回归系数值、t 统计量与拟合优度均呈现出稳定性。当 $W_n = 0$（地理权重）时，空间效应系数（ρ）显著为正；随着 W_n 逐渐增大（趋向经济权重），空间效应系数（ρ）显著且有所增加。农村贫困程度和城镇贫困程度的空间溢出作用机制，地区农村贫困程度和城镇贫困程度即会受到地理上相邻地区的影响，也受到与区域内经济发展水平接近地区的影响，且经济影响作用大于地理影响作用。

表 8-3 空间面板分位数回归结果

地区	φ		ρ_τ	FD_re	WFD_re	pgdp	Wpgdp	Adjusted R^2
农村贫困	0	估计量 t 值	0.979*** (164.93)	−0.301*** (−9.38)	−0.095*** (−15.54)	0.075*** (10.34)	−0.046*** (−5.79)	0.948
	0.2	估计量 t 值	0.945*** (16.46)	−0.394* (−1.88)	−0.089* (−1.82)	0.077 (1.33)	−0.028 (−0.43)	0.948
	0.4	估计量 t 值	0.937*** (67.49)	−0.496*** (−10.52)	−0.094*** (−8.21)	0.072*** (5.31)	−0.018 (−1.18)	0.951
	0.6	估计量 t 值	0.963*** (42.40)	−0.472*** (−5.99)	−0.090*** (−4.82)	0.070*** (3.15)	−0.036 (−1.38)	0.950
	0.8	估计量 t 值	1.050*** (30.98)	−0.464*** (−3.57)	−0.091*** (−3.08)	0.042 (1.27)	−0.073* (−1.73)	0.951
	1.0	估计量 t 值	1.038*** (139.97)	−0.371*** (−13.42)	−0.047*** (−8.25)	0.021*** (3.29)	−0.052*** (−6.12)	0.955

续表

地区	φ		ρ_τ	FD_re	WFD_re	pgdp	Wpgdp	Adjusted R²
城镇贫困	0	估计量 t 值	0.875*** (39.10)	0.449*** (6.51)	−0.066*** (−5.59)	0.195*** (10.41)	−0.098*** (−5.07)	0.936
	0.2	估计量 t 值	0.831*** (12.04)	0.529** (2.39)	−0.065* (−1.79)	0.198*** (3.97)	−0.088* (−1.65)	0.935
	0.4	估计量 t 值	0.891*** (43.09)	0.543*** (8.26)	−0.088*** (−8.54)	0.219*** (15.00)	−0.144*** (−8.70)	0.938
	0.6	估计量 t 值	0.939*** (47.01)	0.507*** (8.02)	−0.089*** (−8.78)	0.206*** (14.52)	−0.164*** (−10.32)	0.937
	0.8	估计量 t 值	0.941*** (30.12)	0.601*** (5.79)	−0.101*** (−5.90)	0.221*** (10.19)	−0.183*** (−7.44)	0.932
	1.0	估计量 t 值	0.968*** (64.72)	0.480*** (10.40)	−0.106*** (−12.17)	0.211*** (19.03)	−0.173*** (−14.99)	0.936

注:由于篇幅问题,未将控制变量的计量结果进行展示,如需可向作者索要。

财政收入分权集群(WFD_re)对农村贫困减少产生显著的负向作用。分税制改革后,中央政府拥有收入来源相对稳定的税种,地方政府拥有税源分散、征管难度大和收入来源不稳定的中小税种。官员晋升锦标赛式的行政考核机制,加剧了地方政府间税收竞争的内在动力。地方政府为了保护自身税基或从其他辖区吸引税收流入,会通过实行较为优惠的税收政策或者较低的税率,从而吸引流动性资源流入到本辖区;此外,考虑到人口的流动性,政策注地加剧了经济发达地区贫困人口的流动性要高于经济落后地区,从而使得经济落后地区陷入更加贫困的恶性循环,这在很大程度上削弱了财政收入分权集群的实际效果及其农村减贫效应(闫坤和于树一,2008)[①]。财政支出分权集群(WFD_ex)对城镇贫困减少产生显著的负向作用。目前我国正处于改革转型期,不确定性因素加大了地方政府财政支出的刚性需求;而财政支出分权扭曲了公共支出结构和加剧地区间竞争程度,导致地方政府在公共支出方面,忽视社会服务性支出而偏向于生产性支出。此外,当公共服务对地区差异

---

① 闫坤、于树一:《中国农村减贫财税政策研究》,中国财经出版社 2008 年版。

不敏感时,政府提供的公共服务规模、技术优势与贫困居民实际需求出现偏差,地方政府公共支出决策降低辖区内公共产品与公共服务的供需匹配性,导致公共服务的效率降低。经济集聚($Wpgdp$)对农村贫困减少和城镇贫困减少产生显著的负向作用。"利维坦假说"认为在"锦标竞赛"和"晋升竞赛"的双重作用下,理性的政府官员为了追求自身权力最大化,地方政府是以经济快速增长为主要目标,而这种权力通常通过官员自身控制的预算规模大小来反映,地区间经济竞争通常会降低地方政府规模,从而削弱地方政府实施大规模减贫计划的能力。经济快速增长往往伴随着地区间经济不均衡增长和收入分配差距的扩大,而正是地区间经济不均衡增长和收入差距扩大,导致贫困居民无法真正从经济增长中获益。经济增长"不利于穷人"特性的传递机制,是近年来我国贫困减缓的主要原因,从而产生不利于政府减贫的实施效果。

主要结论

1994 年分税制改革以来,财政收入分权的向上集中与财政支出分权责任向下分解的逆向不对称运动,加剧了地方政府因财力与事权不匹配的财政困境,为了缓解扶贫工作的财政缺口,地方政府通过相互竞争而获得更多的扶贫资金。首先,本章基于我国 2000—2015 年的相关数据,采用极化指数对我国区域财政收入分权的地区差距进行分解;其次,建立空间面板分位数计量模型实证考察我国财政分权对贫困减少的影响效应和通过经济增长相互作用对贫困减少产生间接影响效应。研究结果发现:(1)总体地区差距呈现出下降态势,这说明我国财政收入分权的聚合程度在不断增强。组间差距缩小与组内聚合程度增强是我国财政收入分权的空间极化程度下降的主要来源。(2)采用空间面板分位数计量模型研究发现,农村贫困和城镇贫困存在空间依赖作用,且农村贫困的空间相关系数略高于城镇贫困的空间相关系数;财政收入分权对农村贫困减少和城镇贫困减少产生了显著的负向作用,财政支出分权对农村贫困减少和城镇贫困减少产生了显著的正向作用,经济发展水平对农村贫困减少和城镇贫困减少具有显著的正向作用;财政收入分权集群对农村贫困减少产生了显著的负向作用,财政支出分权集群对城镇贫困减少产生了显著的负向作用,经济集聚对农村贫困减少和城镇贫困减少产生了显著的负向作用。因此,促进我国反贫困工作的关键点在于需要考虑空间因素下财政分权政策的合理制定与实施。

第一,逐步降低财政收入分权程度,积极构建与完善地方税体系。人口流动性将会制约地方政府减贫的能力,税收收入的"归属原则"使得在税率相同的情况下,经济发达地区的财政收入越高,地方政府可以提供更好的公共服务,贫困率水平越低;然而,贫困地区的地方政府财政收入有限,通过减少其他公共服务水平和提高税负,使得居民会不断向经济发达地区迁移,地方政府的财政资源再分配政策失效,从而陷入更加贫困的恶性循环①。因此,构建以中央政府确定统一的纳税标准,地方政府拥有独立的财政收入权力,逐步建立以财产税为主体税种的地方税体系,将一些零星税种的开征权赋予地方政府,从而促进地方政府减贫工作的推进。

第二,优化政府支出结构,强化中央政府转移支付对地方政府扶贫工作的激励和约束作用。政府减贫工作主要是根据贫困地区和贫困人口的实际情况,通过基本医疗、基本教育和基本养老等保障性公共支出对缺乏生存能力的贫困人口进行直接补助,保证贫困人口基本的生存需求;此外,通过优化转移支付结构和资金分配方法,建立针对贫困地区和贫困群体的财政救助体系,政府根据贫困地区和贫困群体产生的原因和具体情况,提供针对性的科技推广、信息咨询和信贷政策等公共服务来解决贫困人口的发展问题,从而增强贫困人口综合生产能力,使得地方政府能够更加有效地减少贫困。总之,我国政府公共服务的减贫工作呈现出地域性特征,地方政府通过基础性公共服务、经济

---

① 刘建民、欧阳玲、毛军:《财政分权、经济增长与政府减贫行为》,《中国软科学》2018年第6期。

性公共服务和社会性公共服务在地区间进行关联,从而达到减贫政策的总体效果。

第三,加快经济发展的同时,改革政府扶贫工作考核机制。政府想要通过财政分权、提高地方政府公共服务效率和加大对贫困群体的转移支付力度,来彻底解决我国贫困问题是远远不够的。"授之以鱼不如授之以渔"的扶贫工作理念,促进经济快速增长与持续提高贫困居民收入水平是最为有效的途径。此外,由于贫困具有显著的递延效应,我国目前"重生产、轻福利"行为使得地方政府缺乏来自外部机制约束,政府减贫工作需要提高公众参与度,需要让贫困人群的真实需求得到解决,并依靠"自下而上"的扶贫工作机制来约束地方政府行为,增强公共部门责任感,提高政府扶贫工作水平。

第四,积极推动城乡发展一体化,发挥各级政府间联动的减贫作用。促进空间联动的区域发展政策形成合力,通过建立新型城镇化建设,在城乡之间实现基本公共服务均等化来助推区域扶贫工作,有效发挥政策体系在我国减贫方面的整体作用。由于贫困人口基本生存需求的个体间差异较小,中央政府提供公共服务时具有规模优势和技术优势;然而,各地区贫困原因和公共服务需求的地区差异,需要根据本地区的实际情况进行具体分析,地方政府提供公共服务时具有信息优势和多样性优势。因此,根据公共服务的性质进行权衡,应该由中央政府和地方政府分别解决贫困人群的生存需求和发展需求,从而能够有效缓解我国地区贫困程度。

第九章 "营改增"准自然实验下中国财政分权改革的影响研究

"营改增"是我国深化财税体制改革的重头戏,集中体现了我国财政分权改革的重要变化。"营改增"全面实施所带来的影响,不单纯涉及企业减负、央地一般公共预算收入规模变化与经济结构调整的问题,而是也涉及分税制整体格局变化、中央与地方财政关系处理等一系列根本性问题。"营改增"导致地方主体税种——营业税的消失,"营改增"后地方财政主要来源于共享税,地方对中央的财政依赖程度进一步加强,可以说,"营改增"全面实施后中央集权呈现不断加大的趋势,而财政分权程度则相应地有所降低。本章根据实地调研结果,以湖南省为例分析"营改增"这一财税体制改革导致的财政分权水平下降及其对区域财政格局的影响效应。

一、全面"营改增"财政分权改革的区域经济影响——以湖南省为例

(一)全面"营改增"后行业减税效应分析

湖南省"营改增"试点以来,截至 2017 年 5 月 30 日,全省共有"营改增"

试点纳税人 40.9 万户,其中,一般纳税人 4.26 万户,小规模纳税人 36.64 万户。2016 年 5 月—2017 年 5 月,全面推开"营改增"试点一年来,全省累计实现减税 140 多亿元。

分行业来看(如表 9-1 所示),2013—2016 年试点期间,部分现代服务业累计试点户数达 9.4 万户,累计减税额为 70.8 亿元,在所有试点行业中减税幅度最大;交通运输业累积试点户数为 2.4 万户,累计减税额达 9.0 亿元;邮政服务业累计试点户数为 167 户,累计减税额为 0.2 亿元;电信服务业累计试点户数为 0.3 万户,累计减税额为 5.7 亿元。2016 年四大新增试点行业均实现减税,其中,生活服务业仅 2016 年一年的试点户数达 21.4 万户,减税额为 14.5 亿元,在四大新增试点行业中减税额最大;建筑业试点户数共计 2.9 万户,减税额为 0.8 亿元;房地产业试点户数为 0.9 万户,减税额达 5.6 亿元;金融业试点户数为 0.5 万户,减税额为 2.8 亿元。由此可见,湖南省"营改增"带来的减税效应十分显著,直接导致了地方潜在税收收入的减少,改革给湖南省带来的财政压力是显而易见的。

表 9-1 湖南省"营改增"试点行业减税情况 （单位:户、万元）

试点行业	2013		2014		2015		2016		累计试点户数	累计减税额
	试点户数	增减税额	试点户数	增减税额	试点户数	增减税额	试点户数	增减税额		
一、交通运输业	12029	-5337	16443	-58582	21237	-5832	23745	-20294	23745	90045
二、部分现代服务业	25794	-68117	47469	-218120	78084	-209878	93506	-211928	93506	708043
三、邮政服务业	—	—	128	-203	137	251	167	-1560	167	1512
四、电信服务业	—	—	615	21346	1911	-1900	3178	-76569	3178	57123
五、建筑业	—	—	—	—	—	—	29250	-7849	29250	7849
六、房地产业	—	—	—	—	—	—	8662	-55999	8662	55999

续表

试点行业	2013		2014		2015		2016		累计试点户数	累计减税额
	试点户数	增减税额	试点户数	增减税额	试点户数	增减税额	试点户数	增减税额		
七、金融业	—	—	—	—	—	—	4861	−28431	4861	28431
八、生活服务业	—	—	—	—	—	—	213583	−145298	213583	145298
合计	37823	−73454	64655	−255559	101369	−217359	376952	−547929	376952	1094301

注:以上数据来自于湖南省财政厅调研数据。

(二)后"营改增"时期综合减税效应分析

上述试点行业的减税情况还并不代表湖南省"营改增"的综合减税效应,这是因为"营改增"不仅对第三产业营业税产生直接的减税效应,也会对第二产业的税收收入产生影响。因此,评估"营改增"的综合减税效应,需要综合考虑营业税和增值税收入的变化,将两税收入变化的加总作为综合减税效应。

为了进一步测算综合减税效应,我们借鉴周彬等(2016)[①]的研究方法,通过建立非平稳时间序列 ARIMA 模型进行分析。假设 2013—2016 年没有实施"营改增"改革,根据 1994—2012 年税收收入数据对 2013—2016 年营业税和增值税收入进行预测,营业税(或增值税)实际收入与相应的 ARIMA 模型预测收入之间的差值便是实际增减税额。在不实施"营改增"的情况下,2013—2016 年的营业税收入分别为 458.78 亿元、534.92 亿元、615.22 亿元、702.79 亿元,与营业税实际收入相比较,得到的营业税实际减税额分别为 7.62 亿元、63.09 亿元、141.04 亿元、294.28 亿元,统计结果如表 9-2 所示。由此可见,营业税重复征税问题随着"营改增"的逐步实施不断消失,营业税实际减税额呈不断扩大趋势。

---

① 周彬、杜两省:《营改增对财政收入的影响及财税体制改革应对》,《当代财经》2016年第6期。

表 9-2 湖南省"营改增"实施后营业税实际减税情况 （单位:亿元）

年份	2013	2014	2015	2016
营业税实际收入	451.16	470.93	475.18	408.51
ARIMA 预测收入（假设不实施"营改增"政策）	458.78	534.92	616.22	702.79
营业税实际减税额	-7.62	-63.99	-141.04	-294.28

注:以上数据来源于历年《湖南统计年鉴》和湖南省财政厅官网,下同。

另一方面,假设在不实施"营改增"的情况下,2013—2016 年的增值税收入分别为 167.87 亿元、185.64 亿元、204.83 亿元、224.42 亿元,较之于增值税实际收入,与营业税的减税效应不同的是,增值税在"营改增"实施后的实际值大于预测值,增值税实际上在 2013—2016 年分别增加了 7.24 亿元、26.58 亿元、13.80 亿元、208.19 亿元,统计结果如表 9-3 所示。理论上讲,因原增值税在"营改增"后抵扣增加,增值税总量应该也可能出现减税情况,但是,由于"营改增"的实施为第二产业提供了良好的税收环境、贯通了抵扣链条,因此推动了产业结构优化、扩大了税基、提高了全要素生产率。总体来看,由于增值税税基扩大而增加的税收大于抵扣减税,且"营改增"对税基增长具有长期性影响,因此增值税实际增税额呈增长趋势。

表 9-3 湖南省"营改增"实施后增值税实际增税情况 （单位:亿元）

年份	2013	2014	2015	2016
增值税实际收入	175.11	212.22	218.63	432.61
ARIMA 预测收入（假设不实施"营改增"政策）	167.87	185.64	204.83	224.42
增值税实际增税额	7.24	26.58	13.80	208.19

综合营业税实际减税额和增值税实际增税额,可得到"营改增"的总体减税效应,如表 9-4 所示。"营改增"实施后,2013—2016 年湖南省总体实际减

税分别为 1.38 亿元、37.41 亿元、127.24 亿元、86.09 亿元,总体上呈现持续减税效应。而且,随着"营改增"不断推进,总体减税效应出现先增后减的趋势,这说明在"营改增"之初,实际减税效应非常明显,而后"营改增"带来的新动能增加和产业结构升级增添了经济活力,税基不断扩大以致减税效应逐渐被增税效应抵消,综合减税效应在 2015 年以后不断变弱。由此可以推断,今后几年"营改增"带来的总体综合减税效应还会持续。

表 9-4　湖南省"营改增"实施后综合减税效应　　　（单位:亿元）

年份	2013	2014	2015	2016
营业税实际减税额	−7.62	−63.99	−141.04	−294.28
增值税实际增税额	7.24	26.58	13.80	208.19
综合减税效应	−0.38	−37.41	−127.24	−86.09

（三）全面"营改增"后财政收入增长效应分析

"营改增"在短期内显著的减税效应,给湖南省财政收入和税收收入带来了较大的负向冲击。由表 9-5 的统计可知,湖南省的财政收入增长率由 2013 年 13.96% 下降到 2016 年的 7.36%,2017 年上半年的增速仅为 6.45%;税收收入的增长率在 2015 年跌破 10%,随后急速下降至 2016 年的 1.65%。从财政收入的结构看,税收收入占比不断下降,由 2013 年的 63.97% 下降到 2016 年的 57.50%。可见,"营改增"后地方财政收入和税收收入的增长速度均有所减缓,税收收入在地方财政收入中占比不断下降,非税收入比重逐年上升。此外,湖南省经济发展步入新常态、GDP 增速放缓,使得全省财政增收形式更为严峻,税收收入增长率总体较慢,财政收入增速持续下降,可以推测,未来几年财政收入低于 10% 的中低速增长已成趋势。

表 9-5 湖南省财政收入、地方税收入、非税收入变动情况

（单位:万元,%）

年份	财政收入		税收收入		非税收入		税收收入占财政收入比重（%）	非税收入占财政收入比重（%）
	总量	增长率（%）	总量	增长率（%）	总量	增长率（%）		
2013	20308758	13.96	12991462	16.96	7317296	8.98	63.97	36.03
2014	22599346	11.28	14381656	10.70	8217690	12.31	63.64	36.36
2015	25130869	11.20	15260675	6.11	9870194	20.11	60.72	39.28
2016	26978609	7.35	15513010	1.65	11465599	16.17	57.50	42.50
2017上半年	15246079	6.45	8595825	10.22	6650254	1.95	56.38	43.62
平均值	—	10.05	—	9.13	—	11.90	60.76	39.24

　　分地区看,"营改增"后各区域间收入增长不平衡(如表 9-6 所示),"长株潭"和"洞庭湖"地区的财政收入增速逐年下降,"湘南"地区的财政收入增速先降后升,"大湘西"地区的财政收入增速先升后降。其中,"长株潭"地区(包括长沙、株洲和湘潭)贡献了全省 40%以上的财政收入,收入增速从 2014年的 15.76%下降到 2016 年的 5.80%;"洞庭湖"地区(包括岳阳、常德和益阳)的财政收入平均贡献率为 13.90%,2014 年的收入增速为 12.65%,2016年已经下降至 9.21%;"湘南"地区(包括衡阳、郴州和永州)的财政收入平均贡献率为 18.18%,收入增速先降后升,平均增速为 8.93%;"大湘西"地区(包括邵阳、张家界、怀化、娄底和湘西自治州)的平均贡献率为 12.07%,收入增速先升后降,平均增速为 7.51%。由此可见,因为"营改增"带来的减税效应和传统税源的转型困难,再加上资源型地区收入增长持续低迷,湖南省各地区近几年的财政收入将保持中低速增长的"新常态"。另外,经济下行和供给侧改革使湖南省财政增收变得更加困难,促改革、调结构、保增长、惠民生、防风险等多重目标给地方财政造成巨大的压力。

表 9-6　湖南省地方一般公共预算收入分地区统计情况

（单位:万元,%）

地区	2014			2015			2016		
	地方财政收入	占总收入比重(%)	增长率(%)	地方财政收入	占总收入比重(%)	增长率(%)	地方财政收入	占总收入比重(%)	增长率(%)
省本级	3409580	15.09	4.19	3890408	15.48	13.63	4230481	15.68	8.51
市州小计	19189766	84.91	12.64	21240461	84.52	10.60	22748128	84.32	7.02
长株潭	9065958	40.12	15.76	10275762	40.89	13.34	10872111	40.30	5.80
洞庭湖	3160921	13.99	12.65	3454208	13.74	9.28	3772522	13.98	9.21
湘南	4251442	18.81	13.75	4484217	17.84	5.47	4823534	17.88	7.57
大湘西	2711445	12.00	2.54	3026274	12.04	11.61	3279961	12.16	8.38

　　分析结果表明,地方财政收入增速明显减缓,区域不平衡突显。"营改增"改革导致分税制在短期内不断向分成制退化,也意味着财政收入分权的弱化,改革带来的综合减税效应触动了地方财力格局在多个方面的变化,根据综合减税效应可推断"营改增"的减税效应不是临时性的,区域地方财政收入还会保持中低速增长的新常态,这给地方财政带来了空前的压力,为了应对"营改增"后财政收入分权弱化导致的地方财力格局的新变化,地方财税体制改革势在必行。

二、全面"营改增"财政分权改革的制度风险

（一）"营改增"财政分权改革下的财力体制风险

1. 全面"营改增"后地方主体税种缺失

"营改增"全面实施后,地方税收收入失去重要支撑,主体税种缺失。

以湖南省为例,"营改增"之前,营业税是湖南省地方税收的主要来源,2012年营业税占地方税收收入的比例达到34.89%(如表9-7所示);而"营改增"后湖南省地方税收来源排名前三位的分别是增值税、企业所得税和契税,2016年增值税、企业所得税和契税占地方税收收入的比例分别为27.89%、11.11%和11.51%,可以看出目前共享税对湖南省税收收入的贡献远远大于地方税的贡献。目前,契税、城市维护建设税等地方税种虽然占比相对较高,但是没有任何一个单一税种能够成为地方主体税种。因此,出现了地方未来主体税种打造跟不上"营改增"进度的问题。共享税收入在地方一般公共预算收入中占比较大,分税制在一定程度上变成了分成制。

表 9-7　2012—2016 年湖南省地方税收的税种构成及其变动情况

(单位:万元)

税种			2012	2013	2014	2015	2016	平均值
货劳税	增值税	税收收入	1522217	1751067	2119104	2185851	4326148	2380877
		增长率(%)	—	15.03	21.02	3.15	97.92	34.28
		比重(%)	13.70	13.48	14.73	14.32	27.89	16.83
	营业税	税收收入	3875224	4511615	4709382	4749816	2527116	4074631
		增长率(%)	—	16.42	4.38	0.86	-46.80	-6.28
		比重(%)	34.89	34.73	32.75	31.12	16.29	29.96
所得税	企业所得税	税收收入	1200718	1361743	1548921	1687050	1722911	1504269
		增长率(%)	—	13.41	13.75	8.92	2.13	9.55
		比重(%)	10.81	10.48	10.77	11.05	11.11	10.84
	个人所得税	税收收入	467406	509157	565593	628987	746228	583474
		增长率(%)	—	8.93	11.08	11.21	18.64	12.47
		比重(%)	4.21	3.92	3.93	4.12	4.81	4.20

税种			2012	2013	2014	2015	2016	平均值
房地产有关税收	房产税	税收收入	298477	333354	400771	440231	460676	386702
		增长率(%)	—	11.68	20.22	9.85	4.64	11.60
		比重(%)	2.69	2.57	2.79	2.88	2.97	2.78
	土地增值税	税收收入	587079	743889	767500	842020	964767	781051
		增长率(%)	—	26.71	3.17	9.71	14.58	13.54
		比重(%)	5.29	5.73	5.34	5.52	6.22	5.62
	契税	税收收入	893423	1196108	1484567	1846174	1785747	1441204
		增长率(%)	—	33.88	24.12	24.36	-3.27	19.77
		比重(%)	8.04	9.21	10.32	12.10	11.51	10.24
	城镇土地使用税	税收收入	263934	319856	351719	535902	588880	412058
		增长率(%)	—	21.19	9.96	52.37	9.89	23.35
		比重(%)	2.38	2.46	2.45	3.51	3.80	2.92
	耕地占用税	税收收入	647196	781882	757204	598301	633590	683635
		增长率(%)	—	20.81	-3.16	-20.99	5.90	0.64
		比重(%)	5.83	6.02	5.27	3.92	4.08	5.02

2. "营改增"后形成"大共享税",分税向分成退化

从全国范围来看,全面"营改增"之后,占全国税收收入比重平均15%以上的营业税进入增值税范围,国发〔2016〕26号规定全面"营改增"后所有行业增值税收入实行中央和地方按五五比例共享,"营改增"之前的五大税种——增值税、营业税、消费税、企业所得税和个人所得税,"营改增"之后仍实行分税制度仅为消费税一个税种。按最新税种划分政策,以"十二五"时期的税收数据来做测算,如图9-1所示:假设"十二五"期间全部营业税纳入增值税范围并按国发〔2016〕26号文规定纳入中央和地方共享范围,形成"营改增"全面扩围后的共享税,2011—2015年其规模占全部税收收入比值均值为67.89%,比原有共享税规模占比(全面"营改增"之前)提高15.37%;共享税

占中央税收入比值均值为 68.19%，比原有共享税规模占比提高 0.25%；共享税占地方税收入比值的均值为 67.67%，比原有共享税规模占比提高 31.62%。"十二五"税收数据模拟测算表明，"营改增"的全面推进以及国发〔2016〕26 号过渡方案极大地提高了共享税的税收比值，全面"营改增"后全国税收收入有 67.89% 来自共享税，中央税收有 68.19% 来自共享税，地方税收有 67.67% 来自共享税。至此，我国进入名副其实的"大共享税"时代，共享税收入规模达到历史峰值，在全世界都属于最高行列。

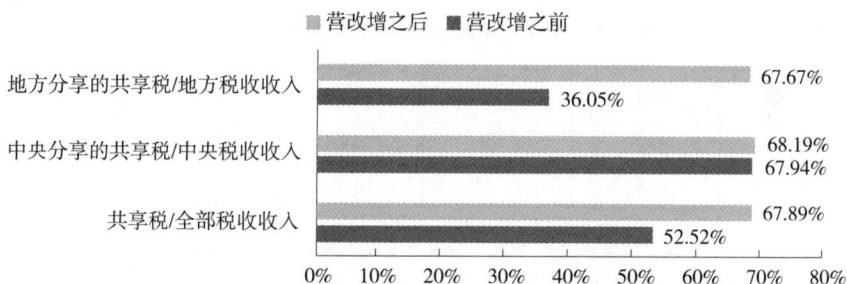

图 9-1　全面"营改增"前后共享税占全部税收、中央共享税占中央税收和地方共享税占地方税收比值

数据来源：《中国税务年鉴》，中国税务出版社 2012—2016 年版。

分税制改革二十多年来均未涉及地方政府税收立法权等问题，主要进行的是税收收入归属权分配，也就是极具中国特色的分税制改革，本质上并不是真正的"财税分权"，而是"财税分工"，即中央政府和地方政府进行税收征管职能的具体分工，而并非进行税权划分。而全面"营改增"试点过渡阶段的增值税收入划分方案势必使这种"财税分工"现状——粗放的税收分成制度更为凸显，我国分税制很可能向分成制"退化"。

（二）"营改增"财政分权改革下财力配置制度风险

政府间事权划分与收入划分不一致，仍然是我国财政分权下地方财税体制的基本矛盾。政府间财政关系包括财政收入和财政支出两个方面，我们采用财政自给能力这一指标来衡量财政收支关系,财政自给能力的测度方法是本级一般预算收入和本级一般预算支出比率。"营改增"后省以下政府财政自给能力不断下降(如表9-8所示),地方政府间财力分配与收支划分不合理问题日益突出。地方财政收入能力不足,地方财政依赖中央与上级财政的转移支付,是现有财税体制框架下反映出的主要问题。"营改增"后,中央财政自给能力虽有下降,但仍保持在高于2的水平,而全国地方级财政自给能力较低,且呈不断下降趋势,在2016年全面"营改增"后减少至0.54。

表9-8 中央与湖南省各级财政自给能力情况

地区	2012	2013	2014	2015	2016
中央级	2.99	2.94	2.86	2.71	2.64
地方合计	0.57	0.58	0.59	0.55	0.54

注:财政自给能力=本级一般预算收入/本级一般预算支出。其中,一般预算收入是指地方财政上划完中央、省级财政收入之后地方留成部分收入,不包括税收返还、转移支付、补助收入等。

在现有收入和事权划分格局下,省以下政府如果不依靠上级的转移支付,仅凭自身财力几乎不能完成支出责任。从财政收入看,我国经济发展相对落后的中西部地区的财政收入要在高基数上实现高增长的可能性非常小,经济社会发展仍然面临着诸多困难,开放型经济、县域经济、非公有制经济和金融服务业仍然是短板,中西部地区以"烟""油""房"为支柱的财源结构不尽合理,个别基础条件差、结构调整慢的省份甚至可能会出现增长停滞或负增长的局面。从支出责任看,一是我国各省的财政支出刚性增长,各项财政支出需求对财政保障能力形成挑战。为防经济增长滑出合理区间,财政投资需保持在适度的规模;教育、就业、医疗、住房保障、文化体育等民生支出要求不断提高,脱贫摘帽进入最后攻坚阶段等,都是无法回避的客观实际财政支出需要。二是各级政府之间事权边界划分不清晰,除了承担事权的比重存在差异外,省、市、县政府所承担的事权基本相同,共同事权多,独立事权少,下级政府不得不被动承担过多的公共事务,导致事权与支出责任的不匹配。

(三)"营改增"财政分权改革下的分享体制风险

为保障地方现有财力稳定,"营改增"全面推进后增值税收入划分实施依据国发〔2016〕26 号和国发〔2016〕71 号:一方面,中央与地方的分享比例由 75∶25 调整为 50∶50,分享范围扩大至所有行业的增值税收入;另一方面,中央对地方以 2015 年为基数实行增值税定额返还。至此,增值税收入划分和共享体制发生了重大调整,其基本目标是"保持财力格局不变并兼顾好东中西部利益关系"。上述政策自 2016 年 5 月 1 日起执行,过渡期暂定 2—3 年。分析国发〔2016〕26 号和国发〔2016〕71 号文件政策,影响中央和各地财力的基本因素主要是实际分成比例和以 2015 年为基数的税收定额返还,其中最为重要的是实际分成比例。由于本部分写作时过渡方案刚实施时,缺乏相关数据,因此以"十二五"时期的税收数据来做模拟测度。利用《中国统计年鉴》2013—2015 年省级增值税、营业税收入数据测算满足"营改增"之前省级行政区增值税收入加上省级营业税收入之和与全面"营改增"之后省级行政区增值税收入相等时的增值税央地分享比例。2013—2015 年间,在未实施五五分成的背景下,设 x_i 为两税收入地方分享比例,增值税"五五分成"过渡方案实施前后央地财力格局不变时满足:

$$x_i \times (\frac{各省级国内增值税}{25\%} + 各省级营业税) = 各省级国内增值税 + 各省级$$

营业税

将《中国统计年鉴》2013—2015 年一般公共预算收入中的省级增值税收入、省级营业税收入代入上述计算公式中,求得各省增值税收入地方分享比例 xi,按分享比例从高到低排列结果如下图 9-2 所示。

由图 9-2 结果可知,海南、贵州、宁夏、青海、四川、广西、河南等经济欠发达地区保持央地收入格局不变应分享增值税的比例平均在 55% 以上,大于当

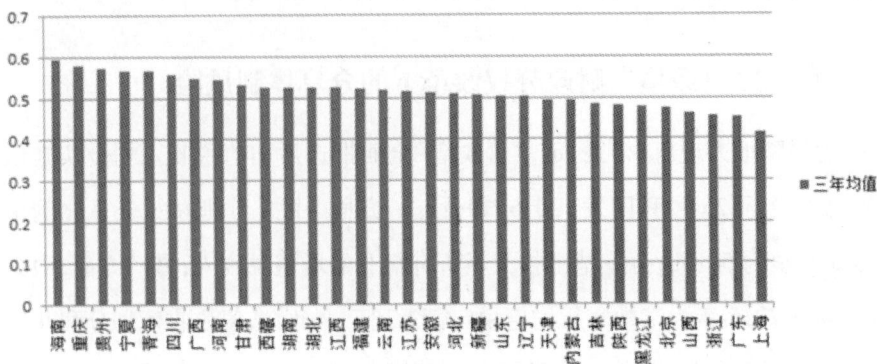

图 9-2　2013—2015 年各省级行政区应分享增值税比例均值

前过渡方案地方分享 50% 的比例；与之相反，上海、广东、浙江、山西、北京等经济发达地区保持央地收入格局不变应分享增值税的比例平均在 45% 左右，低于当前过渡方案地方分享 50% 的比例。因此，当前 50∶50 的增值税收入纵向分配比例事实上无法使中西部欠发达地区维持原收入水平，过渡方案增值税收入五五分成的政策对欠发达地区增值税收入的向上转移作用高于发达地区。

（四）"营改增"财政分权改革下的税制风险

增值税税收与税源相背离指的是增值税应税货物和服务跨地区流动导致增值税来源地与负担地相背离的情况。全面"营改增"一方面扩大了容易产生税收与税源背离问题的增值税规模，另一方面将地方分享增值税比例由 25% 扩大至 50%，使得由地方承担的"背离"比例加大，两方面原因都导致全面"营改增"之后增值税税收与税源背离问题加剧。以各省依据当地消费品零售总额全国占比分配的地方增值税收入与按过渡方案分享的增值税收入差额来衡量地方增值税横向转移规模，各地区增值税背离额与背离率计算表达式如下：

某地区增值税背离额＝该地区按过渡方案分享的国内增值税收入额－（该

地区消费品零售总额÷全国消费品零售总额)×各地区增值税收入之和

某地区背离率=该地区背离额÷该地区按过渡方案分享的国内增值税收入额

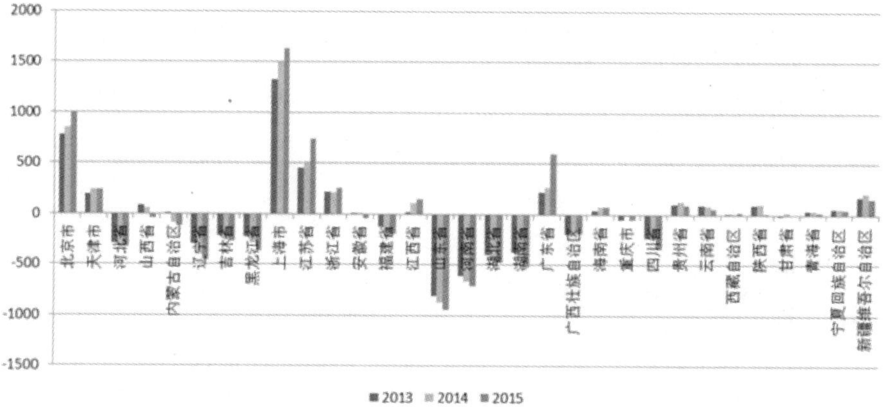

图9-3 2013—2015年全国各省增值税收入转出或转入方向及规模(单位:亿元)

表9-9 2013—2015年湖南省增值税收入转出规模及比例

(单位:亿元,%)

年份	2013	2014	2015	三年均值
增值税税收转出总规模	379.507	425.973	520.088	441.856
增值税转出额占湖南地方增值税比值	65.61%	54.55%	77.07%	65.74%
湖南增值税税收转出规模在全国排名	4	4	4	4

全国情况如图9-3所示,以湖南省为例来具体说明税源背离的问题。湖南情况如表9-9所示,以2013—2015年数据测算,湖南省在当前的生产地原则下实际所得小于以社会消费品零售总额估计的消费地原则下应得的税收,为增值税收入转出省,三年间转出规模分别达到379.507亿元、425.973亿元和520.088亿元,规模不断增长;转出部分占过渡方案下地方增值税收入的比

重分别为 65.91%、64.55% 和 77.07%。在全国省级行政区范围内,湖南省增值税收入转出规模位列第四,平均占总转出规模的 9.36%,其他增值税收入转出规模较大的省份有山东、河南、湖北、辽宁等。而经济发达省份如上海、北京、江苏、广东、浙江等是增值税主要转入省份。税收转出省份的各省与税收转入省份的经济发达省份的财力差距和经济差距将进一步扩大。因此,欠发达地区存在增值税税收输出,发达地区存在增值税税收输入,税收与税源相背离问题加剧。

第十章　优化财政分权改革目标下财税体制建设的策略选择

　　"营改增"实施以来,我国财政收入分权呈现不断下降的趋势,"营改增"的减税效应直接导致了财政收入增速的下降,也使得当前分税制财税体制面临着一系列风险,全面"营改增"之后地方财政收入增长呈"断崖式"下降,目前施行的增值税收入五五分成过渡方案,很大程度上属于简单的税收分成制,导致地方主体税种缺失和共享税占比过高,我国中西部欠发达地区面临增值税收入由地方向中央纵向转移、税收横向转出加剧等问题。地方主体税种缺失,又使得地方财力失去重要支撑,再加之税源结构失衡等问题,地方财税体制改革迫在眉睫。在我国财政分权程度下降的背景下,过渡期地方税基本状况下,财税体制改革可采用"分步走"的办法:中短期内重点化解"营改增"对地方财政的冲击,科学制定并稳定省与市县收入划分办法,并全方位优化经济税源结构;从中期来看,财税体制改革应重点支持经济高质量发展,聚焦新财源建设、人才科技、实体经济、财税改革、收入质量等领域,综合施策,化解症结,努力推动财政经济高质量发展;从长期来看,应逐步科学选定地方主体税种、合理搭配辅助税种,确保财力与事权、事权与支出责任相匹配,加强地方税收征管体系建设,逐步完成健全地方财税体制工作。

一、化解财政收入分权弱化对地方财政的冲击

（一）有效缓解地方财政运行的巨大压力

首先，适度加强中央政府事权与支出责任，减少并规范中央与地方共同财政事权。党的十九大报告明确指出："加快建立现代财政制度，建立权责清晰、财力协调、区域均衡的中央和地方财政关系。"在保持央地财力格局基本稳定的前提下，政府间事权进行分配调整的思路是按照财政分权的原则上移部分事权，即事权范围与公共物品的受益范围相匹配，例如基础教育、养老医疗保险、环境综合整治和部分跨省的建设性支出等都可以考虑上移中央，具体哪些事权适合和能够上移需及早规划和协商。

其次，如前分析，现行以生产地五五分成的增值税收入划分政策非常不利于中西部欠发达地区，应改善目前的简单地"一刀切"式的分成制度。国发〔2016〕26号明文规定："中央上划收入通过税收返还方式给地方，确保地方既有财力不变。中央集中的收入增量通过均衡性转移支付分配给地方，主要用于加大对中西部地区的支持力度。"同时，国发〔2016〕71号文件确定了以2015年为基数实行定额返还，对增值税增长或下降地区不再实行增量返还或扣减，返还基数的具体数额由财政部核定。全面"营改增"中央集中的增值税收入主要通过税收返还来弥补地方初次分配的财力缺口，中央对地方增值税定额返还部分将成为地方财力的重要来源。因此，地方应充分利用相关有利政策，向中央说明地方在全面"营改增"和国发〔2016〕26号过渡方案中的税收利益受损的严重情况，向中央争取税收返还和均衡性转移支付，确保地方"营改增"前后财力不变。

（二）充分挖掘传统地方税税收潜力

"营改增"改革在为企业减负的同时造成地方减收,除了国有资产、土地和政府性基金等外,地方政府增收最大的可能性就在于充分挖掘传统意义上"地方九税"(个人所得税、土地增值税、资源税、城建税、契税、城镇土地使用税、房产税、耕地占用税和印花税)。传统地方税的税基大都是以土地、房产、资源和个人收入等为参考进行制定,随着社会经济发展上述地方税源日益充裕,应积极克服"营改增"引发的地方税源流失和"以票控税"手段缺失将导致征收其他地方税的困境,采取各种措施挖掘上述地方税的增收潜力。由于现行的《土地增值税条例》及细则等法规对重要的纳税事项(如清算环节的税务处理等)往往只作了粗略的原则性规定,导致在实际征管中常发生"交还是不交、交多少、缓交"等税务争议。例如,土地增值税收缴便是典型例子,这方面江苏地税局的做法值得借鉴。江苏省对国家政策模糊规定进行"明确和细化"等系列改革,其核心做法是厘清土地增值税与企业所得税在确认收入、分摊成本和扣除费用等方面容易发生混淆的问题;对如何判定"转让价格明显偏低"的争议,江苏省首次规定了以"房地产转让价格低于同期同类房地产平均销售价格 10%"作为操作标准。上述改革措施有力地促进土地增值税的增收,该省土地增值税收入已经慢慢接近企业所得税收入,成为近些年来增幅最快、贡献最大的地方税种。

（三）全方位优化经济税源结构

"营改增"减税效应激发了经济活力,"营改增"后应找准产业发展切入口和发力点,推进创新引领开放崛起战略的实施,全方位优化经济税源结构。

一是促使产业结构优化升级,优化行业税源结构。在税制要素和征管能力相对稳定的情况下,经济总量增长和经济结构优化是影响税收增收的决定性因素。产业结构优化升级会使得税源结构优化,促进税收增收(刘建民,1996)①;同时税收政策是政府实施产业政策宏观调控的最有力的政策工具之一,促进经济健康发展,两者是相互促进、相互制约的关系(苗月新,2015)②。我国中西部欠发达地区的第一产业和第二产业的规模较大但含税量低,第三产业税收贡献率高但产业规模急需扩大。应采用"夯实第一产业基础型税源,巩固壮大第二产业效益型税源,创新发展第三产业主体型税源"经济税源培育战略,依靠发展产业提高财政收入质量。结合城乡融合和产业融合,农业与工业、旅游、教育、文化等融合,发展现代农业,将低税一产打造成优质新税源。结合"营改增"激发的经济新动能和产业升级方向,准确把握产业发展的大趋势,尤其是未来制造业、信息产业、物联网、互联网产业结合的大趋势,新型工业化和生产性服务业融合的必然趋势,巩固壮大二产税源,培育新的可持续三产税源龙头,形成多点支撑税源良性发展格局。

二是调整房地产业税负结构,充分发挥房地产业的税源优势。从国际社会发展经验及中国发展实践来看,房地产业将一直是地方政府最为重要的税源行业,应改变目前房地产行业税负"重流转、轻保有"格局:首先,应扩大个人存量住房评估征税,培养地方长期稳定的税种,改变目前的"房地产依赖症"。随着新购住房逐步成为存量住房,如果要实现房地产税的可持续性并将其打造为地方支柱财源,房地产税势必将对存量住房和增量住房一并征收。尽快建立适合各省省情的以房地产税为代表的存量税的征管体制机制。优化房地产转移环节税种的设置,将城镇土地使用税合并到房地产税(刘尚希,2013)③,契税并入印花税,对转移环节形成的土地房产增值收益征收规范的所得税。

此外,应根治"房地产依赖症",形成多点支撑的税源格局。根治"房地产依赖症",必须形成地方税收多个有效的增长点。而取代房地产税收地位、培

---

① 刘建民:《浅谈我国地方税体系的建设》,《财政研究》1996 年第 8 期。
② 苗月新:《论产业结构优化导向下的税收政策制定》,《税务研究》2015 年第 7 期。
③ 刘尚希:《财政改革的前瞻性思考》,《中国财政》2013 年第 23 期。

育新的地方税源龙头最具现实可能的就是发展现代服务业。现代服务业不仅是产业优化升级链条中最为关键一环,而且是税收增收最具潜力者。这是因为,第一,现代服务业提供知识、技能和服务为主,多是创新能力强、附加值高的行业,税基广泛,利税丰厚。第二,金融业、信息传输、计算机服务和软件业和租赁商业服务业等现代服务业近年来呈现出爆发式增长。第三,随着"营改增"改革推进,生产性服务业及相关行业的重复征税的税制桎梏将彻底消除并减轻行业税负,这将从根本上促进现代服务业迅速崛起,经济总量增加的同时带来税收增收。随着现代服务业取代房地产业成为地方税税源龙头以及房地产业税负结构合理化,这将使地方税源结构更趋合理,地方税源质量将有质的飞跃。

三是发挥企业在经济税源增长中的主体作用。"税负转嫁"能力的高低是企业最大化"营改增"政策红利、全面提升盈利能力的关键点(夏杰长、管永昊,2013)[①]。顺应经济发展的形势与市场的变化,加快产业的战略性调整、优化供给结构,是企业在"营改增"后获得盈利能力全面提升的一个重要基础,这不仅要求企业自身调整商业模式,提高市场竞争能力,也需要政府通过出台相应的扶持政策进行合理的引导,从而实现本轮改革的预设目标。

首先,"营改增"政策对企业投资有着结构性的影响,投资结构的优化有赖于合理的政策安排。因此,呼吁简并税率档次,恢复增值税"税收中性"本质,将有助于进一步提升改革在优化投资方面的效果。其次,"营改增"对供给侧改革有着积极的推动作用,在当前政策环境下,主动探索供给侧改革模式将有利于政策红利的持续扩散。"营改增"促进了过剩的制造业向生产性服务业转型(高培勇,2013)[②],促进了服务型行业企业的专业化分工及其主辅业务相分离,引导企业脱虚向实。因此,充分利用现有制度条件,优先发展以试点行业为主的生产性服务业,加快推进现代物流、服务外包等生产性服务行业

---

① 夏杰长、管永昊:《"营改增"之际的困境摆脱及其下一步》,《改革》2013年第6期。

② 高培勇:《财税改革:全面深化改革的突破口和主线索》,《财贸经济》2013年第12期。

的发展,促进工业服务化,增强新兴现代服务业发展的活力,是当前谋求新的经济发展动力的重要选择。

二、完善经济高质量发展的财政支撑体系

（一）提高财政支持精准度和体系化建设

在财政分权、减税降费和经济高质量发展的背景下,财政收支压力和改革紧迫性要求提高财政对经济高质量支持的政策精准度,并逐步完善政府参与经济发展框架下财政支持体系化建设。应加大研发投入中对基础研究的支持力度,坚实创新源动力;以技术创新和效率提高为导向推动经济绿色、生态发展;打通区域间协调发展的体制障碍,通过财政"穿针引线"来推动协调发展。始终注重社会研发投入中对基础研究的支持,并且要加大支持力度,尤其是对高校、科研单位基础研究的支持;坚持绿色、生态发展理念,立意长远,以清洁生产技术创新、能源利用率提高和新型能源开发推动经济发展生态高质量;以满足人民日益增长的物质需求为导向,逐步消除城乡要素流动的体制障碍、"一带一路"战略纽带作用发挥,协调我国东中西部经济带发展。在明确财政支持经济高质量发展的工作重点上,加快财政体制改革,省级财政侧重省域内财政统筹、规划和监督,下放财权到市、县以匹配省以下地方政府日益繁重的经济建设事权压力,部分基层财政事权可向产业园区转移,完善高新产业园区财政体制建设。

（二）优化财政支出结构

优化财政支出结构,一是大力支持科技创新,完善财政科技投入稳定增长机制。建立完善科技研发后补助、奖补、双向补贴等制度,高标准支持建设重大科研平台,大力奖励高端科技人才。二是大力支持人才引进。研究重大工

程的财政保障和奖励机制,在落实住房、社保、子女就学等福利基础上,通过打造高科技产业集群、高科技创新链条等平台吸附高端人才。三是大力支持开放崛起。对新开物流通道给予培育期补贴,支持打造水上、陆地、空中立体式开放渠道。四是创新财政支持资金支出方式,瞄准推动社会创新发展的关键环节,设立政府主导的创新产业发展基金,以高新产业园区为载体,重点投资经济高质量发展重点产业链中的创新型企业和科技创新型高成长性的中小微企业,形成统一的财政推动高质量发展中创新引领的支持体系。五是着重推动创新平台建设,财政以专项资金的形式重点支持一批以基础研究、技术应用型研究和产业化链条建设的新型创新平台,配套现有高新产业园区的建设和规划。

(三)发挥财政资金的杠杆作用

将财政政策与金融政策相结合,撬动更多高效资源参与经济高质量发展的创新建设中。针对经济高质量发展的工作重点,省级财政、市县级财政、金融机构、各类融资担保集团、产业园区、企业等共同组建高新技术创新型中小企业风险机制,设立风险担保基金,以财政有限资金带动更多资源分担创新引领的风险;财政支持资金要配套税收优惠、金融支持、专项债券配额、质押担保融资等,引导更多政策支持,扩大财政支持效应。一是解决企业融资难题。加快建设政府性担保体系。调整优化财政性存款分配办法,对大力扶持中小企业、民营企业的金融机构给予倾斜奖励。二是降低企业制度性成本。全面落实增值税改革、研发费用加计扣除等税收优惠政策。

三、重构地方财税体制

新一轮财税体制改革的重心就是要回归分税制(高培勇,2013)①,我们在

---

① 高培勇:《财税改革:全面深化改革的突破口和主线索》,《财贸经济》2013 年第 12 期。

全面"营改增"契机下必须坚持分税制的基本方向。"分税"就是要从收入出发,切实解决好中央与地方、省以下的收入划分问题,坚持分税制的关键是坐实地方税体系。中长期内,根据党的十九大报告中"深化税收制度改革,健全地方税体系"的要求,确立主辅配合的地方税体系,健全地方财税体制。

(一)共享税制度建设

地方税系的重新调整,要求继续深入推进税制改革,以消费税改革、房地产税改革、社会保障税立法为前提。其一,消费税的改革从四个方面着手,一是扩大消费税的课征范围,将高污染和高耗能产品、高档消费品、高档服务纳入征税范围,随着税基的扩大,消费税收入还会有较大增长;二是将消费税计征转移到最终消费环节;三是将消费税改为价外税;四是从配合地方税体系建设来看,建议调整消费税的收入归属。其二,房地产税改革的思路是合并房产税和城镇土地使用税,在房产保有环节按评估值征收,并将个人住房纳入征税范围。目前地方税体系中直接以房地产为课税对象的税种中,在房屋、土地保有环节征收且直接以房屋价值和土地面积为计税依据的只有房产税和城镇土地使用税,因此可将房产税和城镇土地使用税合并成房地产税。房地产税的税基流动性较弱、税源分布广泛,不易引发地区间税收管辖权的争夺,同时房地产市场比较稳定且长期处于上升趋势,能够给地方带来稳定的收入,可以弥补"营改增"之后地方政府税收收入的流失,缓解地方"土地财政"的困局。建议中央要赋予地方政府适当的税收管理权限,让地方政府可以根据本地经济社会发展实际和调控工作的实际需要对计税依据、税率、减免税优惠等方面作出具体规定。其三,开征社会保障税。目前社保基金是由国家、企业和个人以费的形式缴纳,缺乏法律上的统一性和强制性。建议尽快开征社会保障税,不仅有利于确保社会保障资金的统一规范征收、降低征收效率筹资成本,而且促进优化税制结构、完善社会保障机制。关于社会保障税的税制设计应与社会保障项目和范围相适应,可考虑先在部分省市进行试点,之后应结合我国经济状况循序渐进地扩大范围和规模,在未来逐步成为地方税主体税种之一,与地方政府社会保障职责相匹配。

（二）地方税体系建设

与形成相对独立的地方治理体系相适应,"营改增"后首要任务是形成相对独立地方税体系。科学选择主体税种、合理搭配辅助税种,集收入功能和调节功能于一体,是构建稳定的地方税体系的基本前提。大部分西方发达国家把财产税作为地方主体税种,但我国财产税税目少,房产税在我国尤其是经济不发达地区的地方一般公共预算收入中的占比很低,在短期内把它培养成地方主体税种不具现实可行性。从既发挥地方政府的积极性,又要体现地方经济的战略方向来看,以收入与消费两大税基为主来选择主体税种,符合我国地方经济的实际与需要。基于此,建议中央调整改革后的消费税归属,为地方培育主体税种创造条件。消费税是一个收入规模较大的成熟税种,2013—2016年湖南省消费税收入大约相当于地方一般公共预算收入的 25%,如果中央能下移消费税,则可以解决地方政府的财政困难。我们认为,重构后的地方税体系,应该选择改革后的消费税、个人所得税、企业所得税作为地方主要税种,将未来开征的房地产税和社会保障税、改革后的资源税以及耕地占用税、城市维护建设税、契税、土地增值税、车船税、烟叶税、印花税等作为地方辅助税种。

（三）财力与事权、事权与支出责任相匹配模式的构建

新一轮财税体制改革的重心就是要回归分税制,按照分税制的基本要求在分税、分事、分管上做好文章。"分税"就是要从收入出发,切实解决好中央与地方、省以下的收入划分问题。应将收入波动大、具有较强再分配作用、税基分布不均衡、税基流动性较大的税种,划为中央或者中央分成比例多一点。以增值税为例,实施 2—3 年的"五五分成"过渡方案后,应继续提高中央在增值税的分享比例;应将地方掌握信息比较充分、对本地资源配置影响较大、税

基相对稳定的税种划为地方税或者地方分成比例多一点,比如,将来可能开征的房地产税、社会保障税等税种,根据受益性原则,可以逐渐发展成地方主体税种。结合中央与地方的收入划分办法,地方政府应加快完善省与市县收入划分办法,合理划分省市县收入,调动各级积极性。"分事"则是要在支出层面上,实现政府间事权与支出责任相匹配,总体原则是适度加强中央的财政事权,保障地方履行财政事权,减少并规范中央与地方共同财政事权。

(四)地方税征管体系建设

国税与地税的合并倒逼征管方式的改进。随着纳税人特别是自然人数量不断增加和企业经营多元化、跨区域、国际化的新趋势,传统税收征管方式针对性、有效性不强问题逐步显现,转变税收征管方式刻不容缓。一是由更多地注重税务机关单向对纳税人实施管理与监督,向管理监督与服务并重、纳税人自觉申报纳税的双向互动管理模式转变;从大量依赖事前的税务行政审批的税收管理,向注重事中、事后监管转变。二是引导"以票控税"逐步向"以信息控税"转变,由重点管"票"为重点转向管票面"信息",建立票账结合、增值课税管理制度。三是加快建立与大数据、云计算和物联网等现代信息技术相适应的税收征管体系,使税收征管从凭经验管理向依靠大数据分析转变,进一步发挥信息化、大数据优势。

主要参考文献

一、著作类

[1] 樊纲、王小鲁、朱恒鹏：《中国市场化指数：各地区市场化相对进程 2011 年报告》，经济科学出版社 2011 年版。

[2] 胡小梅：《财税政策对产业结构升级的影响机制与效应研究》，中国财政经济出版社 2019 年版。

[3] 平新乔：《微观经济学十八讲》，经济科学出版社 2011 年版。

[4] 石敏俊：《中国经济绿色转型的轨迹——2005—2010 年经济增长的资源环境成本》，科学出版社 2014 年版。

[5] 闫坤、于树一：《中国农村减贫财税政策研究》，中国财政经济出版社 2008 年版。

[6] 叶阿忠、吴继贵、陈生明：《空间计量经济学》，厦门大学出版社 2015 年版。

[7] 张璟：《财政分权、区域金融发展与中国经济增长绩效》，南京大学出版社 2011 年版。

二、期刊类

[1] Alam T., M. Waheed, Sectoral Effects of Monetary Policy: Evidence from Pakistan, *The Pakistan Development Review*, 2006, pp.1103-1115.

[2] Bardhan P., Mookherjee D., Decentralizing antipoverty program delivery in

developing countries, *Journal of Public Economics*, 2005.

[3] Bird, Richard M., Threading the Fiscal Labyrinth: Some Issues in Fiscal Decentralization, *National Tax Journal*, 1993.

[4] Brown, C.C., Oates W.E., Assistance to the Poor in a Federal System, *Journal of Public Economics*, 1987.

[5] Brueckner, J., Strategic Interaction Among Governments: An Overview of Empirical Studies, *International Regional Science Review*, 2003, pp.175−188.

[6] Che J., Rent Seeking, Government Ownership of Firms: An Application to China's Township Village Enterprise, *Journal of Comparative Economics*, 2002, pp.787−811.

[7] Chen Hao, Development of financial intermediation and economic growth: the Chinese experience, *China Economic Review*, 2009, pp.347−362.

[8] Crawford G., Decentralization and the limits to poverty reduction: Findings from Ghana, *Oxford Development Studies*, 2008.

[9] Faguet J., Does decentralization increase government responsiveness to local needs?: Evidence from Bolivia, *Journal of Public Economics*, 2004.

[10] Farber S., Yates M., A comparison of localized regression models in an hedonic price context, *Canadian Journal of Regional Science*, 2006, pp.405−420.

[11] Fotheringham A.S., Zhang F., A Comparison of Three Exploratory Methods for Cluster Detection in Spatial Point Patterns, *Geographical Analysis*, 1996, pp.200−218.

[12] Holmstrom B., Milgrom P., Multitask principal-agent analyses: Incentive contracts, asset ownership, and job design, *Journal of Law*, Economics, & Organization, 1991, pp.24−52.

[13] Koenker R., Bassett Jr G., Regression quantiles, Econometrica, *journal of the Econometric Society*, 1978, pp.33−50.

[14] Koenker R., Quantile regression for longitudinal data, *Journal of Multivariate Analysis*, 2004, pp.74−89.

[15] Kyriacou, A.P., Regional inequalities, fiscal decentralization and government quality: empirical evidence from simultaneous equations, *Regional Studies*, 2016, pp.1−13.

[16] Lamarche C., Robust penalized quantile regression estimation for panel data, *Journal of Econometrics*, 2010, pp.396−408.

[17] Leung Y., Mei C.L., Zhang W.X., tatistical Tests for Spatial Nonstationarity Based on the Geographically Weighted Regression Model, *Environment and Planning*, 2002, pp. 9−32.

[18] List J. A., Gerking S., Regulatory federalism and environmental protection in the United States, *Journal of Regional Science*, 2002, pp.453-471.

[19] Millimet D., Assessing the empirical impact of environmental federalism, *Journal of Regional Science*, 2003, pp.711-733.

[20] Moshe Justman, Jacques-Francois Thisse, The economic impact of subsidized industrial R&D in Israel, *International Tax and Public Finance*, 2003.

[21] Poncet, Sandra, Measuring Chinese domestic and international integration, *China Economic Review*, 2003.

[22] Qian Y., Weingast B.R., Federalism as a commitment to perserving market incentives, *The Journal of Economic Perspectives*, 1997, pp.83-92.

[23] Qian Ying Yi, Barry R., Weingast, Federalism as a Commitment to Preserving Market Incentives, *Journal of Economic Perspectives*, 1997, pp.83-92.

[24] Raymond Fisman, Roberta Gatti, Decentralization and Corruption: Evidence from U. S.Federal Transfer Programs, *Public Choice*, 2002, pp.25-35.

[25] Revelli, On Spatial Public Finance Empirics, *International Tax and Public Finance*, 2005, pp.475-492.

[26] Rey S.J., Spatial Empirics for Economic Growth and Convergence, *Geographical Analysis*, 2001, pp.195-214.

[27] Rowland, A.M., Population as a Determinant of Local Outcomes under Decentralization: Illustrates from Small Municipalities in Bolivia and Mexico, *World Development*, 2001.

[28] Seabright P., Accountability and decentralization in government: an incomplete contracts model, *European Economic Review*, 1996, pp.61-89.

[29] Stuart S.Rosenthal, William C.Strange, Geography, Industrial Organization, and Agglomeration, *Review of Economics and Statistics*, 2003, pp.77-393.

[30] Tiebout C.M., A pure theory of local expenditures, *Journal of political economy*, 1956, pp.16-424.

[31] Tone K., A slacks-based measure of super-efficiency in data envelopment analysis, *European Journal of Operational Research*, 143(1), 2002, pp.732-741.

[32] Treisman D., Hongbin, Cai, Does Competition for Capital Discipline Governments Decentralization, Globalization and Public Policy, *American Economic Review*, 2005, pp.817-838.

[33] Wildasin D. E., Interjurisdictional capital mobility: Fiscal externality and a

corrective subsidy, *Journal of urban economics*, 1989, pp.93-212.

[34] Xu B., Lin B., How industrialization and urbanization process impacts on CO_2 emissions in China: Evidence from nonparametric additive regression model, *Energy Economics*, 2015, pp.188-202.

[35] Bardhan P., Mookherjee D., Decentralizing antipoverty program delivery in developing countries, *Journal of Public Economics*, 2005.

[36] Bird, Richard M., Threading the Fiscal Labyrinth: Some Issues in Fiscal Decentralization, *National Tax Journal*, 1993.

[37] Brown, C.C., Oates W.E, Assistance to the Poor in a Federal System, *Journal of Public Economics*, 1987.

[38] Brueckner, J., Strategic Interaction Among Governments: An Overview of Empirical Studies, *International Regional Science Review*, 2003, pp.175-188.

[39] Che J., Rent Seeking and Government Ownership of Firms: An Application to China's Township Village Enterprise, *Journal of Compatitives Economics*, 2002, pp.787-811.

[40] Chen Hao, Development of financial intermediation and economic growth: the Chinese experience, *China Economic Review*, 2006, pp.47-362.

[41] Crawford G., Decentralization and the limits to poverty reduction: Findings from Ghana, *Oxford Development Studies*, 2008.

[42] Faguet J., Does decentralization increase government responsiveness to local needs?: Evidence from Bolivia, *Journal of Public Economics*, 2004.

[43] Farber S., Yates M., A comparison of localized regression models in an hedonic price context, *Canadian Journal of Regional Science*, 2006, pp.405-420.

[44] Fotheringham A.S., Zhang F., A Comparison of Three Exploratory Methods for Cluster Detection in Spatial Point Patterns, *Geographical Analysis*, 1996, pp.200-218.

[45] Hansen B.E., Threshold Effects in Non-dynamic Panels: Estimation, Testing and Inference, *Journal of Econometrics*, 1999, pp.345-368.

[46] Holmstrom B., Milgrom P., Multitask principal-agent analyses: Incentive contracts, asset ownership, and job design, *Journal of Law, Economics, & Organization*, 1991.

[47] Bassett Jr G., Regression quantiles, *Econometrica: journal of the Econometric Society*, 1978.

[48] Koenker R., Quantile regression for longitudinal data, *Journal of Multivariate Analysis*, 2004.

［49］Lamarche C., Robust penalized quantile regression estimation for panel data, *Journal of Econometrics*, 2010.

［50］Leung Y., Mei C.L., Zhang W.X., Statistical Tests for Spatial Nonstationarity Based on the Geographically Weighted Regression Model, *Environment and Planning*, 2002, pp. 9-32.

［51］List J.A., Gerking S. Regulatory federalism and environmental protection in the United States, *Journal of Regional science*, 2000.

［52］Lopez R., Mitra S., Corruption, pollution, and the Kuznets environment curve, *Journal of Environmental Economics and Management*, 2002.

［53］Millimet D., Assessing the empirical impact of environmental federalism, *Journal of Regional Science*, 2010.

［54］Oates, Wallace E., The Economies of Fiscal Federalism and Local Finance, *The economics of fiscal federalism and local finance*, 1998.

［55］Poncet, Sandra, Measuring Chinese domestic and international integration, *China Economic Review*, 2003.

［56］Qian L., Jingping S., et al., Economic growth and pollutant emissions in China: a spatial econometric analysis, *Stoch Environ Res Risk Assess*, 2014, pp.429-442.

［57］Qian Y., Weingast B.R., Federalism as a commitment to perserving market incentives, *The Journal of Economic Perspectives*, 1997.

［58］Qian Ying Yi, Barry R. Weingast, Federalism as a Commitment to Preserving Market Incentives, *Working Papers*, 1997, pp.83-92.

［59］Revelli, On Spatial Public Finance Empirics, *International Tax and Public Finance*, 2005, pp.475-492.

［60］Rey S.J., Spatial Empirics for Economic Growth and Convergence, *Geographical Analysis*, 2001, pp.195-214.

［61］Rowland, A.M., Population as a Determinant of Local Outcomes under Decentralization: Illustrates from Small Municipalities in Bolivia and Mexico, *World Development*, 2001.

［62］Seabright P., Accountability and decentralization in government: an incomplete contracts model, *European Economic Review*, 1996, pp.61-89.

［63］Stuart S. Rosenthal, William C., Strange, Geography, Industrial Organization, and Agglomeration, *Review of Economics and Statistics*, 2003, pp.377-393.

［64］Tiebout C.M., A pure theory of local expenditures, *Journal of political* economy,1956.

［65］Tone K.,A slacks-based measure of super-efficiency in data envelopment analysis,*European Journal of Operational Research*,2002,pp.32−41.

［66］Treisman D.,Hongbin,Cai,Does Competition for Capital Discipline Governments? Decentralization, Globalization and Public Policy, *American Economic Review*, 2005, pp. 817−838.

［67］Wildasin D. E., Interjurisdictional capital mobility:Fiscal externality and a corrective subsidy,*Journal of urban economics*,1989.

［68］安苑、王珺:《财政行为波动影响产业结构升级了吗？——基于产业技术复杂度的考察》,《管理世界》2012 年第 9 期。

［69］白重恩、杜颖娟、陶志刚、仝月婷:《地方保护主义及产业地区集中度的决定因素和变动趋势》,《经济研究》2004 年第 4 期。

［70］陈刚、尹果希、潘扬:《中国的金融发展、分税制改革与经济增长》,《金融研究》2006 年第 2 期。

［71］尹希果、陈刚、潘杨:《分税制改革、地方政府干预与金融发展效率》,《财经研究》2006 年第 10 期。

［72］陈刚、尹希果、陈华智:《我国金融发展与经济增长关系的区域差异分析——兼论分税制改革对金融发展与经济增长关系的影响》,《金融论坛》2006 年第 7 期。

［73］陈抗、Arye L.Hillman、顾清扬:《财政集权与地方政府行为变化——从援助之手到攫取之手》,《经济学(季刊)》2002 年第 1 期。

［74］陈敏、桂琦寒、陆铭、陈钊:《中国经济增长如何持续发挥规模效应?》,《经济学(季刊)》2007 年第 1 期。

［75］储德银、赵飞:《财政分权、政府转移支付与农村贫困——基于预算内外和收支双重维度的门槛效应分析》,《财经研究》2013 年第 9 期。

［76］储德银、赵飞:《财政分权与农村贫困——基于中国数据的实证检验》,《中国农村经济》2013 年第 4 期。

［77］崔志坤、李菁菁:《财政分权、政府竞争与产业结构升级》,《财政研究》2015 年第 12 期。

［78］邓明:《中国地区间市场分割的策略互动研究》,《中国工业经济》2014 年第 2 期。

［79］邓子基、杨志宏:《低碳经济与税制改革》,《财政研究》2011 年第 8 期。

［80］丁骋骋、傅勇:《地方政府行为、财政—金融关联与中国宏观经济波动——基

于中国式分权背景的分析》,《经济社会体制比较》2012 年第 6 期。

[81]丁刚、陈奇玲:《省域政府效率对经济发展方式转变影响作用的空间关联模式探析——基于 GWR 模型与 ESDA 方法》,《中国行政管理》2014 年第 8 期。

[82]豆晓利、王文剑:《中国区域金融发展差异、变动趋势与地方政府行为——兼论分税制改革对中国区域金融差异的影响》,《上海金融》2011 年第 2 期。

[83]杜秋莹、李国平、沈能:《现行财政体制下金融效率与我国区域产业结构优化》,《新疆社会科学》2006 年第 4 期。

[84]范爱军、李真、刘小勇:《国内市场分割及其影响因素的实证分析——以我国商品市场为例》,《南开经济研究》2007 年第 5 期。

[85]冯涛、宋艳伟、路燕:《财政分权、地方政府行为与区域金融发展》,《西安交通大学学报(社会科学版)》2007 年第 5 期。

[86]付凌晖:《我国产业结构高级化与经济增长关系的实证研究》,《统计研究》2010 年第 8 期。

[87]付永、曾菊新:《地方政府治理结构与区域经济发展》,《经济体制改革》2005 年第 2 期。

[88]傅勇:《财政分权、政府治理与非经济性公共物品供给》,《经济研究》2010 年第 8 期。

[89]高培勇:《财税改革:全面深化改革的突破口和主线索》,《财贸经济》2013 年第 12 期。

[90]龚锋、雷欣:《中国式财政分权的数量测度》,《统计研究》2010 年第 10 期。

[91]桂琦寒、陈敏、陆铭、陈钊:《中国国内商品市场趋于分割还是整合:基于相对价格法的分析》,《世界经济》2006 年第 2 期。

[92]郭庆旺、贾俊雪:《财政分权、政府组织结构与地方政府支出规模》,《经济研究》2010 年第 11 期。

[93]郭志仪、郑周胜:《财政分权、晋升激励与环境污染:基于 1997～2010 年省级面板数据分析》,《西南民族大学学报(人文社会科学版)》2013 年第 3 期。

[94]何恩良、刘文:《金融资本、地方政府干预与产业结构——基于中部地区的实证分析》,《经济问题》2011 年第 5 期。

[95]黄玖立、李坤望:《出口开放、地区市场规模和经济增长》,《经济研究》2006 年第 6 期。

[96]贾俊雪、郭庆旺、宁静:《财政分权、政府治理结构与县级财政解困》,《管理世界》2011 年第 1 期。

[97]蒋岳祥、蒋瑞波:《区域金融创新:效率评价、环境影响与差异分析》,《浙江大学学报(人文社会科学版)》2013年第4期。

[98]蒋岳祥、蒋瑞波:《区域金融创新的空间外部效应:金融竞争与金融集聚》,《社会科学战线》2014年第3期。

[99]李敬涛:《财政分权、信息公开与官员腐败——基于宏微观制度环境的双重考察》,《会计与经济研究》2016年第3期。

[100]梁若冰:《财政分权下的晋升激励、部门利益与土地违法》,《经济学(季刊)》2009年第10期。

[101]刘建民、陈霞、吴金光:《财政分权、地方政府竞争与环境污染——基于272个城市数据的异质性与动态效应分析》,《财政研究》2015年第9期。

[102]刘建民、胡小梅、王蓓:《空间效应与战略性新兴产业发展的财税政策运用——基于省域1997~2010年高技术产业数据》,《财政研究》2013年第1期。

[103]刘建民、胡小梅、吴金光:《省以下财政收支分权影响省域内产业转型升级的门槛效应研究》,《财政研究》2014年第8期。

[104]刘建民:《浅谈我国地方税体系的建设》,《财政研究》1996年第8期。

[105]刘金涛、杨军等:《财政分权对经济增长的作用机制:理论探讨与实证分析》,《大连理工大学学报(社会科学版)》2006年第1期。

[106]刘尚希:《财政改革的前瞻性思考》,《中国财政》2013年第23期。

[107]刘小勇:《市场分割对地方财政收入增长影响的跨地区和跨时效应》,《财贸研究》2011年第2期。

[108]刘小勇:《市场分割对经济增长影响效应检验和分解》,《经济评论》2013年第1期。

[109]陆铭、陈钊:《分割市场的经济增长——为什么经济开放可能加剧地方保护?》,《经济研究》2009年第3期。

[110]陆远权、张德纲:《我国区域金融效率测度及效率差异研究》,《经济地理》2012年第1期。

[111]马颖、李静、陈波:《中国财政分权、金融发展、工业化与经济增长的省际差异》,《经济理论与经济管理》2015年第2期。

[112]苗月新:《论产业结构优化导向下的税收政策制定》,《税务研究》2015年第7期。

[113]聂颖:《财政分权、地方政府竞争和教育财政支出关系研究》,《地方财政研究》2011年第11期。

[114]乔宝云、范剑勇、冯兴元:《中国的财政分权与小学义务教育》,《中国社会科学》2005 年第 6 期。

[115]曲亮、蔡宏波等:《财政分权与中国区域碳减排效率实证研究》,《经济地理》2015 年第 5 期。

[116]任志成、巫强、崔欣欣:《财政分权、地方政府竞争与省级出口增长》,《财贸经济》2015 年第 7 期。

[117]任志成、张二震、吕凯波:《贸易开放、财政分权与国内市场分割》,《经济学动态》2014 年第 12 期。

[118]邵明伟、钟军委、张祥建:《地方政府竞争:税负水平与空间集聚的内生性研究》,《财经研究》2015 年第 6 期。

[119]沈能、何婷英:《财政分权视野的金融效率与区域经济增长》,《改革》2006 年第 1 期。

[120]沈能、刘凤朝、赵建强:《财政分权、金融深化与地区国际贸易发展》,《财贸经济》2006 年第 1 期。

[121]盛斌、毛其淋:《贸易开放、国内市场一体化与中国省际经济增长》,《世界经济》2011 年第 11 期。

[122]孙英杰、林春:《财政分权、政府干预行为与地区不良贷款——基于省级面板数据实证分析》,《财经理论与实践》2018 年第 4 期。

[123]王定祥、刘杰、李伶俐:《财政分权、银行信贷与全要素生产率》,《财经研究》2011 年第 4 期。

[124]王韬、底偃鹏:《发展中国家财政分权下的减贫政策瞄准机制研究》,《管理学报》2010 年第 5 期。

[125]王文剑、覃成林:《地方政府行为与财政分权增长效应的地区性差异——基于经验分析的判断、假说及检验》,《管理世界》2008 年第 1 期。

[126]王翔、李凌:《财政分权和地区金融发展:基于中央政府视角的理论与实证》,《财政研究》2012 年第 4 期。

[127]吴玉鸣:《中国省域旅游业弹性系数的空间异质性估计——基于地理加权回归模型的实证》,《旅游学刊》2013 年第 2 期。

[128]席鹏辉、梁若冰、谢贞发:《税收分成调整、财政压力与工业污染》,《世界经济》2017 年第 10 期。

[129]夏杰长、管永昊:《"营改增"之际的困境摆脱及其下一步》,《改革》2013 年第 6 期。

［130］许和连、邓玉萍：《外商直接投资导致了中国的环境污染吗?》,《管理世界》2012 年第 2 期。

［131］许树华：《减贫视角下的财政分权改革研究》,《经济问题探索》2014 年第 7 期。

［132］续竞秦：《中国的财政分权与地方政府公共支出——以财政农业支出为例》,《农村经济》2009 年第 12 期。

［133］杨海文、程丽雯、徐晔、齐亚伟：《财政分权背景下的金融资源配置效率测度和影响因素分析——基于超效率 DEA-TOBIT 两步法》,《江西师范大学学报(自然科学版)》2014 年第 6 期。

［134］杨万平：《中国省际环境污染的动态综合评价及影响因素》,《经济管理》2010 年第 8 期。

［135］姚耀军：《金融发展与城乡收入差距关系的经验分析》,《财经研究》2005 年第 2 期。

［136］姚耀军：《政府干预、银行中介发展与经济增长》,《财经问题研究》2010 年第 8 期。

［137］银温泉、才婉茹：《我国地方市场分割的成因和治理》,《经济研究》2001 年第 6 期。

［138］尹希果、陈刚、潘杨：《分税制改革、地方政府干预与金融发展效率》,《财经研究》2006 年第 10 期。

［139］余丹林、吕冰洋：《质疑区域生产率测算:空间视角下的分析》,《中国软科学》2009 年第 11 期。

［140］余明桂、潘红波：《政府干预、法治、金融发展与国有企业银行贷款》,《金融研究》2008 年第 9 期。

［141］张璟、沈坤荣：《地方政府干预、区域金融发展与中国经济增长方式转型——基于财政分权背景的实证研究》,《南开经济研究》2008 年第 6 期。

［142］张军、金煜：《中国的金融深化和生产率关系的再检验:1987—2001》,《经济研究》2005 年第 11 期。

［143］张军：《中国经济发展:为增长而竞争》,《世界经济文汇》2005 年第 1 期。

［144］张克中、冯俊诚、鲁元平：《财政分权有利于贫困减少吗? ——来自分税制改革后的省际证据》,《数量经济技术经济研究》2010 年第 12 期。

［145］张克中、王娟、崔小勇：《财政分权与环境污染:碳排放的视角》,《中国工业经济》2011 年第 10 期。

[146]张如庆、张二震:《市场分割、FDI 与外资顺差——基于省际数据的分析》,《世界经济研究》2009 年第 2 期。

[147]张少军、刘志彪:《我国分权治理下产业升级与区域协调发展研究——地方政府的激励不相容与选择偏好的模型分析》,《财经研究》2010 年第 12 期。

[148]张伟丽、覃成林:《金融发展、财政分权与地区经济差异》,《经济地理》2009 年第 1 期。

[149]张晏、龚六堂:《分税制改革、财政分权与中国经济增长》,《经济学(季刊)》2005 年第 4 期。

[150]张征宇、朱平芳:《地方环境支出的实证研究》,《经济研究》2010 年第 5 期。

[151]仲大军、程晓农:《中国工业化的缺陷及经济增长的代价》,《开放导报》2003 年第 10 期。

[152]周彬、杜两省:《营改增对财政收入的影响及财税体制改革应对》,《当代财经》2016 年第 6 期。

[153]周黎安:《中国地方官员的晋升锦标赛模式研究》,《经济研究》2007 年第 7 期。

[154]周立、王子明:《中国各地区金融发展与经济增长实证分析:1978—2000》,《金融研究》2002 年第 10 期。

[155]周立:《改革期间中国金融业的〈第二财政〉与金融分割》,《世界经济》2003 年第 6 期。

[156]周立:《渐进转轨、国家能力与金融功能财政化》,《财经研究》2005 年第 2 期。

[157]周业安、马湘君、赵坚毅:《政府行为、金融发展与经济增长》,《河南社会科学》2007 年第 1 期。

[158]朱玉杰、倪晓然:《金融规模如何影响产业升级:促进还是抑制?——基于空间面板 Durbin 模型(SDM)的研究:直接影响与空间溢出》,《中国软科学》2014 年第 4 期。

[159]罗能生、王玉泽:《财政分权、环境规制与区域生态效率—基于动态空间杜宾模型的实证研究》,《中国人口资源与环境》2017 年第 4 期。

[160]祁毓、卢洪友、徐彦坤:《中国环境分权体制改革研究:制度变迁、数量测算与效应评估》,《中国工业经济》2014 年第 1 期。

[161]谭志雄、张阳阳:《财政分权与环境污染关系实证研究》,《中国人口资源与环境》2015 年第 4 期。

[162]王小龙:《县乡财政解困和政府改革:目标兼容与路径设计》,《财贸经济》2006 年第 7 期。

[163]薛钢、潘孝珍:《财政分权对中国环境污染影响程度的实证分析》,《中国人口资源与环境》2012 年第 1 期。

[164]张彰、郑艳茜、李玉姣:《财政分权、政府行为与绿色全要素生产率的增长》,《财经论丛》2020 年第 3 期。

[165]郑周胜:《中国式财政分权下环境污染问题研究》,兰州大学 2012 年博士学位论文。

[166]毛军、刘建民:《财税政策下的产业结构升级非线性效应研究》,《产业经济研究》2014 年第 6 期。

[167]毛军、梁宏志:《财税竞争、空间关联与我国市场一体化发展》,《财经论丛》2019 年第 11 期。

[168]刘建民、欧阳玲、毛军:《财政分权、经济增长与政府减贫行为》,《中国软科学》2018 年第 6 期。

后　记

改革开放四十多年来,中国经济发展取得了举世瞩目的成就,创造了中国奇迹。经济增长的内在源泉是一个国家的制度安排。中国经济的高速发展离不开中国特有的政府治理结构,其中,财政分权结构与制度安排产生了重要影响。

党的十八届三中全会提出,财政是国家治理的基础和重要支柱。财政分权作为财政体制的根本制度安排,不仅涉及政府间关系科学处理,而且会对政府经济行为取向产生深远影响。从提升国家治理能力、合理规范和正确引导政府行为的大局考虑,建立科学合理的财政分权结构是深化推进财税体制改革的重中之重。但从中国目前改革的实际来看,财政分权改革仍是财政体制改革的重头戏与硬骨头,是财政理论界与实务界关注的焦点。重新审视财政分权改革对区域经济发展的作用效应,对于实现我国区域经济协调均衡发展具有重要意义。

本书在内容上紧扣当前困扰区域经济发展的现实,以问题为导向,重点选择并围绕区域财力格局、区域经济增长、区域经济发展质量、市场一体化等方面,系统解释并揭示财政分权所带来的经济影响。相较于已有研究,本书一方面拓宽了财政分权研究的维度,另一方面对财政分权影响区域经济发展的原因与结果进行了全面的揭示,为精准把握当前区域经济发展中的制度症结提供了思路与方向。此外,还紧密结合全面"营改增"改革,揭示了全面"营改增"前后的经济变化,评估了此项重大财政分权改革的效果,期望能为探寻地方财税体制改革的突破口提供依据。

本书是在作者主持的国家社会科学基金项目"中国式财政分权的区域经济效应与完善地方税体系研究"(批准号:14BJY159)最终研究成果基础上整理而成的。自2014年6月课题立项以来,课题组成员在系统梳理了本课题相关文献资料的基础上展开较深入的调查和研究,共同完成了本课题研究任务并最终形成了本书稿。本书的部分内容已在《中国软科学》《财政研究》《税务研究》等刊物上发表,作者指导的博士研究生围绕该课题方向开展了博士论文写作,部分内容在他们的博士毕业论文中有所体现。吴金光教授作为本课题组的核心成员,全程参与了课题的研究以及书稿的写作与整理工作。我的博士研究生王蓓、毛军、胡小梅、陈霞、唐红李、欧阳玲、罗双、秦玉奇、刘晓函等参与了本课题的调研、资料收集和部分撰写工作。

本书在撰写过程中借鉴和参考了国内外许多专家、学者的研究成果,并尽可能在书中作出注释,在此对有关专家、学者一并表示感谢。

书无尽言,言无尽意。因水平与时间所限,有些问题在本书中仍未得到细致研究,还需做进一步深入探索。书中存在的错误之处,由作者承担全部责任,并恳请各位专家、读者不吝赐教,批评指正。

刘建民

2020 年 8 月 16 日于长沙

责任编辑：张　立
封面设计：石笑梦
封面制作：姚　菲
版式设计：胡欣欣
责任校对：陈艳华

图书在版编目(CIP)数据

中国财政分权的区域经济效应研究/刘建民 等 著. —北京:人民出版社，
　2020.11
ISBN 978－7－01－022598－2

Ⅰ.①中… Ⅱ.①刘… Ⅲ.①财政制度-影响-区域经济发展-研究-中国
Ⅳ.①F812.2②F127

中国版本图书馆 CIP 数据核字(2020)第 214323 号

中国财政分权的区域经济效应研究

ZHONGGUO CAIZHENG FENQUAN DE QUYU JINGJI XIAOYING YANJIU

刘建民 等 著

人民出版社 出版发行
(100706　北京市东城区隆福寺街99号)

中煤(北京)印务有限公司印刷　新华书店经销

2020 年 11 月第 1 版　2020 年 11 月北京第 1 次印刷
开本:710 毫米×1000 毫米 1/16　印张:16.5
字数:240 千字

ISBN 978－7－01－022598－2　定价:69.00 元

邮购地址 100706　北京市东城区隆福寺街 99 号
人民东方图书销售中心　电话 (010)65250042　65289539